中共天津市委网络安全和信息化委员会办公室◎编

大流量澎湃正能量
——天津网络传播实践的创新与启示

天津社会科学院出版社

图书在版编目（ＣＩＰ）数据

大流量澎湃正能量：天津网络传播实践的创新与启示 / 中共天津市委网络安全和信息化委员会办公室编. -- 天津：天津社会科学院出版社，2022.10
ISBN 978-7-5563-0851-4

Ⅰ．①大… Ⅱ．①中… Ⅲ．①网络传播－研究－天津 Ⅳ．①G206.2

中国版本图书馆 CIP 数据核字(2022)第 169919 号

大流量澎湃正能量：天津网络传播实践的创新与启示
DALIULIANG PENGPAI ZHENGNENGLIANG :
TIANJIN WANGLUO CHUANBO SHIJIAN DE CHUANGXIN YU QISHI

选题策划：韩　鹏
责任编辑：吴　琼
责任校对：王　丽
装帧设计：高馨月
出版发行：天津社会科学院出版社
地　　址：天津市南开区迎水道 7 号
邮　　编：300191
电　　话：（022）23360165
印　　刷：北京盛通印刷股份有限公司
开　　本：787×1092　　1/16
印　　张：21.75
字　　数：330 千字
版　　次：2022 年 10 月第 1 版　　2022 年 10 月第 1 次印刷
定　　价：79.00 元

编委会

序　言

为何要编辑出版这本书？

北方秋日，金风玉露相约至，谷香果甜醉人时。在党的二十大召开前夕，在这个洋溢着收获喜悦的季节里，《大流量澎湃正能量——天津网络传播实践的创新与启示》付梓。这本书从编辑到出版，正好伴随着春华秋实的季节更替。对于该书的出版缘由，有必要予以交代。

（一）

出版这本书是为解决一个问题——如何为正能量传播找到流量密码，让大流量澎湃正能量？

互联网的发展给舆论宣传工作提出新命题。原来行之有效的主旋律传播方式，有时传播效果不佳，如何使正能量传播"破圈"成为舆论宣传必须解决的问题。习近平总书记强调，"正能量是总要求，管得住是硬道理，用得好是真本事"。党的十九大以来，天津市委网信办坚持以习近平新时代中国特色社会主义思想特别是习近平总书记关于网络强国和舆论宣传的重要思想为指导，积极探索唱响主旋律的方式方法。经过不懈努力，天津的网络传播中涌现出很多"现象级"作品，在全国范围内产生了重要影响。本书对这五年来天津网络传播的创新发展进行了总结，通过深入剖析一个个正能量传播的成功案例，破解它们背后的流量密码，为正能量传播探寻新方法、新思路。

全书分为总论和分论两部分。在总论中，本书编写者通过历时三个月的调查研究，以"守正创新：天津网络传播的探索与突破"为题，对舆论宣传进行网络传播创新的必要性、党的十九大以来天津网络传播的探索与实践、天津网络传播的创新逻辑进行深入分析，从宏观视角探讨了天津网络传播取得的成就、创新的逻辑理路以及现实思考。在分论中，对每一个案例都通过四部分进行立体化呈现和深入剖析。首先是进行内容介绍的"案例回顾"，配有二维码供读者直观重温原作；其次是"创作者说"，从创作者、组织者、参与者的角度，谈创作的背景、经验、过程、细节等；再次为"专家访谈"，邀请学界、业界专家对案例进行点评，抽象出规律性；最后为"思考与启示"，结合天津网络传播实践案例，总结带来的启发和提升网络传播效果的借鉴价值。

全书总论与分论相结合，宏观考察与微观分析相结合，对天津网络传播取得的成就及原因进行深入思考，对如何为正能量传播找到流量密码这一问题给出了"天津答案"。

（二）

出版这本书是为了做好一次展示——既是展示天津网络传播五年来的正面宣传成就，更是展示天津网络传播一步一个脚印的艰辛探索。

团结稳定鼓劲、正面宣传为主，是党的新闻舆论工作必须遵循的基本方针。习近平总书记强调，要做强网上正面宣传，培育积极健康、向上向善的网络文化。这是对网络传播做好正面宣传提出的明确要求。天津网络传播是我国网络传播的重要构成，本书以理论结合实践的方式，对党的十九大以来天津通过网络传播着力做好正面宣传进行了回顾，呈现出的不仅是所取得的经验，更是不断尝试、上下求索的精神。

本书中的 39 个案例，是从五年来的几百个案例中精挑细选出来的，主要分为四个类别：一是习近平新时代中国特色社会主义思想的网上传播。习近平新时代中国特色社会主义思想指导着党和国家的发展，将这一思想进行大众化传播，搭建起党中央与人民群众之间的桥梁，是网络传播的首要任务。这部分内容，集中展示了天津如何通过网络传播解读阐释习近平总书记的掌舵领航，如何通过网络传播反映党中央精神和政策在天津的落地生根，如何通过网络传播展现群众内心的真情实感。二是重大主题宣传的网上传播。主题宣传是正面宣传的"重头戏"，直接影响着正面宣传的效果。这部分内容，集中展示了天津形态创新、语态创新的重大主题宣传，生动性、参与性都有所体现。三是讲好天津故事的网上传播。习近平总书记多次强调要讲好中国故事，天津故事是中国故事的有机构成。这部分内容，讲述了一个个生动的天津故事，有的让我们过目难忘，有的让我们感慨万千，有的让我们沉吟良久，有的让我们眼含泪光。四是典型人物报道网上传播。对张伯礼、张黎明、席世明等津门先进模范人物事迹的传播，起到了很好的示范作用，有力引领公共舆论，激发社会向善的动能。这部分内容，集中展示了一张张令人感动的熟悉面孔，他们勇于担当、默默奉献、舍己为人、热血柔肠，他们的精神照亮了我们前行的路。

（三）

出版这本书是为尝试解答两个课题——如何使互联网成为我们事业发展的最大增量？如何让网络传播回归以人为本？

互联网作为科技革命的产物，是一把"双刃剑"，一方面是先进生产力的代表，深刻改变了人们的生产生活方式；另一方面，在资本、利益、社会心理等的驱动下，呈现出鲜明的放大效应、群体效应、发散效应，有时甚至会偏离主流价值的约束。当前，如何使互联网这个最大变量变成事业发展的最大增量，是本书尝试解答的第一个课题。

天津从网络传播的角度，不断摸索利用互联网促进事业发展的路径。首先要了解和把握好互联网传播规律。互联网时代，信息的传播渠道、传播方式、传播技术发生的巨大变化，驱使着传播策略迭代更新。只有掌握互联网时代的传播规律，运用互联网思维，才可能实现网络传播效果的最大化。其次要具有创新精神。创新是互联网的重要基因，也是事业发展的不竭动力。网络传播必须在传播业态、产品形式等方面不断创新，才能适应用户的需求。天津近年来涌现出一批"刷屏"的产品，都与创新密切相关。

当前，互联网上呈现出信息过剩，泛滥的信息流让人无所适从。一个个耸人听闻的标题，一篇篇东拼西凑的文章，一句句充满情绪的评论，这些鸡零狗碎、忽左忽右的舆论，都背离了传播要以人为本的方向。在加强网络内容生态治理的大背景下，如何使正能量充盈网络空间，让网络传播回归以人为本，是本书尝试解答的第二个课题。

天津网络传播始终坚持以人民为中心，扎实践行网上群众路线，带着感情和温度，关心了解群众所思所愿，不断提升组织群众、宣传群众、引导群众、服务群众的本领，努力构建网上网下同心圆。这是对网络传播以人为本的积极探索，有利于实现网络传播正面效果的最大化。

凡是过往，皆为序章。本书聚焦天津网络传播的探索与突破，为的是审视思考过去，书写未来精彩篇章。互联网是新生事物，我们对网络传播的认识不可能一蹴而就，还需在实践中不断探求。2022年秋天，党的二十大将胜利召开，我们国家的发展迎来新阶段，网络传播任重道远，必须瞄准正确方向，勇毅笃行。

2022 年秋

目　录

第一部分 总论

守正创新：天津网络传播的探索与突破

2018 年 8 月，习近平总书记在全国宣传思想工作会议上指出，宣传思想战线正本清源的任务取得重大成效后，进入守正创新阶段。守正要求以习近平新时代中国特色社会主义思想为指导，坚持正确的政治方向和舆论导向；创新要求研究新问题，提出解决问题的新路径。在党的十九大以来的五年中，天津网络传播正确把握守正创新的要旨，辩证处理二者之间的关系，不断探索和突破，努力实现大流量澎湃正能量的传播效果。

● 一、舆论宣传应对挑战必须进行网络传播创新

蓬勃滋长的互联网，堪称当代中国发展的"最大变量"。据中国互联网络信息中心的统计，截至 2017 年 6 月，我国网民规模达 7.51 亿，互联网普及率为 54.3%；到 2022 年 6 月，我国网民规模达 10.51 亿，互联网普及率达 74.4%。随着网民总量的攀升和信息技术不断释放强劲的动能，互联网的媒体属性、社交属性、意识形态属性逐步呈现，发挥着越来越大的社会操作系统的作用，直接影响着舆论宣传的整体生态。

（一）互联网发展给舆论宣传带来挑战

当前，互联网不仅是信息传播主途径，也成为意识形态斗争的主阵地、主战

场、最前沿,宣传效果的预期、社会共识的塑造、社会舆论的形成方式,都发生了翻天覆地的变化。这给舆论宣传工作带来了考验。

1.原有的传播模式出现"失灵"。在信息短缺时代,人与信息的关系是人找信息,每一条信息都弥足珍贵;而在当下的信息过载时代,人们苦恼的不是信息太少,而是信息过多,乱花渐欲迷人眼,狂蝶乱舞扰人心。人们每天接触的信息,经常是真假难辨、好坏难分,如果依旧按照过去的传播模式,就如同"刻舟求剑",难以取得理想的效果。具有针对性的有效信息传播,才能满足受众需求,拨动他们的心弦。

2.凝聚社会共识的难度增加。在新媒体环境下,人们获取信息的途径多元化,表达意见的渠道越来越丰富,全国10亿多网民每天产生300多亿条信息,众声喧哗导致传播主流声音的难度增加。由于网民立场不同,利益诉求千差万别,加之算法推荐下"信息茧房"的作用,很容易形成舆论的"回音壁",一些观点不断重复和强化,甚至出现夸张、扭曲,这对凝聚社会共识十分不利。

3.舆论风险较过去明显增多。随着互联网的发展,社会进入"后真相"时代,有时人们对于观点的关注远大于事实本身,很多情绪化表达是语不惊人死不休,看似独树一帜惊世骇俗,其实可能早已背离真相。差之毫厘,谬以千里。在这种传播环境下,互联网成为舆论的放大器,舆情很容易发生转向或升级,在传播技术的加持下形成热点、焦点甚至沸点,导致非理性舆情的出现,甚至有造成社会撕裂的风险。

(二)网络传播创新的必要性

面对诸多挑战,创新网络传播,提升宣传效果,显得尤其重要。习近平总书记曾多次指出,过不了互联网这一关,就过不了长期执政这一关。他强调,必须科学认识网络传播规律,提高用网治网水平,使互联网这个最大变量变成事业发展的最大增量。要实现这个目标,就必须不断创新网络传播。

1.创新网络传播,是推动中国特色社会主义发展的需要。2016年2月19日,习近平总书记在党的新闻舆论工作座谈会上强调,党的新闻舆论工作是党的一项重要工作,是治国理政、定国安邦的大事。互联网已经是新闻舆论工作的主战场,网络传播已经成为舆论宣传的核心构成,直接影响着我国舆论生态环境。近年来,国际经济形势严峻,国内改革开放步入深水期,叠加 2020 年以来新冠肺炎疫情的影响,导致国家的发展面临诸多挑战。要想应对以上挑战,早日实现中华民族伟大复兴的中国梦,需要一个健康的舆论生态和舆论环境,这需要网络传播不断创新方式方法,发挥更大的作用。

2. 创新网络传播,才能提升主流价值观的引导效果。主流价值观是人们判断是非、分清善恶的坐标系,能够增强社会的公共认同感、归属感,提升精神文明水平和社会个体幸福指数。一个社会要想健康发展,离不开价值观的引领。法国社会学家涂尔干说,一个社会必须有一套共同的价值和信仰。只有多数社会成员共享一套核心价值,才能实现道义统一。这一观点说出了主流价值观的意义。弘扬主流价值观、夯实社会思想道德基础,是维护社会和谐稳定的必要举措,也是网络传播的职责和使命。只有不断创新网络传播,才能更好发挥主流价值观的坐标系功能。

3. 创新网络传播,有利于维护人民群众的利益。新媒体时代传播的渠道变了,传播的方式变了,但为人民服务和为社会主义服务的目标没有变,以人民为中心的工作导向不能变。要想取得好的传播效果,就需要以人民群众为主体,反映人民群众火热的生产生活;以人民群众为传播对象,重视他们的需求;以人民群众为参与者,吸引更多的人参与到网络传播中来。这些举措有利于实现好、维护好、发展好最广大人民根本利益,是网络传播工作的出发点和落脚点,也是坚持人民是真正英雄唯物史观的必然要求。

● 二、十九大以来天津网络传播的探索与实践

习近平总书记多次强调,要坚持正能量是总要求、管得住是硬道理、用得好是真本事。天津市委网信办认真学习和践行这一思想,紧紧围绕弘扬主旋律、传播正

能量,探索网络传播的方式方法,传播正向资讯,引导大众舆论,努力做好舆论宣传的答卷。

(一)创新思路,做好习近平新时代中国特色社会主义思想网上传播

习近平新时代中国特色社会主义思想,是马克思主义中国化最新成果,是全党全国人民为实现中华民族伟大复兴而奋斗的行动指南。天津网络传播不断开拓思路,创新习近平新时代中国特色社会主义思想的传播路径。

首先,精心做好习近平新时代中国特色社会主义思想网上宣传阐释。让中央精神被群众理解和接受,是舆论宣传的重要任务。天津网络传播把习近平新时代中国特色社会主义思想网上宣传阐释作为首要政治任务,在通俗化、大众化上做足文章,有力展现习近平总书记作为党中央的核心和全党的核心、人民领袖、大国领袖的思想、风范和情怀。

做好习近平总书记重要活动报道和重要讲话宣传。组织属地各网站各平台丰富手段载体,提升传播实效,把总书记人民至上的人民情怀诠释好,把总书记重要讲话重要指示中阐述的新思想、强调的新要求解读好,确保总书记重要活动重要讲话始终成为网上最强音。

为了更好地学习十九大精神,由天津市委宣传部、天津市委网信办等共同主办,津云客户端、北方网等联合策划推出"习近平总书记对我影响最深的一句话"主题征集活动,用网民喜闻乐见的方式把十九大精神讲清楚、讲明白,展现了全社会学习十九大精神的良好氛围。

2021年3月4日,津云新媒体推出融媒体产品《习语近人 春风拂面》,摘录了习近平总书记2013—2020年在全国两会上的百条重要讲话,以海报、长图、H5、微视频等形式呈现,在津云微信视频号、津云抖音等多个网络平台进行展播,推动习近平新时代中国特色社会主义思想深入人心、落地生根。

做好理论普及工作,推出系列宣传产品。理论的价值需要深入浅出地解读才

能方便广大人民群众接受。天津市委网信办对此高度重视，推出多种理论宣传产品，推动习近平新时代中国特色社会主义思想"飞入寻常百姓家"。

十九大胜利闭幕后，由天津市委网信办主办、北方网承办的"天津学懂弄通做实十九大精神——网上学校"，于 2017 年 12 月 1 日在津云客户端和北方网双平台同步上线。在"网上学校"中，设有头条、习近平总书记重要讲话、报道中心、理论中心、理论文章、重要评论、权威解读、资料中心、学习问答等多个板块，汇聚了众多学习资源，打造特色"资源库"，供大家随时点播观看学习。

2019 年，由天津市委网信办主办的网上马克思书房上线试运行。书房初设"研究前沿""经典著作""学术期刊""马列视频"四个栏目，分别以图文、音视频、电子文件等形式，刊载《习近平新时代中国特色社会主义思想对马克思主义的原创性贡献》等一批研究成果，汇集《共产党宣言》《资本论》等 3000 余册国内外经典马克思主义著作，收录 56 万条学术期刊文献。

为做好习近平总书记"七一"重要讲话精神宣传阐释，还推出《"中国共产党人的精神谱系"系列微党课》《习近平关于网络强国论述摘编》网上理论阐释、长图《关于网络强国，总书记这么说！》等产品，对习近平总书记的重要思想进行阐释解读。

其次，做好习近平新时代中国特色社会主义思想天津实践的宣传工作。十九大召开以来，天津市各网络媒体不断探索创新讲好总书记领航故事的地方新媒体打开方式，纷纷开设标志鲜明的十九大专栏，充分报道学习贯彻实际行动，反映广大干部群众学习贯彻的典型事迹和做法。

围绕学习宣传贯彻 2019 年习近平总书记视察天津和在京津冀协同发展座谈会上的重要讲话精神，策划推出了"春天的故事·遇见京津冀""牢记嘱托·天津再出发"等重点专题。2019 年 1 月 25 日，"春天的故事·遇见京津冀"短视频征集活动正式启动，主办方发动网友用短视频的方式参与本次活动。无数创业者、奋斗者讲述了他们在京津冀协同发展中的故事。"牢记嘱托·天津再出发"系列网上主题宣传活动,注重扎根一线,发现、推出一批新典型、新经验、新故事。此外,《京津冀协同发展,习近平提到的这些"1"》《习总书记来到咱身边······》等一批新媒体作品,也以多种形式生动反映了习近平新时代中国特色社会主义思想在天津的实践。

2020 年,北方网推出"牢记总书记的嘱托"网上专题报道,以记者回访调研为主要采访形式,运用图文、短视频、H5、图表新闻等多种手段,全面展示了天津深入贯彻落实习近平总书记视察天津和在京津冀协同发展座谈会上的重要讲话精神,深入落实京津冀协同发展重大国家战略的新作为。

(二)主动设置议题,有力有效引导网上舆论

当前,新的媒体形态层出不穷,人人都有麦克风,互联网的开放性、匿名性容易造成网上舆论的无序和非理性,任其发展对国家和人民都是不利的。习近平总书记强调:"如果一个社会没有共同理想,没有共同目标,没有共同价值观,整天乱哄哄的,那就什么事也办不成。"[①] 5 年来,天津的网络传播积极进行议题设置,对引导网上舆论健康发展发挥了重要作用。

天津市委网信办高度重视议题设置。一是积极进行自主议题设置。例如,2018 年策划组织的"点赞新时代的奋斗者"主题活动,2021 年策划组织的"津典故事 为城庆生"主题活动,2022 年推出的"津门网络大思政"平台等,都是这类议题设置中的典型案例。二是积极参与中央网信办重大主题宣传引导活动。例如,2018 年的"水到渠成共发展"主题活动,2019 年的"春天的故事·遇见京津冀"短视频征集活动,2021 年的"千问千寻大运河"网络主题活动,2022 年的"最闪亮的坐标"主题活动等,都属于此类。

---

① 习近平:《在网络安全和信息化工作座谈会上的讲话》,《人民日报》,2016 年 4 月 26 日第 2 版。

这两类议题体现出一个共同特点，就是在内容和形式方面尽量创新，瞄准传播效果最大化。例如，2020 年，天津市委网信办联合市合作交流办等部门，与人民网、央广网、新浪网等推出聚力融合助推网络精准扶贫暨 2020 年原产地探访活动，组织央媒记者和微博扶贫 & 乡村振兴助威团大 V、文旅领域专家等组成探访团，深入探访天津重点帮扶的青海、甘肃、河北省承德市等对口扶贫和支援地区，利用新媒体平台广泛传播。这一活动充分发挥微博社交媒体平台作用，四站活动微博话题总阅读量突破 2 亿。这一主题活动对于助力脱贫攻坚发挥了很好的舆论引导作用。又如，2022 年清明节期间推出的"最闪亮的坐标"网络主题活动，用心用情用力，积极创新网络表达。新华社客户端推出重磅短视频《最闪亮的坐标——告慰英烈 这里从此多了 7 座墓碑》，用镜头语言讲出对革命先烈的无限哀思。"平安天津"策划制作的《最闪亮的坐标丨人世间——追忆天津公安牺牲民警乔良》，采用访谈方式追忆乔良烈士生平，细节满满、饱含真情、直抵人心。

在天津市委网信办的指导下，天津市各网络媒体也进行了有效的议题设置。例如，津云的主题报道开展得有声有色：2018 年推出的《一根"红线"牵动你我》H5，2020 年策划的《我和我的家乡 @ 最美乡愁》融媒体报道，2021 年策划的《老乡，你好！》系列访谈，都发挥了很好的议题设置作用，对引导网上舆论产生了积极意义。

（三）做好节庆传播，壮大主流舆论声势

在网络传播中，节庆传播是国家的主流舆论场，它借助于成为某种符号的历史事件，对舆情引导发挥着重要作用。厦门大学教授邹振东曾经指出："主流舆论往往是常识，是最不活跃的舆论，但借助节庆传播却可以把主流舆论年复一年地重温。"[①] 节庆传播的特点是每年一次，周而复始。按照我国的习俗，逢"5"逢"10"的年份，往往更受重视。天津的网络传播高度重视节庆传播的作用，积极策划组织节

---

① 邹振东：《弱传播 舆论世界的哲学》，北京：国家行政出版社，2018 年版，第 268 页。

庆报道,以这种特殊报道形式驱动主流舆论的发展。

十九大以来,天津策划组织的具有代表性的节庆传播有"改革开放四十年"报道、"新中国成立 70 年"报道、"中国共产党成立 100 周年"报道以及京津冀协同发展 5 周年报道等。

2018 年,围绕"改革开放四十年"主题宣传,组织天津网站及两微一端在首屏首页开设《壮阔东方潮 奋进新时代——庆祝改革开放 40 周年》《奋斗者说》视频访谈《巨变京津冀·见证改革开放 40 周年》等专题专栏 10 余个,原创、集纳有关"改革开放 40 周年"的重磅报道,集中展示 40 年来特别是党的十八大以来,天津城市发展、社会进步、人民幸福所取得的历史性成就,集纳中央权威媒体反映改革开放 40 周年相关话题的重点稿件 3800 余篇,点击量达 6200 万次。作为子项,津云组织的"40 天,40 年——改革开放天津纪事"大型专题报道,传播效果也非常好。

2019 年,天津浓墨重彩做好庆祝新中国成立 70 周年网上宣传报道。开设庆祝中华人民共和国成立 70 周年专题专栏,全网置顶飘红;开展"壮丽 70 年·奋斗新时代""爱国情·奋斗者""我和我的祖国"等网上主题宣传,激发网民家国情怀;充分发挥 PC 端、移动端、搜索引擎、社交平台、抖音快手短视频平台和自媒体传播优势特点,引导群众广泛参与;策划开展"天津骄傲""壮丽 70 年英模'爱豆'70 人""壮丽 70 年天津我想对你说""生于 1949"等网上主题报道;推出自媒体"国庆时刻"话题矩阵,制作发布《没有共产党就没有新中国! 亿万群众唱响心中赞歌》《60 万米高空看天津》《我们都是追梦人》系列短视频。全网累计推送稿件 11.7 万篇,阅读量达 52.8 亿次,爱国主义的昂扬旋律成为网络空间强音。

2021 年,天津推出的庆祝建党 100 周年、党史学习教育网上主题宣传,展现了中国共产党的百年辉煌历程。全网共发布天津庆祝建党百年文章 9193 万篇,累计阅读量超 235 亿;中央新闻网站天津频道、属地新闻网站、重点商业网站开设"奋斗百年路 启航新征程"等专题专栏,推出"不变的初心 永恒的使命"百期微党课、"跟着经典学党史"等系列新媒体产品，全网共刊发涉津党史学习教育稿件 41.6 万篇，累计阅读量达到 1.7 亿。津云推出"跟着经典学党史"系列新媒体作品，利用 "GIF 动图＋新媒体语言"的方式，在经典红色电影中重温党史故事。天津广播新媒体推出《同唱一首歌·测测你的声音气质》主题互动 H5，点击量达 20 万＋。搜狐推出"青听鉴往 传承红色基因"系列视频微团课，以青年讲述促青年学习。天津海河传媒中心的电视理论节目《青春正当时》，也取得了很好的传播效果。

2022 年，为了庆祝中国共青团成立 100 周年，天津市委网信办开展了"我们正青春"网上主题宣传互动引导活动，在网络空间唱响青春之歌。央视总台天津总站、央广网天津频道、新华网、中新网及天津本地网络媒体，推出原创融媒体作品 40 余部，包括《这就是青春的样子！》《大山里行走的红马甲》《青春十二时辰，你最燃的模样！》《如果青春有味道，哪种属于你》等。这些作品多维度、多侧面讲述各行业优秀年轻人的奋斗故事，展现青年人正能量的青春模样。

此外，每年的五一劳动节、七一建党日、十一国庆节以及元旦、春节、清明、端午等节日，天津在网络传播中也有精彩表现，发挥了良好的壮大主流舆论的作用。例如，2022 年 2 月，在春节即将到来之际，天津市委网信办启动"听妈妈的话"网上主题宣传互动引导活动，活动坚持"大主题小切口"，围绕退役军人、社区工作者、红区医务工作者、人民警察、留津过年大学生及外籍人士等群体，既展现团圆的火热，又体现疫情之下云端的问候。该活动推出《听妈妈的话｜不变的承诺》《听妈妈的话｜妈妈，节日我在岗》《听妈妈的话｜在校大学生："我在这儿挺好的"》《听妈妈的话｜她们在养老院"替天下儿女尽孝"》等微视频、Vlog、图文新媒体产品，引起了网友的强烈共鸣，产生强烈反响。

● 三、天津网络传播的创新逻辑

习近平总书记高度重视创新。2014 年 2 月，习近平总书记指出，"做好网上舆论工作是一项长期任务,要创新改进网上宣传,运用网络传播规律,弘扬主旋律,激发正能量,大力培育和践行社会主义核心价值观,把握好网上舆论引导的时、度、效,使网络空间清朗起来。"① 天津网络传播的成就正是依靠创新的驱动力取得,其中蕴含着在实践中摸索出的多种创新逻辑。

(一)以互联网思维推进网络传播工作

互联网思维这种新的思维方式,是在互联网环境下产生的,从互联网出发思考和解决问题。互联网思维与网络媒介技术息息相关,开放、连接、互动是其重要特征。习近平总书记曾强调,互联网是当前宣传思想工作的主阵地。天津的网络传播高度重视互联网思维的作用,着力以互联网思维推进舆论宣传工作。

1.天津网络传播的内容生产体现出开放性。要做好网络传播,如果依旧只依靠官方媒体,很难取得满意的效果。天津网络传播的内容生产者不仅包括官方新媒体,还包括商业化新媒体,广大网民的信息生产能力也被充分激活。例如,2021年11月23日,津云新媒体承办的"你好,天津"网络短视频大赛正式启动。这次活动由天津市委宣传部、天津市委网信办、天津海河传媒中心主办,活动持续一年,面向海内外公开征集评选优秀短视频作品,讲述天津人、天津事、天津情、天津景,展现天津的过去、现在和未来,个人、团队均可参赛,吸引了大量市民参加,取得了非常好的传播效果,体现出内容生产开放性的力量。

2.天津网络传播体现出对连接的关注。连接是互联网的本质性特点,天津的网络传播,体现出超强的连接能力。既有人与信息的连接,通过精准传播把有价值的信息传递给有需求的人,也有媒体与媒体的连接,很多主题活动调动了全国多家媒体联动,还有人与人的连接,调动网民积极性,在社交平台进行交流,更有人与媒体的连接,通过增加媒体的黏性吸引用户长期关注。连接无处不在,传播无处不

---

① 习近平:《习近平谈治国理政》第一卷,北京:外文出版社,2014年版,第198页。

在，对连接的重视为天津网络传播提供了不竭的动力。

3. 天津网络传播重视与用户的互动。传统媒体的一个短板是，只注重单向传播，缺乏对传播对象的了解，没有互动。天津网络传播将与用户的互动放到一个重要地位，从产品的设计到传播渠道、传播模式都充分重视了与用户的交流。很多刷屏的作品，与其具有较强互动性不无关系。例如，2018 年津云新媒体推出的"习近平总书记对我影响最深的一句话"主题征集活动，累计收到 30 余万条网友留言，来自全国乃至世界各地的网友纷纷留下自己的感悟，分享自己的奋斗故事。这样的传播效果与活动所具有的互动性具有密切关系。

（二）兼顾价值思维和流量思维

价值思维是指根据对人民群众、对国家在多大程度上具有正面价值评价新闻传播活动。流量思维是指根据访问量来评价新闻传播活动，访问量越大，流量越多，则认为其价值越大。天津的网络传播实践，体现出价值思维与流量思维兼具的特点。

1. 价值思维和流量思维不可偏废。过去有一种错误认识，就是将价值思维和流量思维对立。或是价值思维优先，置流量思维于不顾，所播发的新闻产品具有极高宣传价值，但缺乏传播价值，无法传播开来，更不可能影响人。或是侧重流量思维，把注意力全部放在增加流量上，奉阅读量、转发量、评论数为圭臬，放低了对内容的要求，导致低俗、虚假、偏激的内容大行其道。天津的网络传播实践证明，这两种倾向，都无法取得好的传播效果。缺少了价值思维，导致产生的流量是低质量的，不利于社会的发展和进步。缺少了流量思维，传播内容往往被束之高阁，曲高和寡，也难以发挥作用。

2. 价值思维和流量思维是辩证统一的。价值思维和流量思维不是对立的两极，只要使二者摆正位置，避免关系错位，它们就能在网络传播中共同发挥作用。例如，2019 年津云新媒体推出的原创 MV《向梦想出发》，以"致敬时代楷模，为梦想奔跑"为主题,通过展现 18 组时代楷模的事迹,号召广大网民向时代楷模学习,体现出很强的价值性。该产品一经播出就被多平台转载,其中在哔哩哔哩上有 6.5 万次的播放量,其流量思维的特征也很明显。2020 年 8 月,天津市委网信办参与承办的"行走自贸区"网络主题活动启动,截至当年 9 月 15 日,全网涉及天津"行走自贸区"网络主题活动相关文章达 2.33 万篇,累计传播覆盖 1.2 亿人次,可谓叫好又叫座,实现了价值和流量的双丰收。

(三)坚持用户思维重视用户感受

用户思维,是指以用户为中心考虑问题,了解用户需求,注重用户体验。要想提升传播效果,不仅要了解用户心理,还要知晓用户在内容方面的需求,这样才可能实现传受双方同频共振。传播学者喻国明在大众媒介传受双方是互动关系的基础上,提出了"传—受"互动方格,据此可以了解用户需求和传播者传播意图之间在哪些方面是共同的,应着力开发;哪些是读者根本不感兴趣的,应尽量缩减。[1] 天津的网络传播实践高度重视用户的感受。

1. 重视碎片化。当前,由于资讯太庞杂,信息量太大,用户"消化"信息的能力有限,没有时间和精力对长篇大论细细品读,而对碎片化的信息情有独钟。天津网络传播努力做到举重若轻,对于重要主题也避免鸿篇巨制,以抵达用户、影响用户为目标。无论是微博、微信还是客户端,都注意新闻的碎片化处理。这一做法,契合了用户的心理,更容易赢得用户喜爱。

2. 重视可视化。过去,媒体主要靠文字和图片传达信息。据科学研究,图像引起大脑皮层中枢神经兴奋的速度是文字的 6 万倍。随着新媒体发展的突飞猛进,视频、声音、文字相结合的融媒体传播方式更受青睐。天津网络传播根据传播终端的差异、内容的不同和用户的要求,采用多种产品形式传播,充分调动了用户的感官。

---

[1] 喻国明:《喻国明自选集——别无选择:一个传媒学人的理论告白》,上海:复旦出版社,2004 年版,第 51 页。

3.借鉴娱乐化。娱乐化内容对受众具有强大吸引力。近年来,天津的网络传播中有相当一部分作品借鉴了娱乐化的表达方式。例如,2018年,津云新媒体推出作品《黎明,出发!》,将"时代楷模"张黎明的故事用新闻漫画的形式呈现出来,让我们看到新时代劳动者的先进事迹和奋斗精神。2021年,津云新媒体推出音乐故事短视频《为了人民》,用音乐故事短视频的形式,讲述多个英雄楷模的故事。

(四)以人为本,践行网上群众路线

群众路线是党的根本工作路线,其核心内容是"一切为了群众,一切依靠群众,从群众中来,到群众中去"。习近平强调:"人民是历史的创造者,是真正的英雄。"① 天津的网络传播坚持以人为本,认真践行群众路线。

1.内容选择体现群众路线。在十九大以来的5年中,南水北调润泽津城"水到渠成共发展"活动反映的是和老百姓生活息息相关的用水问题,2018年的《黎明,出发》、2019年的《沙漠之子》、2020年的《无胆英雄张伯礼》反映的是群众喜爱的典型张黎明、席世明、张伯礼,2020年的《我和我的家乡@最美乡愁》展现的是天津乡村振兴的美丽新画卷,2021年的《老乡,你好!》聚焦受援地区老乡脱贫摘帽后的新生活和新变化。这些案例都体现出以人为本和对群众路线的践行。

2.内容生产方式体现群众路线。扎根群众的深入采访是优秀作品的创作前提,能被群众喜欢和传颂的作品一定来自于群众。2017年的"习近平总书记对我影响最深的一句话",2019年"春天的故事遇见京津冀""牢记嘱托加油干"网络心声征集等,都吸引大量群众参与内容生产,实现了专业生产与用户生产的结合。津云新媒体2021年推出《老乡,你好!》系列访谈节目,能够赢得良好的传播效果,是因为在甘肃、新疆、西藏、青海等地走访了无数群众,在田间地头倾听他们的声音。

---

① 习近平:《在庆祝中国共产党成立100周年大会上的讲话》,《人民日报》,2021年7月2日第2版。

3. 传播方式体现以人为本。任何宣传报道都要讲究"度",过犹不及。如果不把握合适的分寸,正面报道有可能出现负面效应。天津的网络传播,高度重视群众对传播内容和方式的接受程度,精准拿捏传播的节奏和尺度。根据传播内容、传播对象的具体情况,有时采用浓墨重彩、响鼓重槌式宣传,形成较大气势,引发传播对象注意;有时采用和风细雨、润物无声式的宣传,使传播内容如涓涓细流渗透到群众心里。传播方式的选择,完全以更好地为群众服务为依据。

四、现实思考与对未来的展望

虽然互联网已经诞生了二十多年,就人类对其的了解程度来说,它还是一个崭新的事物,具有太多未知领域,网络传播的规律也需逐步探寻。近年来,天津的网络传播成绩斐然,但要想在效果上更上层楼,仍需要不断探索实践。

2022年的金秋,党的二十大将胜利召开,宣传好党的二十大,继续做好习近平新时代中国特色社会主义思想的宣传,是网络传播工作的重中之重。只有坚持党性原则和人民性原则,遵守网络传播规律,牢记守正创新,才能交上舆论宣传的满意答卷。

习近平新时代中国特色
社会主义思想网上传播

　　一个国家的发展,离不开理论的指导。习近平新时代中国特色社会主义思想是马克思主义中国化的最新理论成果,是党和国家发展的行动指南。天津高度重视习近平新时代中国特色社会主义思想网上传播,围绕其思想内涵和贯彻落实情况,开展了多种形式的网络宣传,涌现出一批"现象级"作品。这些优秀作品赢得群众的喜爱、关注和认可,促进了习近平新时代中国特色社会主义思想在天津这片土地上落地生根、开花结果。

微信扫码看详情

 习近平总书记视察天津反响融合报道

● **案例回顾：**

2019 年 1 月 17 日，习近平总书记来到天津视察工作。习近平总书记走访天津期间，津云新媒体选取不同的角度，通过 VR、视频、图文、H5 等形式，迅速推出一批新闻产品，为深入贯彻落实习近平总书记对天津工作"三个着力"重要要求和一系列重要指示批示精神做好宣传。

在《带你去看南开大学百年校史主题展》中，津云新媒体用 17 张 360 度全景 VR 图片，向受众立体展示了南开大学百年校史。习近平总书记视察南开大学时，参观了百年南开校史主题展览，与部分院士专家和中青年教师代表互动交流，详细了解南开大学历史沿革、学科建设、人才队伍、科研创新等情况。为了加深用户对总书记视察南开大学深远历史意义的理解，津云通过自由切换图片转换场景、滑动屏幕以及放大缩小等功能来营造立体效果，使用户仿佛置身现场场景之中。这组作品使用 VR 技术将场景 3D 化，加深了受众在场体验感。

在短视频《不忘初衷 志愿者们再出发》中，津云新媒体记者通过真实拍摄志愿者服务社区的工作视频，展示了天津志愿者牢记习近平总书记的关怀嘱托，为社会带来更多温暖快乐的实际行动。习近平总书记曾到和平区新兴街朝阳里社区视察，在社区志愿者服务展馆为志愿者们点赞，称赞他们是为社会做出贡献的前行者、引领者，并强调志愿者事业要同"两个一百年"奋斗目标、同建设社会主义现代化国家同行。在总书记视察后，津云组织拍摄了一组志愿者服务社区的视频，志愿者们在视频中表示将不辜负总书记的嘱托，会更加用心地做好志愿服务工作，努力做好城市治理"最后一公里"的衔接，为天津更好地发展贡献出力量。

1月17日下午，正在天津考察的习近平总书记来到天津港码头，他鼓励大家要志在万里，努力打造世界一流的智慧港口、绿色港口。

听了习总书记的话，大家备受鼓舞！

津云页面截图

在《总书记来到咱滨海·漫说天津港："跑"起来，迎接新腾飞！》这部作品中，津云新媒体选择了融合漫画的报道形式。总书记的嘱托是天津港长期以来努力奔跑的方向，是不断创新的目标。津云新媒体团队通过漫画手绘佐以配文的形式，生动介绍了天津港的重要意义以及天津港干部职工致力于将天津港打造为"智慧港"的信心，整幅作品感染力很强。

《习总书记来到咱身边……》是津云新媒体制作的 H5 作品。该作品把总书记在天津视察过的点位串联起来，形成一条线路，将每个点位定为坐标点标注，带领网友追寻总书记的天津足迹。作品通过互动形式，让受众聆听总书记的嘱托，感受在场者的体验，画面生动简洁。在内容的整理上，津云新媒体不仅将点位和总书记的声音做了整理，还将翔实的新闻报道，各点位涉及的相关人员、群众的反响内容整合在了一起,图片、文字、声音实现融合。习近平总书记走过之处,就以脚印串联,整个行程一气呵成。在 H5 制作上,作品采用了滑动时间轴技术,将内容呈现在统一的轨迹上,非常适合用户观看。该作品总曝光量达到 3922 万次。

在这一系列的报道中,津云团队充分利用了全媒体传播手段,在形式上以互联网技术加持反响报道中的数字产品,同时还融入实拍小视频、新闻漫画等新颖手段,增强用户的直观感受。这一系列的报道具有代表性和借鉴意义,为后续媒体融合报道建立了一个有参考价值的优秀范本。

（撰文 / 张雨晗）

● 创作者说:

《习总书记来到咱身边……》的"高分密码"

——访津云新媒体要闻中心策划人王聪

津云新媒体推出的 H5 作品《习总书记来到咱身边……》是习近平总书记视察天津反响融合报道中的一部作品。为深入了解该作品的创作过程,笔者采访了津云新媒体要闻中心策划人王聪。

2019 年 1 月,习近平总书记考察天津期间,深入天津港、滨海 - 中关村、南开大学、和平区朝阳里社区、梁启超纪念馆等地考察调研。追寻着总书记的足迹,要闻中心新媒体策划团队创作了这部 H5 作品。在谈到创作历程时,王聪说:"我们的重点是追寻总书记的脚步,强调他关注了哪些群体以及都有哪些嘱托。作品不仅将点位和总书记的声音做了整理，还将翔实的新闻报道以及各点位相关人员、群众的响应呼声做了全面整合。"

由于《习总书记来到咱身边……》的高曝光量，王聪及其策划团队十分高兴，她也分享了该作品中比较满意之处："在制作过程中，为了展现春回大地的感觉以及沉稳的主题风格，选取了蓝色为主色调，画面设计风格非常干净。该作品设计顺滑、内容充实，很受欢迎。"

在谈到学习制作 H5 过程时，王聪说："当时，学习制作和策划 H5 作品都是从零开始，首先要先了解 H5 这种形式的制作需要的流程，以及互动方式所能及的范围，制作过程中用到的软件。为了学习这些内容，我和同事在网络上搜集了很多信息，找来同行甚至是商务方面的一些作品进行学习，寻找灵感。学习探索过程中，也遇到过许多的问题，比如曾经创作过一个很有创意的作品，但由于 H5 的体量问题，导致打开速度缓慢，影响了作品的展示。通过不断实践，随着制作的 H5 作品越来越多，逐渐学会了将一些奇思妙想融入其中。

同时，她还分享了 H5 作品如何才能传播最大化并且受到大众的喜爱："2015 年 H5 发展以来，经历了以展示类为主导再到以互动类为主导的发展过程。如今，网友们在阅读习惯上愈来愈倾向于'懒'的路线，已经逐渐'厌倦'了多次打开、高流量消耗，如果没有'奖励'的驱动，只是单纯展示，大家更爱看操作简单、不用思考的短视频和图文作品。H5 作品想要获得更好的传播效果，就要学会一击即中！因此，作品应该具有高互动性、高自主性、短操作性、兴趣锚定性的特点，比如之前人民日报制作的'换军装'的 H5 作品，以及网易哒哒制作过的关于哈利波特的 H5 作品，都是如此。不够新、不够巧是无法吸引受众的。"

（撰文 / 张雨晗）

● 专家点评：

运用网络传播规律进行议程设置

新闻媒体在议程设置时，不仅需要自觉地宣扬主旋律，更要主动地做到创新传播。何谓创新传播？就是因网络之势而谋、应地球村之势而动、顺发展之势而为，这要求新闻宣传必须紧扣网络传播规律，找准新闻报道的切入点和着力点，以网民喜闻乐见的网言网语传播主旋律，让主旋律牢牢主导网络舆论场。

以互联网时代创新传播来判断津云推出的习近平总书记视察天津反响融合报道，可以看出津云主动尝试互联网创新传播手段，充分运用 H5、VR、视频、图文等新媒体技术创新报道手法，让新闻作品从内容到形式别出心裁，给网民一种全新的信息接受体验。

第一，以互动性增强作品的亲民性。网络传播不同于传统媒体的最大特点在于互动性强。顺应这一网络传播规律，主流媒体就要抛弃官腔官调，在话语形态上充分体现以人民为中心的传播理念，在新闻话语

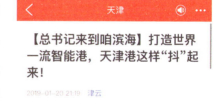

【总书记来到咱滨海】打造世界一流智能港，天津港这样"抖"起来！

2019-01-20 21:19　津云

视频来源：资料片　编辑：赵大伟

中共中央总书记、国家主席、中央军委主席习近平近日在京津冀考察。1月17日下午，习近平来到天津港码头，了解港口码头作业和自动化设备运行情况。他强调，要志在万里，努力打造世界一流的智

津云页面截图

里增加对话,让阅读新闻的网民感觉媒体是在与自己交谈,这种亲切性的新闻阅读体验能够有效提升主流价值的传播效果。这一网络互动传播模式在津云推出的习近平总书记考察天津反响融合报道中得以生动地实践,H5作品《习总书记来到咱身边……》就是典型代表。单从这一新闻标题来看,就让读者迎面感受到一股浓浓的亲切感,"咱身边"是第一人称语言运用,明显地是媒体站在人民的立场上看待新闻人物和新闻事件,让传播心理学的"自己人"效应得以发挥,即人民感觉媒体和自己的立场相近、观点接近、关系亲密,信任感油然而生。

第二,**以接近性赢取百姓对内容的共鸣**。接近性是新闻价值的一个构成要素,要求媒体选择的新闻事实贴近实际、贴近生活、贴近群众,让新闻报道与人民的物理空间距离、物质利益距离、心理情感距离得以消除,产生新闻接受过程中的解码共鸣,实现媒体传播的预期目标。接近性的新闻原理体现在网络传播中,就是新闻内容紧紧围绕百姓关注的生活难题及解决路径,以讲故事的手法突出新闻内容的趣味性和有用性,凸显助人为乐的人间真情。这一网络传播规律在津云的新闻作品《不忘初衷 志愿者再出发》中得以淋漓尽致地展现。视频画面中,一群志愿者牢记为人民谋幸福的初心,用心去做每一个普通人都能做到、但又没有留心去做的公益事务。维护城市绿化环境、维持公共交通秩序、慰问孤寡老人,这些事在我们的身边很平常,但是一旦需要我们投入精力去让这平常、平凡的世界变得美丽,我们在行动上可能又会滞后。这些志愿者就是与我们极为接近的普通人,她们愿意付出实际行动去帮助他人、维护社会公益,这种接近性更容易产生示范效应。

第三,**以昂扬性激发人民对事业的奋斗激情**。习近平总书记强调,新闻宣传必须"弘扬主旋律,传播正能量,激发全社会团结奋进的强大力量"①。这给媒体

---

① 习近平:《论党的宣传思想工作》,北京:中央文献出版社,2020年版,第16页。

明确的指示,把新闻报道重点定位在党和政府的重要战略决策,用生动的事实画面凸显党和人民上下一心、团结奋进取得的重大成就,能够增强新闻报道的感染力、说服力和战斗力,让人民群众以昂扬的激情为伟大民族复兴的中国梦而奋斗。津云在这一点上表现突出,《总书记来到咱滨海·让每一个有创新梦想的人专注创新》《总书记来到咱滨海·漫说天津港:"跑"起来,迎接新腾飞!》等新闻作品聚焦天津的新发展成就,宣扬新发展理念,绘就新发展格局。从新闻报道来看,媒体努力在叙事中建构新闻人物之间的"行为－反响"模式,以漫画等新媒体技术手段描绘的工作人员,让"行为－反响"模式增加了积极向上的正能量传播力。

（撰文 / 刘祥平）

● 思考与启示:

用网络议程设置让主旋律入脑入心

在互联网时代,主流媒体务必提高网络议程设置水平,通过网络议程让公众议程和政府议程实现良性互动,让反映百姓心声诉求的社情民意和把握时局大事的政策方针实现共识共振,才能让主旋律的新闻宣传在广泛的民意基础上实现舆论引导的目标。津云推出的习近平总书记视察天津反响融合报道是一个具有示范意义的标本。面对习近平总书记视察天津这一重大主题,津云主动运用各种新媒体技术创新报道形态,以丰富多样的新闻视角和新闻手段让网民从多角度、多层次了解习近平总书记视察天津的重大意义,领悟党的路线方针政策,体验新闻现场的正能量氛围,进而实现网络舆论场凝心聚力的新闻目标。

一是以领导人的敬业和人民的奋进构建人物互动关系,进行聚焦正能量互动画面的议程设置。视察、调研、下沉基层等工作,反映了领导人的务实、敬业作风,这是正面描写,作品还对人民的奋进进行了侧面描写,二者结合充分挖掘出国家领导人工作的多维意义,让社会主义核心价值观追求成为引领道德风尚的网络强音。

二是以政策的科学创新和取得实效进行议程设置,提升新闻话语的说服力。例如,新闻报道中"智慧港口、绿色港口"的天津港定位,"自主创新"的新发展理念,彰显了党和政府对形势判断的大格局、大睿智,叠加政策实效事实作为论据,简明清晰地让新闻话语具有强大的逻辑力量。

三是以可视化手段的综合运用进行议程设置,提升新闻信息的感官冲击力。短视频能够动态还原精彩的现场细节,VR 能够增加身临其境的代入感,漫画能够增加趣味性,声画合一、声情并茂的新媒体信息传播的吸引力、感染力远胜传统媒体。可视化手段的综合运用让媒体是人的延伸得到最大程度的功效实现,成为做大做强做活网络主流意识形态传播的新突破口。

（撰文/刘祥平）

微信扫码看详情

02 "牢记嘱托·天津再出发"网上主题宣传活动

● **案例回顾：**

按照市委部署要求,紧紧围绕学习贯彻落实习近平总书记在天津考察和在京津冀协同发展座谈会上的重要讲话精神,天津市委网信办 2019 年 1 月 20 日启动贯穿全年的"牢记嘱托·天津再出发"系列网上主题宣传活动。

参与单位有中央新闻网站

人民网页面截图

驻津频道、天津市重点新闻网站、重点商业网站驻津频道以及 16 区网信办。活动时间为 2019 年 1 月 20 日至 12 月底。

活动坚持学习宣传与贯彻落实一体谋划、一体推动;把握阶段特点,贯彻落实力戒空洞表达、泛泛表态。活动注重扎根一线、深入挖掘、总结提升,力争发现、推出一批新典型、新经验、新故事。

活动内容丰富,以下为其中的主要内容:

1.开设专题专区,及时集纳更新。1月20日,中央网站驻津频道、属地新闻网站、主要商业网站和主要移动新闻客户端、手机 WAP 网、手机浏览器在显著位置推出"牢记嘱托·天津再出发"专题,相关专题贯穿全年。

2.2月中旬至3月初,举办"牢记嘱托加油干"网络心声征集传播活动,征集的作品形式为300字以内的文字内容或60秒以内的短视频。

3.办好"网上学校",打造"网上马克思书房"。充分发挥津云大数据平台的优势,为天津广大干部群众学习总书记重要讲话精神提供重要阵地。

4.做好"青年大学习"网络主题活动。开设"青年大学习"专栏,更新集纳习近平总书记关于培养青年一代的重要论述。通过活动,激励天津广大高校师生在实现"两个一百年"奋斗目标和中华民族伟大复兴中国梦的实践中建功立业。

5.办好"网络媒体新春走基层"专栏。及时对习近平总书记来津考察时的点位进行回访,以回访作为"网络媒体新春走基层"专栏和"牢记嘱托·天津再出发"系列网上主题宣传活动开篇,深入挖掘先进做法、感人事迹。

6.开展"天津力量"大型网上专题报道。在新闻呈现方式上,发挥媒体矩阵优势,用"新闻+微博"的方式,实现各新媒体平台联动,把"天津力量"系列报道做成天津对外宣传的一张新名片。

7.开展"我是 AI"网络主题宣传报道。"我是 AI"是一档主要宣传报道天津高质量发展以及人工智能产业发展成果的新闻栏目。栏目以人工智能机器人"天天"为第一视角进行报道。

8.开展"一带一路"沿线国际媒体看天津网络主题采访活动。邀请"一带一路"沿线国家网络媒体来津集中采访,向世界展示天津在建设"一带一路"过程中的新实践新作为。

9. 开展"洋眼看天津——外国人眼中的天津发展"网络主题宣传活动。采访在天津生活多年的外国人,通过他们的视角介绍近年天津在经济、人文、环境等方面的发展,宣传各方面的政策给他们带来的便利。

10. 开展"我和湿地有个约会·绿色中国行"网络主题活动。该活动广泛深入地宣传习近平生态文明思想,展示各地湿地的修复和保护工作的举措和成效,打造"网红湿地",进一步提高全民生态环保意识。

11. 开展"暖新闻"网络主题宣传。在网站及"两微一端"开设"津城暖一度"专栏,推出自采原创作品、转载优秀稿件、集纳专题报道。

这一主题活动注重把握网络传播规律,用网言网语丰富话语表达,用新技术手段强化表现力,用个性化产品满足受众需求,着力打造精准化传播的特色亮点,努力提高网上宣传报道的到达率、阅读率、点赞率。

（撰文 / 朱心仪）

● 创作者说:

增强代入感 提高参与度 扩大覆盖面

——访天津市大数据管理中心党委委员、副主任李川

天津市委网信办于 2019 年 1 月 20 日启动了贯穿全年的"牢记嘱托·天津再出发"系列网上主题宣传活动。为了深入了解这一活动的策划和推动,笔者采访了

大流量澎湃正能量
——天津网络传播实践的创新与启示

天津市大数据管理中心党委委员、副主任李川。

习近平总书记在京津冀协同发展座谈会上的重要讲话，为新时代推动京津冀协同发展擘画了宏伟蓝图。李川谈了他的体会："学习好、宣传好、贯彻落实好习近平总书记重要讲话精神，是各网站和新媒体的重要职责和重点工作。"天津市委网信办着力加强议题设置，创新形式手段，在网上掀起学习宣传贯彻习近平总书记重要讲话精神的热潮。

一次成功的宣传活动，离不开独具匠心的传播方式。过去的一些宣传活动往往因为传播力、引导力弱化、泛化等问题而导致传播效果不佳，李川说，我们在推动"牢记嘱托·天津再出发"系列网上主题宣传活动时，努力在增强代入感、提高参与度、扩大覆盖面上探索创新，希望赢得广大网民的真心喜欢。

新浪页面截图

为了全方位提升受众体验度，天津市各网络媒体策划推出了一系列创意独特、效果突出的"爆款"产品。谈到这些在场感、互动性、参与性强的产品，李川认为："网民们能够身临其境地聆听总书记对天津的嘱托和激励，增强了新鲜感和代入感。"

活动不仅积极开拓客户端、网络论坛、微信公众号、短视频平台等线上传播渠道，还积极走入老百姓的现实生活中，实地考察并展现民生的大事小情。李川介绍道："结合总书记来津考察时的相关点位，媒体进行了回访，并在网络上设立了'新春走基层'专栏，挖掘天津干部群众身边的真情故事、凡人善举，普通人爱岗敬业、为国奉献的大爱情怀,以及基层干群密切的感人事迹等等。"这些平凡的故事,全面展示着天津市各行业贯彻落实党的十九大精神的生动实践,以及人民群众在党的领导下创造幸福美好生活的信心和决心。

与此同时,活动还充分发挥外宣作用,向世界展现真实的天津。李川说:"我们邀请了'一带一路'沿线国家的网络媒体来津进行集中采访,向世界展示天津的新实践、新作为。"

自"牢记嘱托·天津再出发"系列活动启动后,阅读量、播放量、点赞量以及作品的征集数量,无不体现出网民的关注。李川认为:"既要创新传播方式,也要注重节奏效果,才能打造出大众喜闻乐见的宣传活动。"

（撰文／朱心仪）

● 专家点评:

网媒创新融合绘就"最大同心圆"

2019年1月20日启动的"牢记嘱托·天津再出发"系列网上主题宣传活动,致力于在全网迅速掀起深入学习贯彻落实习近平总书记视察天津和在京津冀协同发展座谈会上的重要讲话精神热潮。

该活动设置了五大宣传重点、15项主要网宣活动。在传播语态、传播方式和传播载体上积极创新,以用群众喜闻乐见的方式提升传播力与引导力,打造共促共建传播矩阵以形成全覆盖、高到达、好成效的传播场景。数字技术赋能、网上网下活动交互与主题赛事精心设置,提升了群众主动创造力与认可度。一场声势浩大且网上舆论氛围良好的主题网宣活动离不开媒体创新融合聚沙成塔的强大传播力,精神热潮的兴起离不开群众的双向奔赴。

第一,创新传播语态,用群众喜闻乐见的方式凸显主流好声音。习近平总书记曾提出:"我们要加快推动媒体融合发展,使主流媒体具有强大传播力、引导力、影响力、公信力,形成网上网下同心圆。"[①] 提升网络传播空间的舆论引导能力能有效凸显主流声音。此次主题网宣活动致力于营造深入浅出、可玩可视、沾泥踩土的新语态,用群众喜闻乐见的方式让主题宣传上接天线下接地气,与网友们形成良好共鸣。媒体工作者走基层集中采访,为各网络媒体所推出的近百部带着泥土芬芳与温度的新闻作品打下牢固基础。不同视角与主题的网络媒体原创作品搭配图片、视频、图解、H5、VR 等,丰富了主题宣传的形式。新浪、网易、腾讯、今日头条、一点资讯等网站积极转载推送,在全网营造了团结一心、奋发向上、干事创业的浓厚氛围。

第二,创新传播方式,网上网下交互提升吸引力。作为以网络为依托的主题宣传活动,利用网络端调动群众积极性是关键。此次活动中,各网络媒体利用 H5、360 度全景新闻拍摄技术与"快闪"式创意活动,策划推出了一系列"爆款"产品,为受众刻画了身临其境的体验式参与场景,并在低门槛且具有强大黏合力的自媒体平台,以主题内容征集大赛的方式提升受众吸引力,通过发挥受众主动创造力彰显人民群众获得感、幸福感、安全感和同心奋进新时代的强大正能量。

第三,创新传播载体,用复合传播驱动信息扩散弘扬正能量。互联网催生出了新媒体,改变了人们信息接收的习惯,单一的传播方式很难营造出沉浸传播的氛围,也无法适应受众随时随地获取与使用信息的心理需求。此次活动以复

---

① 习近平:《论党的宣传思想工作》,北京:中央文献出版社,2020 年版,第 354 页。

合传播构建了一个全息的生活场景,让受众的信息接收与信息使用需求得到了充分满足,从而实现信息的感召力与情绪的感染力,驱动了信息在更广的范围内扩散。

"牢记嘱托·天津再出发"主题宣传活动构建了融合传播的全媒生态,将同一主题不同特色的传播内容进行聚合,在互联网空间扩大其声量、覆盖其范围。此次活动中,官媒、商网、自媒体联合作战,呈现出全媒传播生态组合。活动以各网站及全市政务新媒体矩阵为主阵地,号召中央重点新闻网站、属地主要商业网站、16区"两微一端"政务新媒体以及掌上天津等自媒体大号进行特色联动。

(撰文／康茜仪)

● 思考与启示:

精准设置议题倾听群众心声

互联网是我们这个时代最具传播活力的领域,也是我们面临的最大变量。我国有14亿多人,要实现"两个一百年"奋斗目标,需要全社会方方面面同心干,需要全国各族人民心往一处想、劲往一处使。

网络传播必须创新工作思路,将以人民为中心的理念落实到实践中,充分利用传播主体和传播客体的统一,精准设置议题框架,倾听群众的心声,激发群众的热情;在网络心声的征集、表达、传播中重温总书记的嘱托,统一认识、凝聚共识,汇聚起实现中华民族伟大复兴的磅礴伟力。"牢记嘱托·天津再出发"网上主题宣传活动就充分体现了这一点。

一是活动的开放与形式的多元让网民成为表达主体。其中的"牢记嘱托加油干"网络心声征集活动,把对新时代的由衷向往和对总书记殷切嘱托的感受,生动地表达出来,实现了主流声音的向下流动。在移动互联时代,单向的线性传播感召力有限、感染力缺乏,引导者需要做的其实是设置时代议题,让网民主动地表达自己内心的声音,实现舆论引导的潜移默化与润物无声。

二是具有互动性才能让网民成为舆论宣传的力量。网民的个人观点可以汇聚成时代发展的动力,他们的共同诉求绘就了网上网下最大的同心圆,他们的高频互动形成了带有认同感和归属感的"共同体"。当网民成为传播的主体与互动的主体时,他们的交流、互动和商议,指向着社会共识与主流价值。

在当今时代,我们都在努力奔跑,我们都是追梦人。只有撸起袖子加油干,追梦前行再出发,才能战胜困难,化危为机,大踏步走向充满希望的未来。在信息纷杂的时代,人人拥有麦克风,通过牢记嘱托的议题框架引导网民们发出理性声音,表达奋斗激情,能够让时代的声音更加响亮。这些富有个性化的语言正是当代追梦路上中国人的最美写照,他们昂扬精神,矢志不渝。

（撰文／李劲强）

 03 "习近平总书记对我影响最深的一句话"主题征集活动暨大型融媒体报道

● **案例回顾：**

"中国共产党人的初心和使命，就是为中国人民谋幸福，为中华民族谋复兴。"这是习近平总书记在十九大报告中说过的一句话。简短话语中饱含了真诚与坚定，蕴含了巨大的能量。而这样的语句在十九大报告中还有许多，默默地影响着许多人。

2017年11月，为了进一步学习宣传贯彻党的十九大精神，让十九大精神落实在社会的各个角落，由天津市委宣传部、天津市委网信办、天津市委市级机关工委、天津市文明办、共青团天津市委、天津市妇联作为主办单位，津云客户端、北方网等联合策划推出"习近平总书记对我影响最深的一句话"主题征集活动。同时，津云客户端策划推出了"习近平总书记对我影响最深的一句话"大型融媒体报道。该报道充分响应"建设网络强国"的号召，发挥媒体融合优势，创新"线上线下"联动宣传模式。报道团队广泛征集网友留言，寻找典型人物典型事例，深刻展示出十九大精神对个人和社会的影响。报道通过图文、音频、短视频、H5等形式，全方位、多角度地展现了全社会学习十九大精神的良好氛围。

这一活动充分体现了"以人民为中心"的宣传理念，让广大人民成为新闻事件的参与者、亲历者、创作者。津云客户端推出"习近平总书记对我影响最深的一句话"主题征集活动后，累计收到三十余万条网友留言。来自全国乃至世界各地的网友，结合习近平总书记在十九大报告中提到的金句，留下了自己的感悟，分享了自己的奋斗故事，一时间在朋友圈中形成刷屏的效果。在报道中，团队为观众展示了图书管理员、企业职工、基层工作者、解放军战士等各行各业奋斗者的典型事例，充分反映了社会生活和民生百态，展示出十九大精神的普适性。同时，报道团队创新视角，利用当下年轻人的话语体系和网络使用习惯，拓宽青年人学习、理解党的精神的渠道，引领青年朋友学习十九大精神的新风潮，充分发挥新媒体的思想政治教育功能。

无数的故事和话语该如何汇聚成集中的展现形式呢？报道团队创新形式，聚焦"十九大精神"主题宣传公交车，利用津云客户端新媒体平台的优势，形成"线上参与、线下体验"的创新模式。报道充分展示了主题公交车的标语以及市民热情参与活动的盛况，也吸引了众多乘客扫码参与活动。在报道中，接地气的"主题公交车"搭配接地气的"网言网语"，让小主体发挥大能量，让十九大精神传得广、传得新，让群众听得懂、能领会。

利用公交车进行宣传（视频截图）

报道灵活运用了短视频形式，发挥短视频在新闻报道和主题活动中的优势作用。通过策划录制十九大精神"七进"快闪短视频，让十九大精神从文字内容转化为群众的声音、人民的生活。报道团队走进各行业人员的工作生活,从制药厂到村委会,从政府机关到大学校园……在细节中发现十九大精神,在生活中践行十九大精神。报道巧妙地将多种形式融合,相互串联、相互补充。采访报道中每个个体的小梦想、小目标汇聚在一起,让我们感受到整个社会都在朝着同一目标努力,每个个体的奋斗都充满意义。

"习近平总书记对我影响最深的一句话"从活动报道初期便收获大量网友的点赞追捧,参与人数屡获新高,"主题公交车"更是一度成为"网红打卡点"。在互联网背景下,报道团队巧用网络,形成良好的报道生态,开拓了新时代的报道模式,充分让十九大精神"进网络"。相关系列报道和视频也被央广网、中国青年网等多家媒体转载,获得良好的社会反响。

(撰文/张程程)

● 创作者说:

融合聚力奏响十九大精神的人民乐章

——访津云新媒体用户互动中心主任、津抖云短视频平台总监寇庆春

"习近平总书记对我影响最深的一句话"主题活动创新宣传形式,将十九大精神根植于社会各界。为了充分了解这一主题活动及相关报道,笔者采访了津云新媒体用户互动中心主任、津抖云短视频平台总监寇庆春。作为这一大型融媒体活动的策划者和创作者,他见证参与了线上征集活动、线下宣传活动和采访报道写

作的全过程,他向笔者介绍了活动的创作背景、活动亮点和创作过程等。

2017年10月,党的十九大胜利召开,习近平总书记在三万多字的十九大报告中金句频出,振聋发聩。这些语句深深地打动了寇庆春,同时他也在思考,作为一名党员、一名新闻工作者,如何才能把十九大的精神传递给基层。谈及创作背景时他说:"当时的工作要求是要'学懂、弄通、做实'十九大精神,并且要求十九大精神'七进'。于是我想可以通过网络征集这种方式,让各行各业的人们都参与进来,结合自身实际说出影响自己最深的一句话,从而鼓励大家真正做到'学懂、弄通、做实'。"

寇庆春具有丰富的网络传播经验,擅长通过与网民互动做宣传。他考虑到网络征集的覆盖面是有限的,想要实现"触及全民",就必须包含各种形式。他说,活动最大的亮点就是线上线下联动,结合了线上参与人数多和线下宣传范围广的优势,最大程度地提高了宣传影响力,成为十九大精神宣传的"爆款"。

创新尝试必定需要付出更多努力。谈到创作历程,他说那是充满惊喜和汗水的三个月。"线上征集活动发起后,大家参与的积极性特别高,除了后台和邮箱,津云新媒体客服电话也快被打爆,每天要接大量的网民来电,通过电话参与活动。"处理大量留言信息的工作除了需要认真仔细之外,还需要精准捕捉到最具代表性的内容,从而进行后续的展示宣传。此外,采访过程也是整个创作过程中最具挑战性的一环。他说:"可以感受到大家都将十九大精神和自己的工作生活联系在一起,但有的还是流于表面,没有深入到精神的实质",面对这种情况,团队决定采取引导式采访方法,让群众既表达自己的心声,又能深刻学习十九大精神。

"习近平总书记对我影响最深的一句话"表现形式丰富,除文字图片报道外,团队还决定用短视频的方式来展现。为了拍摄到各个行业最具代表性和感染力的画面,团队提前走访调研各拍摄对象的工作环境,捕捉最佳画面。他特别提到采访军营战士们的经历:"时值隆冬,天气寒冷。当时要拍摄军营训练的场景,摄影师和战士们克服困难,一遍遍地拍,力求把视频效果做到最优质。"

　　细致入微,精益求精,绝不错过一个亮点,这是寇庆春和他的同事们秉持的理念。包装宣传公交车是整个报道中最重要的线下活动,他说:"我们当时面临最大的困难是要确定把哪些内容用于最终的展示",数以万计的网友留言让他觉得放弃哪个都舍不得,"我们经历了三四轮的修改,才确定了最终版本"。说到网友们的留言,他表示有许多令他记忆犹新。

　　"习近平总书记对我影响最深的一句话"活动自开始便引起全社会民众的热烈追捧,最终收获超过 30 万条留言,实现了超过预期的优质传播效果。对此,他表示感到十分满意和开心,"能够让十九大精神宣传惠及如此多的民众,形成城市精神学习的'爆点',令我们感到十分振奋。这是我们对党的政策精神宣传的一次成功实践,也给未来的新闻宣传工作提供了新的可能。"

（撰文 / 张程程）

● 专家点评:

创新传播让十九大精神走入千家万户

　　2017 年 10 月 18 日,中国共产党第十九次全国代表大会召开,习近平总书记出席并代表十八届中央委员会作重要报告。"不忘初心、牢记使命,中国共产党人的初心和使命,就是为中国人民谋幸福,为中华民族谋复兴",这既是大会的主题中心,也是习近平总书记指出的可靠的发展关键词,此类金句蕴藏了巨大能量,逐渐融入人民的血液中。

2017年11月起,由津云客户端、北方网以主题活动的形式面向全国人民征集留言,并通过图文、音频、短视频、H5等多样化报道形式,充分发挥媒体融合和网络强国的号召,将十九大精神传递给全国人民。

第一,积极响应,把握重大主题报道"时"性要求。"时"就是时代、时机、时间,即主题报道策划要响应时代要求、顺应报道时机、谋划报道时间。党的十九大强调当前中国特色社会主义进入新时代,"我国社会主要矛盾已经转化为人民日益增长的美好生活需要和不平衡不充分的发展之间的矛盾"。"习近平总书记对我影响最深的一句话"主题征集活动就是抓住了大时代与小需求之间的协同发展关系,以习近平总书记的讲话为桥梁,搭建起国家与人民之间的沟通渠道。

活动视频动画截图

"习近平总书记对我影响最深的一句话"融媒体报道从精心策划到融媒体产品制作和发布,用时一个多月,抓住契合时机进行主题报道。这组报道通过前期大范围留言征集活动保持报道热度,让大家参与到主题事件报道中去,最终取得了良好效果。

第二,以小见大,在宏观主题下关注"微"观视角。该组融媒体报道独具巧思,以"人民"作为入手点,符合十九大报告中"人民为中心"的宣传理念。在报道中,工人、农民、基层干部、青年、军人以及网络媒体工作者等均发表了自己对习近平总书记金句的感想,并结合行业实践,阐述了与职业生活息息相关的十九大精神。此次新闻实践证明,只有关注倾听人民的声音,以小切口折射大主题,才能讲述更加真实动人的故事。

　　第三，创新叙事，用差异化表达讲好十九大故事。"习近平总书记对我影响最深的一句话"留言征集活动发出以来，受到了海内外来自各行各业网友的热情关注，大家纷纷书写下自己的奋斗故事和深刻体验，到活动结束前共计收到30余万条网友留言。如何将众多的留言凝聚成一种展现形式，这考察着媒体团队的策划与表达功力，最终团队推出的"十九大精神"主题宣传公交车实现了表达形式个性化的尝试。

　　"习近平总书记强调要努力让每个孩子都能享有公平而有质量的教育，这是每个家庭、每个父母的梦想。"天津619路公交的乘客王霞对此颇有感悟，这段留言勾起了她过去作为志愿者到农村支教的回忆。619路主题宣传车途经文化中心、五大道、滨江道商业街、鼓楼、古文化街、北宁公园等津城繁华地区和旅游景点，铺满车身的金句给市民一种耳目一新的感觉。活动借助与出行紧密相关的公交平台，拓展了新的宣传阵地，从而实现了线下同步覆盖，真正做到了细心讲好十九大故事。

（撰文／段文倩　孙璐）

　　● 思考与启示：

全方位挖掘，做"活"重大主题报道

　　2014年2月27日，习近平总书记在中央网络安全和信息化领导小组第一次会议上提出，要"强化互联网思维和一体化发展理念，推动各种媒介资源、生产要素有效整合，推动信息内容、技术应用、平台终端、人才队伍共享通融"①，此后又在多次讲话中强调了网络和信息化的重要性，"网络强国"的概念和定位逐渐深入媒体人心中，并为之后的报道策划指明了创新方向。"习近平总书记对我影响最深的一句话"融媒体主题报道就是在这样的指导下实践出来的成果，对主流媒体做"好"做"活"重大主题报道存在一定的借鉴意义。

一、要有将主题化"厚"为"薄"的本领。"十九大精神"这类政治主题是具有时代沉淀性的，用户能不能接受，怎么接受是首要问题，太过于厚重会让用户敬而远之，因此媒体应在选择报道角度的时候要尽可能"打薄"议题。比如这次选题就将视角放在"我"与习近平总书记话语上，拉近了用户与重大议题之间的距离，使他们有话讲。

二、在媒体布局方面，做到合理取舍，突出主位。此次报道在客户端发布图文稿，同时配置了采访视频，将报道团队走访录制各行各业人员的细节展现给用户，同时在休闲性视频平台发布十九大精神"七进"快闪短视频，在微信平台推出扫码走进十九大故事的 H5 邀请函，而在线下也推出主题宣传公交车活动，从而形成线上线下一体化的联动效应。

三、在媒体融合中寻求个性突破。做"活"重大主题报道，从"相加"到"相融"，改变的不仅仅是产品形式和传播平台，更重要的是用户思维。在同质化内容中寻求个性突破，贴近用户审美与表达，采用轻量化叙事方式，全方位挖掘创新价值，才能在传播效果上获取用户认同和情感共创。

（撰文 / 段文倩 孙璐）

---

① 求是网，《习近平：没有网络安全就没有国家安全》，http://www.qstheory.cn/zhuanqu/2021-10/10/c_1127943608.htm，访问时间 2022 年 6 月 17 日。

04 "最闪亮的坐标"网上主题宣传活动

 案例回顾：

　　2022年清明节,在中央网信办网络传播局、退役军人事务部褒扬纪念司指导下,新华网在全网推出"最闪亮的坐标"主题活动。活动主题的宣传片《最闪亮的坐标》虽只是短短两分钟的视频,但通过简洁的言语与片段,讲出了深刻的故事与情感,牵动着人们对英雄的缅怀与爱戴。

　　2022年4月3日至5日,天津市委网信办联合天津市公安局、天津市退役军人事务局等单位,统筹各方面力量,精心组织策划,开展了"最闪亮的坐标"网上主题宣传互动引导活

核心商圈室外大屏播放主题宣传片（照片为天津市委网信办提供）

动。这次活动由天津市新闻网站、主要媒体新媒体、中央新闻网站天津频道、主要商业网站天津频道以及部分网络名人共同参与。

活动期间,共策划推出《最闪亮的坐标丨盛世如愿 告慰英魂 蓟州区 7 位散葬烈士遗骸迁葬盘山烈士陵园》《最闪亮的坐标丨他的绶带上缀满校徽,墓碑前总是花海!》《最闪亮的坐标丨以己为舟济苍生》等微视频、航拍、直播、Vlog、H5、有声明信片 40 余部。天津网络名人和自媒体积极参与相关话题活动,帖文阅读总量突破 1100 万次。同时,活动注重融合传播,贯通大屏小屏,用活友谊路 3D 大屏、南开大悦城等 8 块天津核心商圈室外超大屏,协调市公安局、市退役军人事务局统筹调用 300 余个基层派出所、1000 余个退役军人服务中心(站)大屏,做好重点作品展播,实现传播效果最大化。

此次主题活动全部采用线上展开方式,充分利用新闻媒体的传播覆盖优势,以视频触动心灵,以文字直击灵魂,以宣传引起共鸣,以行动联络情感,将我们拉回那个苦难年代,以最浓墨重彩的方式描绘最闪亮的坐标。活动一经开展,就有无数网民关注,并积极地参与点赞,主动担负起再转播的任务,用自己的表达方式缅怀先烈,致敬最闪亮的坐标!

中央网信办开展了有关烈士寻亲的系列活动,天津有关部门和媒体按照中央新闻网站公布的烈士寻亲名单,为天津籍烈士寻亲找家人,联合退役军人事务部开展烈士迁葬仪式网络直播,在微博、抖音、快手、津抖云等社交平台开设"最闪亮的坐标"相关话题,这些活动用肃穆的形式、无声的流露、切实的行动,唤起广大人民群众的革命情怀以及对烈士的崇高敬意。满屏的"致敬",无数的寄语,深情的追思,一桩桩一件件,在活动中不断涌现,以最直接的方式来表现此次活动的意义与影响。

英烈奋斗的痕迹与故事,需要我们不断地传播与讴歌。此次主题活动还囊括了"家的荣耀"网上互动活动,结合退役军人事务部门慰问军烈属进行。"家的荣耀"网上互动活动,唤醒了一段段历史记忆,每一枚勋章每一份证书都是沉甸甸的荣耀。

"最闪亮的坐标"网上主题宣传活动是一个影响力大、意义深远的活动,以丰富的活动形式全面引导民众参与,以全媒体协作的方式推动活动的进行,为新闻媒体融合实践进行了新的尝试。

（撰文 / 于佳鑫）

● 创作者说:

这次活动能够触动人心直击灵魂

——访天津市委网信办干部袁硕

"最闪亮的坐标"是天津市委网信办在 2022 年清明节联合天津市公安局、天津市退役军人事务局等单位,统筹各方面力量,精心组织策划的一次网上主题宣传活动,一上线就获得了巨大的反响。为更好地了解此次活动的策划背景、实施过程,笔者采访了天津市委网信办干部袁硕。

英烈们的故事永远是我们宝贵的精神财富,需要我们深深镌刻进民族记忆。袁硕表示,在中央网信办视频部署会后,天津市委网信办便立刻组织召开主题宣传策划会,召集市公安局、市退役军人事务局等委办局、中央新闻单位、中央新闻网站天津频道、地方新闻网站等媒体单位参加。活动深入挖掘天津本土的英烈事迹,比如 2022 年 2 月初在天津战"疫"中牺牲的公安北辰分局瑞景派出所社区警务队一级警长乔良,中国共产党的早期党员、天津党团组织的创建者和领导者于方舟等,同时按照中央新闻网站公布的烈士寻亲名单,为天津籍烈士寻亲找家人。活动为网友呈现具有天津特色的闪亮坐标的同时,也为烈士献上了一份"天津心意"。

在十九大报告中,习近平总书记说,要高度重视传播手段建设和创新,提高新闻舆论传播力、引导力、影响力、公信力。"最闪亮的坐标"网上主题宣传活动高度重视传播手段的建设和创新。袁硕介绍,此次主题活动全部采用线上展开方式,充分利用新闻媒体的传播覆盖优势,通过宣传稿件、主题宣传片、寻亲、直播、祭扫、互动等多种形式,在内容上产出微视频、航拍、直播、Vlog、H5、有声明信片等新媒体产品40余部;在形式上注重融合传播,开设专题专区,创新网络表达,津云等属地新闻网站、360快资讯、喜马拉雅城市文化天津频道等开设相关专题专栏、设立主题听单,打造"清明祭英烈·共筑中华魂"主题声音明信片,全渠道聚焦主题活动,营造浓郁氛围。此外,还贯通大屏小屏,发挥商网优势,拓展外链导流,用活"津门网络大思政"平台,引导青少年树立良好价值观。

宣传海报

袁硕说,此次活动能取得良好效

果,与前期准备充分有很大关系。实践证明,提前准备、精心策划、认真实施都非常重要。

（撰文／孟文清）

● **专家点评：**

利用清明时间点传播核心价值观

社会主义核心价值观是我国社会发展的"精神内核",传播好社会主义核心价值观至关重要。然而,随着传播主体和传播介质的多元化,受众获取信息的渠道逐渐增多,仅靠新闻播报、贴标语等传统手段,很难把社会主义核心价值观传播到千家万户。

习近平总书记强调新闻宣传要讲究"时度效",其中"时"既有时效,又有时机之意。新闻工作重视时效,而宣传工作必须把握好时机。同样力度的宣传,选好时机就能事半功倍。2022年4月,中央新闻网站将推出系列报道,深入宣传阐释习近平总书记关于英烈和英烈精神的重要论述,生动展现总书记身体力行、缅怀英烈、致敬英烈的感人瞬间和英雄情怀,全方位报道在总书记亲自推动下英烈保护工作取得的成效,引导全社会以实际行动捍卫英烈荣光、弘扬英烈精神。

天津市委网信办在中央网信办的指导下,抓住清明节这个时间节点,组织了"最闪亮的坐标"网上主题宣传活动,取得了良好的效果。

第一,通过缅怀英烈传播核心价值观。社会主义核心价值观从国家、社会、公民三个层面总结凝练出 24 个字——"富强、民主、文明、和谐；自由、平等、公正、法治；爱国、敬业、诚信、友善"，其中"爱国"是对公民的基本道德要求。它是一种对祖国强烈真挚的情感，是一种为祖国勇于担当和奉献的精神，同时也是维护民族团结、凝聚民族力量的纽带，是一个国家、一个民族生生不息、发展壮大的力量源泉。要鼓励和引导社会公众增加爱国意识，就必须做好缅怀烈士的宣传。他们是为了国家和民族的利益牺牲，肯定他们的壮举是对爱国行为的肯定。清明节是我国的传统节日，在这个时间点推出"最闪亮的坐标"网上主题宣传活动，在时间点上非常合适。当人们寄托哀思的时候，不忘烈士们的奉献，能够鼓励人们增强爱国意识，珍惜当前美好的生活。这是对社会主义核心价值观的很好宣传。

第二，通过增强互动传播核心价值观。天津市委网信办组织的"最闪亮的坐标"网上主题宣传活动，一个突出的特点就是重视互动性，不是单纯地传播信息，而是充分调动网民参与。活动开展了"家的荣耀"网上互动活动，以"讲好家族逝去亲人的报国故事"为主题，引导网民晒出烈士或亲人的勋章、军功章、烈士证，讲好烈士的故事，表达对逝去亲人的思念和对家族荣耀的传承。这一互动活动是结合退役军人事务部门慰问军烈属活动开展的，各网络媒体、网络平台运用 UGC、第三人称视角、访谈、视频、稿件等形式进行参与和报道。

第三，通过以情动人传播核心价值观。喻国明认为："在社会沟通和舆论引导中，'晓之以理'远远不如'动之以情'，争取人心是舆论工作的第一要义，只有解决了立场问题，才能谈得上舆论引导问题的解决。"① 的确如此，随着受众思想的多元化，有时引经据典地讲道理，效果却不理想；而如果能够以情动人，直接触动人心，所达到的效果可能比讲道理更好。为国家和民族牺牲的烈士们，都有打动人心的事迹。"最闪亮的坐标"网上主题宣传活动充分发挥了以情动人的作用。在作品

---

① 喻国明：《网络舆情治理的基本逻辑与规制构建》，《探索与争鸣》2016 年第 10 期，第 10 页。

中，有愿做"渡人之舟"救祖国人民于水火中的于方舟，有牺牲了73年才被亲属找到的烈士张豪，有弹尽粮绝悲壮跳崖的盘山莲花峰七壮士……烈士们的动人故事，他们一心为国的胸怀，他们毅然决然地选择，都让今天的我们动容。

（撰文／张洪伟　林靖）

● 思考与启示：

主题传播要尊重用户的主体性

20世纪80年代，哈贝马斯提出社会交往理论，其要点就是把主客体划分建立在平等的基础上，把传播看作是主体性的过程，认为传播者和接收者相互具有主体性。这一理论在传播实践中不断得到印

退役军人服务中心播放主题宣传片（照片为天津市委网信办提供）

证。现在的受众，不仅是信息的接收者，更是信息传播者；双方的关系不再是"你说我听"，更多的是相互交流、多向传播，以至于在很多场合，学界和业界倾向于用"用户"一词代替"受众"。在这种情况下，媒体需要更加重视受众的感受和体验，

才能很好地传达信息和观点。

一、引导用户参与内容生产和传播。在当下的新闻传播中,用户从信息的生产、传播到反馈,都发挥着重要作用。人人都有麦克风,都可能提供新闻,都可能成为信息生产者、参与者。用户分享是整个传播过程中的重要一环,用户参与程度影响着媒体的发展。媒体在设置议题、征集线索时,应与受众互动,把公众的意见吸收进来。

"最闪亮的坐标"网上主题宣传活动,积极吸引用户参与,使线上和线下紧密结合,形成互动。例如,中央网信办组织中央新闻网站公布烈士寻亲名单,天津从中分解出天津籍烈士名单,进行广泛传播,为天津籍烈士寻亲找家人。这一活动体现出线下和线上结合、线上为线下服务的特点。寻亲活动受到广大网友的关注,很多网友发留言提供线索和表达关注。

二、要与用户平等交流。在信息缺乏的时代,传统媒体垄断着信息传播,在发布新闻时往往居高临下,使用教化的口吻。随着以互联网为基础的新媒体的出现,受众获取信息的途径多元化,传者与受者的地位发生明显变化,平等交流成为互联网时代信息传播的重要要求。

媒体向受众不仅传播信息,还传播关系。是否进行平等交流,直接影响着传播的效果。只有进行平等交流,才能缩短与受众的距离,让彼此关系更加紧密,从而引发共鸣。为了适应这种形势,传统媒体必须放下身段,学会朋友式的交流。在"最闪亮的坐标"网上主题宣传活动中,并没有过多讲述道理、观点,而是通过讲故事让人认识到应该敬仰烈士、热爱祖国。

（撰文/林靖　张洪伟）

微信扫码看详情

05 "津门网络大思政"平台

● 案例回顾：

为贯彻落实习近平总书记"'大思政课'我们要善用之"重要讲话精神，紧扣天津实际，讲好津门思政大课，2022 年 3 月 21 日，"津门网络大思政"平台正式上线，针

"津门网络大思政"平台截图

对天津市大中小学全体师生开展网络思政教育。该平台紧密结合社会主义核心价值观教育的思想主导性与网络传播规律的科学遵循性，不断创新网络思政教育模式，网上聚力构建天津"大思政"育人新格局，为培养高素质人才和担当民族复兴大任的时代新人营造了良好的网络环境。

"津门网络大思政"平台由天津市委网信办、天津市教育两委、共青团天津市委员会指导，央广网天津频道主办，通过整合各种优质资源、各类优势力量，合力推进网络思想政治教育创新。该平台不断增强网络思政的目标性、时代感和吸引力，通过讲好"青年话""少年语"，确保主旋律在最有活力的领域"不缺席"、在最受欢迎的地方"不落伍"，引导"强国一代"在实现中国梦的生动实践中放飞青春梦想，在奋进新时代的不懈努力中书写人生华章。

"津门网络大思政"平台的活动内容主要有以下两个方面：

一是"津"彩思政——聚焦天津"大思政课"。央广网从思政课课程内容、课程形式等方面聚焦天津的优秀做法，宣传报道天津如何把思政小课堂同社会大课堂相结合的具体经验做法。同时，结合天津在思政课教学过程中采用的案例式教学、探究式教学、体验式教学、互动式教学等先进做法，对多样化探索运用现代信息技术建设智慧课堂的教学手段，进行多角度、多形式的宣传报道。

二是思政"津"星——做好天津思政师生宣传。央广网将从"思政课要解决学生理想信念问题"这一角度出发，通过镜头和笔触全面报道天津思政课教师如何积极、主动、创造性地引导学生立德成人、立志成才的优秀做法，以及天津大中小学生在日常生活和学习过程中，如何潜意识地将思政课学习和个人的品德修养内化于心、外化于行的实际做法。这主要包括三项内容：

1. 我是"四史"主讲人——大中小学生思政宣讲。为在广大青少年学生中扎实开展"四史"学习教育，引导帮助大中小学生实现从"要我学""老师讲""学生听"到"我要学""我要讲""我能讲"的思想转向、角色转换和能力转变，带动其树立起"先学一步""学深一层"的认识自觉和行动自觉，组织学生以"主讲人"身份介绍"四史"内容，形成以优秀学生宣讲带动全员学生学习的积极氛围，并以此为契机培养出一批学生中的"四史"宣讲员，产生朋辈影响的积极效果。

2. "思政星课堂"——大中小学思政教师教学技能大赛。通过比赛展现天津思政教师昂扬向上的精神风貌和优秀的专业素养，借此大赛以赛代练、以赛促教，引导促进思政教师回归教学、热爱教学、专心教学，对进一步加强与改进思政课教学,提升学生对思政课的获得感产生积极影响。

3. 同讲一堂课——大中小学师生同台展示。邀请在上述比赛中表现优异的师生代表共同登台,同讲一堂"'四史'思政大课"。通过讲"活"思政课中的"四史",将"四史"教育融入大中小学思政课,引导津城广大青年学生从历史深度、现实维度、理论高度认识马克思主义为什么"行"、中国共产党为什么"能"、中国特色社会主义为什么"好",让"四史"教育在津门师生中达到入耳、入脑、入心的效果。

（撰文 / 王馨）

● 创作者说:

拉开津门思政大课的新篇章

——访天津市委网信办干部刘安东

为了解"津门网络大思政"平台的创办和运营,笔者采访了天津市委网信办干部刘安东。他介绍了关于该平台的创作背景、创作过程以及宣传的重点和特点。

刘安东说:"思想政治工作是党的优良传统、鲜明特色和突出政治优势,是一切工作的生命线。党的十八大以来,以习近平同志为核心的党中央高度重视思想政治工作,采取一系列重大举措切实加以推进。其中,学生是思政教育的主要对象,思政课是学生扣好人生第一粒扣子、打好人生底色的关键课程,也是讲述中国故事,弘扬主流价值观的重要课程。"

对于该平台设立的背景,他介绍说,2021 年 7 月 12 日,中共中央、国务院印发了《关于新时代加强和改进思想政治工作的意见》。《意见》明确"加强学校思想政治工作,加快构建学校思想政治工作体系,实施时代新人培育工程,完善青少年理想信念教育齐抓共管机制,培养德智体美劳全面发展的社会主义建设者和接班人"的工作方向,这是建立这一平台的大背景。

津云页面截图

在谈到设立"津门网络大思政"平台的目标时,刘安东说,主要是为深入学习和全面贯彻落实习近平总书记关于"办好思政课"一系列重要讲话精神,不断深化思想政治理论课教学改革与创新成果,深入推进新时代天津大中小思政一体化,落实思政教育立德树人根本任务。

他认为,该平台的宣传重点有两个。一是聚焦天津"思政小课堂"结合"社会大课堂"的宣传报道,重点关注天津在思政小课堂同社会大课堂的结合中,如何增强学生对思政课的认同感,教育引导他们把人生抱负落实到脚踏实地的实际行动中来。二是聚焦天津"线上"+"线下"思政"融课"的宣传报道,重点关注天津在探索思政课线上线下融合教学的创新模式。

刘安东说,该平台一直努力做好网上展示,力争提供一个很好的交流平台。央广网在网站显著位置开辟专区、设置专题页面,通过文图、音视频、直播等多种新媒体手段集纳、展示天津思政教育的丰硕成果,做好各项思政类赛事的线上直播。央广网在专题页面为天津大中小师生提供线上课程交流、心得分享等空间,打破地域限制,为课程质量提升、互帮互学互鉴提供优势平台。

据了解,平台创作者们在进行平台设计时意识到,传统的思政课讲述往往被限制在固定的时间、地点以及既定的教案之中,这种讲述极易陷入空洞说教和机械灌输的怪圈中,具有难以避免的狭隘性和局限性。创作者们认为,只有创新思政课堂的讲述形式,才能让思政课堂有更广泛的天地,因此他们在平台的展现与创作上不断开展创新工作,拉开了津门思政大课的新篇章。

刘安东说,央广网充分利用央广网 PC 端、央广新闻官方微信、央广网移动端以及央视频 App、云听 App、学习强国等强大新媒体矩阵,在全国其他 32 个地方频道同步推送天津思政教育的好经验、好做法,让天津优秀的思政课程、思政教师享誉全国,为打造天津思政教育的金字招牌做出贡献。

（撰文／谢萌）

● **专家点评:**

创新网络思政助力青少年"拔节孕穗"

习近平总书记指出,我们要善用"大思政课",一定要跟现实结合起来。上思政课不能拿着文件宣读,没有生命、干巴巴的。[①] 习近平总书记的这一重要论述,为进一步深化思政课改革创新,增强思政课的理论魅力和现实感染力指明了方向。要让有信仰的人讲信仰,只有首先在思政课教师心中扎下根,才能在学生心中开花结果。同时,对大中小学生来说,青少年阶段是人生的"拔节孕穗期",这一时期心智

---

① 杜尚泽:《"'大思政课'我们要善用之"》,《人民日报》,2021 年 3 月 7 日第 3 版。

逐渐健全,思维进入最活跃状态,最需要精心引导和栽培。

"津门网络大思政"平台在以下三方面体现出创新和探索:

第一,创新讲述形式,擅于讲思政故事。创作者通过多种途径,力求颠覆传统说教,为思政课注入全新活力。

创作者尝试改变传统的师生间"你说我听"的主动与被动身份,引导帮助大中小学生实现从"要我学""老师讲""学生听"到"我要学""我要讲""我能讲"的思想转向、角色转换和能力转变。鼓励学生作为"主讲人",讲述思政内容,形成以优秀学生宣讲带动全员学生学习的积极氛围。

思政教育要真正实现入脑入心,首先要做到"入眼",创作者不断创新讲述形式,用更新颖的作品激起青少年的兴趣和关注。天津把党史、新中国史、改革开放史、社会主义发展史的网上宣传作为思政工作重大任务,致力建强叫响"网上马克思书房"等网络传播品牌。"津门网络大思政"平台正是沿着这样的路子,不断发展着专属于津门的网络思政传播品牌。

"津门网络大思政"平台截图

第二,鼓励师生参与,创新育人格局。新媒体时代,能够调动更多人参与,对于传播效果起着非常重要的作用。"津门网络大思政"平台积极组织比赛,激发大家的积极性。比赛的最终目的是以赛代练、以赛促教,用比赛的形式让思政大课深入人心。同时创作者们考虑到思政教育除了育人外还需要关注到教师的教育创新。因此,创作者将比赛活动的对象放眼于天津的大中小学全体师生。

在创设比赛的内容设置里,创作者们充分考

虑学生与教师的比赛定位,思考通过比赛能获得何种收获,达到何种效果,形成何种影响。如在设置教师类的比赛内容时,平台创作者从"思政课要解决学生理想信念问题"这一角度出发,希望通过这一类型的比赛来展现天津思政课教师是如何引导学生形成立德成人、立志成才思想,从而达到将学生个人的品德修养内化于心、外化于行的效果。

第三,创意宣发形式,突破地域界限。互联网的便利给网络宣传突破地域限制提供了便利。"津门网络大思政"的宣传并没有仅限于天津市内,而是将平台推广至全国。

平台主办方之一的央广网首当其冲,肩负起中央媒体应有的责任与担当,充分发挥其自身强大的新媒体矩阵和媒体资源全网络覆盖优势,通过利用央广网 PC 端、央广新闻官微、央广网移动端以及央视频 App 等强大新媒体矩阵,在全国其他 32 个地方频道同步推送天津思政教育的好经验、好做法,打造天津思政教育的金字招牌。

平台创作者们坚持聚焦问题,解决问题,坚持体现"强化思政教育,培育时代新人"的要求。平台的建设有故事,有情怀,有难度,有思想,在各位平台工作者以及各部门的努力下,新时代思想政治工作正不断展现生机活力。

（撰文／王馨）

● 思考与启示：

网络思政需要"润物细无声"

互联网在思想政治教育中发挥的作用越来越重要。如果不能充分认识到这一点,思政教育要想取得好的效果,难度就非常高。思政教育不能灌输,最好是采取润物细无声的方式,吸引青少年的注意力,这样才能够入脑入心。"津门网络大思政"平台上线后,正是发挥了这样的作用。这一平台的成功,对于今后进行思政教育具有一定启示:

一、宣传主流价值观平台化思维很重要。在现在的媒体竞争中,占据头部的今日头条、一点资讯、微信、微博都是平台型媒体。有研究者认为:"'内容为王''渠道为王''终端为王'等战略难以奏效,未来的融合产业没有王者,只有盟主,得平台者得天下。"① 进行网络思政教育同样是这样,如果具有平台化思维,就能够更好地宣传主流价值观。

二、网络思政要学会徐徐图之。一个人的观点一经确立,很难马上动摇他的想法。此时要想对他的观点产生影响,不妨徐徐图之,像涓涓细流一样逐渐冲刷其思想,只要达到一定的时间,就可能发生质的变化,使之在不知不觉中受到影响。

三、提升参与性有助于提高传播效果。在教育学中,参与式教学是一种非常重要的教学方法,因其以学习者为中心,重视激发学生的兴趣。网络思政平台精心组织赛事,为天津广大中小学生、青少年群体提供自我展示阵地,这些措施使得广大师生积极参与到网络思政文化的生产和传播中。这种参与性,对于增强他们的认识,传递主流价值观,增进学生的思想认同、情感认同,都具有重要意义。

（撰文/宋守山 张洪伟）

---

① 谷虹、刘宁馨:《三网融合背景的信息平台建设》,《重庆社会科学》2014 年第 4 期,第 102 页。

微信扫码看详情

06　融媒体产品《习语近人　春风拂面》

 案例回顾：

　　2021 年是中国共产党成立 100 周年，也是实施"十四五"规划、全面建设社会主义现代化国家新征程的开局之年。站在历史的交汇点上，2021 年的全国两会召开承载着重要使命，意义非凡。

　　2021 年的春天，十三届全国人大四次会议和全国政协十三届四次会议召开在即，"两个一百年"奋斗目标将在此时交汇，津云新媒体于 3 月 4 日推出融媒体产品《习语近人　春风拂面》，摘录了习近平总书记在 2013—2020 年在全国两会上的百条重要讲话，以海报、长图、H5、微视频等形式呈现，在津云客户端、

津云页面截图

津云微信视频号、津云抖音号等多个网络平台进行展播,推动习近平新时代中国特色社会主义思想深入人心、落地生根。

在这组产品中,将习近平总书记在历年两会中的重要讲话,按照脱贫攻坚、民主政治、经济发展、民生保障、精神文明、生态文明、作风建设、国防建设等八个类别进行分类,每个类别制作符合主题的不同背景海报进行展示报道。社会主义的核心就是人民民主,从历年召开的全国两会,可以深刻感受到人民群众最真切的需

津云页面截图

要。自 2013 年开始,每年的全国两会,习近平总书记都会到各个团组参加审议、讨论工作,与人大代表、政协委员们一起,聊教育,问民生,谈创新……一句句充满深情的话语,都饱含着习近平总书记对广大人民群众学习、生活、工作大小事宜的深切关注。

习近平总书记历年来在全国两会上的重要讲话,内容涵盖范畴之广阔,贯穿历史、聚焦现在、延伸未来,是依据我国现实国情对治国理政、理念思想、策略方针等一系列原创性内容的最新阐述与深入总结,是马克思主义中国化与时代化的创新实践成果。《习语近人 春风拂面》在 2021 年两会召开前进行系列报道,就是为了带动读者学习重温习近平

总书记在历年两会上的重要讲话,更好地迎接 2021 年全国两会召开。

新媒体报道环境下,各类新兴媒体相比于传统媒体有着不可比拟的优势,包括传播速度快、渗透率高、覆盖面广等。《习语近人 春风拂面》结合新媒体报道形式,不仅在津云客户端进行了图片报道,还在津云微信视频号、津云抖音等多个网

络平台将图片制作成微视频进行展播,积极布局全媒体矩阵,用人民群众最方便触及的互联网平台,将"两会讲话精神"传递至广大人民群众。此外,公众可以通过网络平台进行评论转发,这增强了传播的互动性与二次传播,强化了对两会精神的学习认知与理解,有利于传播效果进一步加深。

当前,我国的舆论环境、传媒布局、传播方式等正在发生着深刻的变革,媒体融合发展已经成为提高新闻舆论工作能力水平的必由之路。融媒体产品《习语近人　春风拂面》在内容创作、表现形式、传播渠道等方面都进行了新的探索,彰显了新时期媒介信息的时代价值,为新闻实践提供了一个有益有效的前进方向。

（撰文/张慧）

● 创作者说:

从新媒体角度推动思想深入人心
——访津云新媒体移动中心主任张岩

《习语近人　春风拂面》融媒体产品展现了习近平总书记在历年两会中的重要讲话,推动了习近平新时代中国特色社会主义思想深入人心。为了深入了解《习语近人　春风拂面》的创作历程,笔者采访了津云新媒体移动中心主任张岩。在该系列报道中,他负责策划与统筹的重要工作,亲历了该组报道从构思、制作到广泛传播的全过程。他向笔者介绍了关于《习语近人　春风拂面》的创作背景、创作历程以及利用新媒体优势制作海报,进行传播的独特构思。

大流量澎湃正能量
——天津网络传播实践的创新与启示

2021年全国两会是在中国共产党成立100周年之际、"十四五"规划开局之年、全面建设社会主义现代化国家新征程起步之年召开的重要会议。2021年3月4日,津云新媒体推出融媒体产品《习语近人 春风拂面》。谈到该系列报道的创作背景时,张岩说:"党的十八大以来的每年全国两会上,习近平总书记都会下团组,与代表委员们共商国是,发表重要讲话。我们发现从来没有报道对习近平总书记的重要讲话进行较为系统的梳理总结,于是我们想从这个角度深入挖掘。在多番比较后,选择了更符合当下轻量化、网络化的传播模式。"

一个优秀的融媒体产品,从先期策划、内容制作到广泛传播的每一环节都必须予以重视,《习语近人 春风拂面》的创作也是如此。梳理从2013年以来习近平总书记的重要讲话,需要查阅大量的资料,工作量大且较为烦琐。为了使想法逐步转化为实践成果,专门成立了一个七人的工作小组进行梳理筛选工作。这个小组收集了2013—2020年全国两会上习近平总书记的隽语金句,共整理出几百条重要讲话,从中选取更契合传播表达、更具有时代内涵的100条金句,接着在百条金句的基础上进行分类筛选,将每条金句分别归纳到脱贫攻坚、经济发展、生态文明等类型中。在海报设计上,张岩说:"为了使背景与主题更契合,我们秉承着准确明晰、更易表达的理念,让专业美编团队对海报进行专门设计,比如生态环保篇,背景就更突出绿水青山、绿色发展,表明了保护生态环境的重大意义和价值,给人眼前一亮的视觉体验。"

"时度效"是新闻报道的重要原则。"时"意味着紧跟时局、抓住时机,"度"意味着要拓展深度、拿捏尺度,"效"意味着要引领议题、引导舆论。张岩说,《习语近人 春风拂面》满足了新闻报道"时度效"的要求,在2021年两会召开前完成了系列报道的呈现,从新媒体角度创新推动了习近平新时代中国特色社会主义思想深入人心。他说:"我们将严肃的传播内容转化为可视化的报道,还在抖音、微信视频号进行全媒体、多平台传播,拉近了与网友之间的距离,使传播更加广泛。"

2022 年全国两会召开前夕,张岩带领工作小组又重新整理了该组报道,增加了习近平总书记在 2021 年全国两会上的重要讲话,重新进行筛选、分类、制作海报等工序,在津云平台发布专题报道。张岩说,《习语近人 春风拂面》是一项持续性、长期性、系统性的专题报道,这个系列的报道他们会继续坚持做下去,不断更新、加深整理,紧扣总书记讲话精神,传播两会声音,让网友每年有更加可亲、可感、可信的阅读体验。

(撰文 / 张慧)

● 专家点评:

以融媒体产品做强主流意识传播

融媒体发展为信息传播的产品形态创新提供了广阔空间,麦克卢汉所说的媒介即讯息带来的工作变革和效果创新,在当下有了实现的技术基础。主流媒体以融媒体理念转换报道思路,推出可视化、互动性强的产品,更好地满足人民群众的需求,让人民群众爱听爱看,从而有效做强网络主流意识形态传播。

融媒体产品《习语近人 春风拂面》,摘录习近平总书记在 2013—2020 年全国两会上的百条重要讲话,推动了习近平新时代中国特色社会主义思想的网络主流意识形态传播。

第一,做好主流意识形态的轻量化传播。习近平新时代中国特色社会主义思想是马克思主义中国化的理论创新成果,饱含对国际国内一系列重大问题进行治国理政新判断的中国智慧。由于分析的对象重大,分析的视野宏观,分析过程的逻辑严密,分析的结论客观科学,理论话语具有抽象性,对不从事理论研究、文化水平不高的读者而言,在话语理解和话语应用上存在一定的难度。为了解决这一问题,主流媒体运用融媒体技术,对主流意识形态进行轻量化传播,可以增加信息传播的生动形象性,让主流意识形态话语的信息变得轻松可读,从而让主流意识形态话语入眼入脑入心。融媒体产品《习语近人 春风拂面》就是轻量化传播的创新之作。标题是一个朗朗上口、带有温度的轻量化标题,运用汉语的四字格,加上"春风"的比喻,让习近平新时代中国特色社会主义理论话语产生了人格化的修辞效果,增添了喜人好看的表达效果。此外,海报、长图、H5、微视频等形态丰富的融媒体产品,让习近平新时代中国特色社会主义思想变得可视化,增加了可读性,满足了互联网时代用户的个性化、差异化审美需求和信息需求。

第二,做好主流意识形态的全媒体矩阵传播。互联网时代,各类媒体具有不同的传播资源,占据不同的传播优势,在信息传播中形成百舸争流千帆过的格局。全媒体矩阵传播成为提升新闻舆论效果的时代选择,想取得理想传播效果要充分发挥移动社交平台覆盖人群广、用户互动性强、人气活跃度高的优势特点,策划制作融媒体产品创新主流意识形态传播方式,让主流意识形态的正能量成为刷屏的大流量,激发人民群众为中国梦而团结奋进的强大力量。融媒体产品《习语近人 春风拂面》在津云客户端、津云微信视频号、津云抖音等多个传播渠道平台进行形态多样化的展示,增强了报道的力度,渲染了全民学习习近平新时代中国特色社会主义思想的网络舆论氛围。

第三,做好主流意识形态的集纳式传播。集纳式传播是把存在共性的不同观点、不同事实组织在一起,把这些共性提炼为一个醒目的标题,从而不仅加强主题意义,也让读者从多角度、多层次了解主题信息,产生对主题思想的立体感认知。习近平总书记在2013—2020年全国两会上的重要讲话,时间跨度长,论述内容多,如果只是罗列式传播,会让读者只见树木不见森林,难以从整体上把握习近平总书记的讲话精神。《习语近人 春风拂面》采用集纳式传播解决这一问题,把百条重要讲话分为脱贫攻坚、民主政治、经济发展、精神文明、民生保障、生态文明、作风建设、国防建设八个范畴,配上一个"习语近人 春风拂面"的标题,这样的信息处理方法,首先让读者可以在第一眼形成关于习近平总书记讲话的总体印象,然后能够根据自己的需求和兴趣在八个范畴中寻找相关内容,这不仅节约了读者的时间精力,也让读者能够更系统、更精准、更高效地学习掌握习近平新时代中国特色社会主义思想。

(撰文 / 刘祥平)

● 思考与启示:

把领导讲话制成群众爱听爱看的产品

津云新媒体推出的《习语近人 春风拂面》,是一次创新传播。这给今后新闻宣传工作的启示是,从传播内容与受众接受的双重角度出发,充分考虑国家领导人讲话具有较高的理论性,在这样的基础之上运用新技术对讲话进行融媒体加工,制作成融媒体产品,才能让人民群众对讲话产生正确、深入的理解,激发共情共鸣。

一是要突出传播针对重大问题的领导话语。全球化中的国际关系矛盾,国内由于社会转型引发经济社会发展中的诸多问题,这些重大问题由于关涉国计民生,又具有矛盾转化、解决路径等维度的不确定性,因而新闻价值较高。主流媒体突出传播习近平总书记对于这些重大问题的讲话，能够有效吸引受众的关注，产生话语的热度效应，有利于传播党和国家对于重大问题的立场、态度和方案，有利于塑造党和国家执政为民、和平正义、责任担当的正面形象，有利于团结全社会奋发前进。

二是要用典型事实增强领导讲话的说服力。习近平总书记的讲话具有高屋建瓴的全局性和指导性，主流媒体需要在传播中放大这种指导性，让人民群众在思想和实践中接受指导，深信听党话、跟党走的毋庸置疑的正确性。

三是用多种形态加强领导话语的议题设置。基于融媒体技术的多样化形态传播，强化了习近平总书记话语的传播力度，丰富了话语的传播手段，提高了话语的可读性，能够从不同角度给人民群众带来新鲜的体验，让人民群众更方便快捷、更轻松有趣、更系统有效地进行学习，形成对领导话语的立体化认知。

（撰文／刘祥平）

津云页面截图

微信扫码看详情

07　图文作品《"真想让总书记再来村里看看"》

● **案例回顾：**

　　《"真想让总书记再来村里看看"》是"美丽武清"公众号 2021 年 5 月推出的原创图文作品，围绕着丁家甸村的一系列现代都市型农业发展成果展开叙述。丁家甸村位于天津市武清区南蔡村镇，过去村

石磨面粉厂拓宽销售渠道，以直播销售的形式，将富硒黑小麦面粉销往全国各地（摄影：仲夏）

民的主要收入是靠种植玉米、小麦等大田作物，村集体经济基础薄弱，在 2013 年以前是远近闻名的困难村。转机出现在 2013 年 5 月 14 日，丁家甸村的村民们不会忘记这一天：习近平总书记来到丁家甸村视察，悉心叮嘱丁家甸村要加快发展现代都市型农业，提高粮食自给能力。在这之后的丁家甸村便迈上了一条蜕变之路。

　　农业农村农民问题是关系国计民生的根本性问题，党的十九大报告中提出乡

村振兴战略,要求我国农业农村和农民要与新时代的新变化新要求相适应,以满足人民对美好生活的需求。在此背景下,推动农业现代化发展成为乡村发展的重要目标,现代都市型的农业发展模式则为其提供了一个新路径。现代都市型农业是以城市的优势带动城市郊区地带,以城市为依托,为城市提供农业服务及优质农产品供给的新型现代农业发展模式。

天津市在农业转型以及农业现代化建设上已经取得了一定的成果,并于2019年发布了《天津市乡村振兴战略规划》,提出到2050年完成农村全面振兴,农业强、农村美、农民富、农民生活更加幸福安康的远景目标。《"真想让总书记再来村里看看"》对丁家瞿村的现代都市型农业发展模式进行了深入的采访,让读者在一个个娓娓道来的故事中感受丁家瞿村的变化。

丁家瞿村发展的现代都市型农业,产业蜕变是重点。《天津市乡村振兴战略规划》明确指出要走一条质量兴农、科技兴农之路,丁家瞿村便在这方面不断探索。《"真想让总书记再来村里看看"》先从坚守粮食耕地红线出发,描绘了一幅稻子丰收的图景:村南的百亩麦田配上村里的石磨面粉厂,不仅提升了农业质量还延伸了粮食产业链;线下的勤奋耕耘配上线上的直播带货,不仅扩大了销路还增加了知名度。再从推进农业结构优化调整入手,描绘了瓜果飘香喜洋洋的图景:丁家瞿村按照"党支部＋合作社＋农户"的模式成立"金河滩"果蔬种植专业合作社,建成香味葡萄种植示范推广基地,并拓展农业旅游、休闲观光等产业,不仅形成了特色品牌还让村民们的收入比过去高十多倍。其中,交织着村民们的表情动作与话语,并配上翔实的数据,让这些画面充满了立体感与真实性。

丁家瞿村的现代都市型农业,生态蜕变是关键。《"真想让总书记再来村里看看"》以小见大,以村民崔占红的视角看村容村貌的改变,正如崔占红所说"我们都有一个落叶归根的思想,能够在自己的家乡生活,有一种亲切感,还有一种浓浓的乡愁",丁家瞿村的转变,留住了乡愁、幸福了乡亲。凝练的那缕乡愁呼唤远方游子的心，兴盛的农业经济抓住村民们的根，宜居的生态环境留住村民们的身，《"真想让总书记再来村里看看"》抓住了个人与集体相依相偎的关系，把"个人梦"与"中国梦"娓娓道来，用平易近人的口吻使读者体会到村好人才好、人好助村好的道理。

丁家瞿村的现代都市型农业，精神蜕变是灵魂。近年来，天津大力弘扬社会主义核心价值观，积极培育文明乡风、良好家风、淳朴民风，全面提高乡村社会文明程度。《"真想让总书记再来村里看看"》让读者听到了一首首文明的赞歌：村民合唱团的排练声、农家书屋的读书声、党史学习的讨论声……种种声音交织在一起，使读者身历其境地感受到了丁家瞿村丰富的精神生活。

在乡村振兴和习近平总书记考察过的背景下，《"真想让总书记再来村里看看"》没有直说大道理、大政策，而是通过记者的走访，以记者的行走路径为线索来看丁家瞿村的发展，把记者的目光与丁家瞿村村民的目光相结合，既保证了客观真实，又蕴藏着真挚情感。作为一篇原创作品，体现出记者的脚力、眼力、脑力、笔力，是武清融媒体深入基层采写的精品之作。

（撰文 / 余俐芳）

● 创作者说：

由一个村庄见证天津的乡村振兴

——访天津市武清区融媒体中心记者仲夏

2021 年 5 月 14 日，图文作品《"真想让总书记再来村里看看"》在公众号"美丽武清"推出后,获得很好的反响。该作品聚焦于武清区南蔡村镇丁家瞿村,创作者通过文字与镜头展现了此地农业发展的新风貌。笔者采访到该作品的文字作者——天津市武清区融媒体中心记者仲夏,她向笔者介绍了作品的创作情况。

2013年5月14日,习近平总书记到武清区南蔡村镇丁家瞿村视察。视察之际,总书记叮嘱:要加快发展现代化都市型农业,提高粮食自给能力。8年过去了,丁家瞿村是否依照总书记的嘱托努力蜕变着? 这是记者仲夏选择走访丁家瞿村想要寻找的答案。仲夏说,当看到这里旧貌换新颜,一派欣欣向荣的景象,希望的田野上处处涌动着现代都市型农业发展的热潮,写作思路变清晰了。于是选择从产业发展、村民生活、村容村貌几个方面着手描写。整篇文章以丁家瞿村的变化映射了我国乡村振兴的伟大成果。

在整个采访过程中,曾担任过丁家瞿村"一肩挑"的张宝军全程陪同。作为丁家瞿村原党支部书记、村委会主任,张宝军是村里发展变化的见证人。每走访到一处,老书记都会侃侃而谈,回忆着过去的样貌,夸赞着如今的景象,畅想着未来的蓝图。记者仲夏这样评价他:只有最深沉的爱才能让老书记坚持退休不退岗,为村里发展继续贡献力量。在张宝军的帮助下,采访过程十分顺利。

仲夏回忆起在丁家瞿村采访的点滴:"在村里实地走访的时候,村容村貌焕然一新,村民积极阳光,我能够感受到他们刻在骨子里的勤劳。我对几位采访对象印象极其深刻。被采访人吴利军是村民典型,以前他与众多村民一样,只种大田作物,辛苦一年,最多收入1万多元。后来,村

村民吴利军在葡萄棚里干活(摄影:仲夏)

里建成了香味葡萄种植示范推广基地,吴利军果断包下了葡萄棚,尝试葡萄种植。我在 2021 年 5 月份对他进行采访时,他的葡萄还未成熟;同年 10 月份,我再次来到这里,吴利军的葡萄不但长得很好,而且获得了可观的收益!"记者仲夏还提到了另一位印象深刻的村民——崔占红。她说:"崔占红从镇里搬回了乡村。我们来到她的家里,她向我们展示了家里的用水,并告诉我们她现在的生活和在城里一样。这些话让我感触很深,好的物质生活条件能够让更多在外漂泊的村民选择回乡发展。"

《"真想让总书记再来村里看看"》这一作品中,优先展示了丁家瞿村的富硒黑小麦、面粉厂、葡萄种植等产业发展项目,继而提到了村民日益改善的物质生活,后来落脚到新时代文明实践活动,反映了村民的精神生活。记者仲夏讲出了这一部分的创作思路:"仅有物质生活是不够的,村民丰富多彩的精神生活同样值得我们关注。2019 年,丁家瞿村创作了自己的村歌《习总书记到我家》,每当听到村民唱这首歌,就能听出其中的喜悦和快乐。每日闲暇时光,村民们聚集在村里的新时代文明实践站,一起唱唱村歌、听听党史、看看书、拉拉家常,这也成为了他们最爱干的事。"

（撰文 / 任一涵）

● 专家点评:

用亲切的笔触展开乡村振兴画卷

2013 年 5 月,习近平总书记曾来到天津市武清区丁家瞿村,嘱托当地群众要"加快发展现代都市型农业,提高粮食自给能力"。农民宜居宜业是总书记始终关心的话题,时隔八年,在总书记的指引下,丁家瞿村在现代都市型农业发展上走出了怎样一条新路?武清区融媒体中心创作的《"真想让总书记再来村里看看"》为我们展开了一幅美丽的乡村振兴画卷。

2018年4月,习近平总书记在海南考察时指出,乡村振兴,关键是要产业振兴。农村经济跨越式发展,城乡收入差距进一步缩小都有赖于因地制宜发展乡村产业。丁家瞿村毗邻都市,具有良好的现代型农业发展条件,《"真想让总书记再来村里看看"》用亲切的笔触向人们介绍了这个普通而又特别的村落如何将区位优势转化为产业优势,让村民过上更加幸福红火的日子。

第一,以人物为线索,全景展现乡村振兴风貌。事在人为,经济学中,人是生产要素中最活跃的因素。在乡村振兴事业中,坚持人民主体地位要做到发展为了人民,发展依靠人民,发展成果由人民共享。《"真想让总书记再来村里看看"》在写作中也遵循着以人物为线索展开叙写的路径。该文是从担任过该村"一肩挑"的张宝军回忆习近平总书记视察丁家瞿村开始的,在张宝军的介绍下,一幅致力于乡村振兴的新农人形象册徐徐展开,其中有尝试网络直播带货为面粉厂打开销路的高青华,引进高端葡萄品种带领乡亲一起致富的吴利军,还有被美丽乡村建设吸引返乡生活的崔占红。丁家瞿村的"振兴"是村民们撸起袖子加油干干出来的,身处新时代乡村的村民最有体会,因此,以他们为线索展开叙写使文章富有说服力。

第二,深入田间地头,揭示产业转型现实意义。"物有甘苦,尝之者识;道有夷险,履之者知。"能真切表现事物原本属性的作品,作者必然要有对现实情况的充分体察,只有深入到乡村产业发展的关键环节,才能真实反映出农民们在乡村振兴事业中的获得感、幸福感。《"真想让总书记再来村里看看"》让我们看到,在丁家瞿村的百亩麦田,"黑小麦长势喜人",饱满的麦穗预示着夏季的丰收;在散发着面粉香味的石磨厂,带货的直播间"不一会儿就有上百人下单",人们忙着将面粉发往全国各地;在葡萄棚下,"一串串青涩的果实缀满枝头,颗颗凝绿滴翠,煞是喜人",吴利军的种植示范基地让村民有机会在家门口就把钱赚了……收获的硕果是实实在在的,收获的喜悦溢于言表,这些都是实地探访的成果。

第三,探访精神世界,展示多彩农村文明实践。"仓廪实而知礼节",在人民对美好生活的向往中,物质丰盈与精神富足缺一不可,如果乡村振兴带来的物质积累不足以证实田园生活的美好,那么丰富多彩的文明实践更成为丁家瞿村活力的展现。乡村振兴需要多要素因地制宜发展,不仅产业兴旺需要从现实情况出发谋求出路,文明实践也要依托于现实资源,落实于人们的喜闻乐见。《"真想让总书记再来村里看看"》表现了丁家瞿村两方面的文明实践成果,包括丰富文娱活动和挖掘红色文化资源,村民们不仅可以在闲余时间阅读经典著作、排练自己的村歌,还可以在村子里参与党史学习教育。

"春风十万里,十万好消息。"发展现代都市型农业让丁家瞿村焕发出新的生机与活力,这个运河边上村落的变迁是乡村振兴事业蓬勃发展的一个写照,在新闻工作者们的笔下,还有更多"好消息"等着传递。

（撰文／吴文磊 荣荣）

●● 思考与启示:

选好视角才能塑造出空间感

从百亩麦田到直播间,再到葡萄种植示范推广基地,我们跟随原村"一肩挑"张宝军的脚步探访了丁家瞿村独具特色的乡村产业。《"真想让总书记再来村里看看"》以人物活动为线索打开视野,让读者跟随张宝军探访的脚步,仿佛亲身来到了这个习近平总书记曾经视察过的村庄,感受新时代乡村振兴带来的各种变化。

在电影研究中存在着场面调度的课题,是指摄像机前出现的诸元素如何在时空中排列,从而影响电影在观众眼中的逼真度或可信度。在新闻写作中同样要解答如何将复杂事物剖析给读者,让人们容易理解明白的问题。乡村振兴涉及许多方面,既有物质创造的内容也有精神创造的内容,既有种植业的提升也有产业链的延伸。具体到丁家瞿村,如何将八年间方方面面的发展成果展示给读者是一个问题。在阅读《"真想让总书记再来村里看看"》的过程中,人们好像穿梭于邻里乡间,也走在乡村振兴的坦途上。

文章采用了一种移步换景的写作手法,按照视点的转移将读者带到不同场景中,从而对新的事物进行介绍,这种写作方法常见于游记,作者以自己的游览路线写沿途景观,有利于空间感的塑造,便于读者想象。

具体而言,在《"真想让总书记再来村里看看"》一文中,对于丁家瞿村风貌的展现,是以张宝军"游览"的视角向前推进的。文章以张宝军感慨的话语起笔,在村南百亩麦田边上为读者建立视点,接着,由小麦的丰稔说到面粉加工产业链的延伸,所以"走进面粉厂",作者又带我们领略带货直播间的景象;"走出面粉厂,来到设施农业园区……看到来人,吴利军领着来到一株株低矮的葡萄枝前",作品带领我们走近葡萄藤,听吴利军满怀骄傲地介绍他引进的新品种;最后,文章的视点回到村子,叙写崭新的村容村貌和文明实践成果。得益于写作视角的延伸,作者想展示给读者的内容都被有条不紊地呈现出来,让读者很好地感受到丁家瞿村令人欣喜的变化。

（撰文/吴文磊 荣荣）

重大主题宣传网上传播

　　主题宣传是我国正面宣传的重要武器。天津的网络传播充分发挥重大主题宣传的作用,围绕党和政府的重要决策部署、中心工作、群众关注的焦点问题,进行浓墨重彩的报道,为筑牢舆论阵地发挥了积极作用。这些作品中,既有对十九大精神解读的主题,又有改革开放 40 年、建党百年的主题,也有脱贫攻坚主题。主题宣传作为我国媒体的传统项目,如今在互联网的加持下,传播范围进一步拓展,传播效果也得到进一步提升。

微信扫码看详情

08 天津学懂弄通做实十九大精神网上学校

● 案例回顾：

中国共产党第十九次全国代表大会，是在全面建成小康社会决胜阶段、中国特色社会主义进入新时代的关键时期召开的一次十分重要的大会。为认真贯彻落实《中共中央关于认真学习宣传贯彻党的十九大精神的决定》，把"学懂弄通做实"要求作为学习贯彻十九大精神的基本目标，由天津市委网信办主办、北方网承办的"天津学懂弄通做实十九大精神——网上学校"，于 2017 年 12 月 1 日在津云客户端和北方网双平台同步上线。作为全国首批创办的党的十九大精神学习网

由市委网信办主办，北方网承办的"天津学懂弄通做实十九大精神——网上学校"学习平台上线仪式于 2017 年 12 月 1 日 15 时在津云中央厨房举行（摄影：刘欣）

校,该网校努力建设成为学习宣传贯彻党的十九大精神的网上权威学校。

"网上学校"自推出即受到全市人民的热烈关注,成为各界网上学习和研究十九大精神的理论高地。"网上学校"充分融合电视台、电台、报纸等媒体的报道形式和手段,让网民在学习中体验到视觉、听觉等多重感官盛宴,充分调动网民学习十九大精神的积极性。

在"网上学校"中,设有头条、习近平总书记重要讲话、报道中心、理论中心、理论文章、重要评论、权威解读、资料中心、学习问答等多个板块。"网上学校"汇聚了众多学习资源,打造特色"资源库",供大家随时点播观看学习,让十九大精神进一步深入人心、家喻户晓,让各界党员干部群众从十九大精神中汲取前进的力量。

从特色来看,"网上课堂"使用全景式学习模式,打造最强"数据库"。网校收录了习近平总书记系列重要讲话原文,梳理了习近平总书记治国理政重要活动轨迹,整理了最新的党章党规,集纳了专家学者对党的十九大报告的解读以及权威媒体系列评论,以数据库形式多角度进行展示,帮助大家更好更全面地学习领悟党的十九大精神。

从内容上来看,网上课堂不断精心策划,做好主题报道;创新形式,利用津云中央厨房资源优势,推出高质量原创图表新闻,如《以质为"帅" 以"新"促兴 天津闯出高质量发展之路》《智能新时代争当领头雁》等。此外,还推出了一系列创新创意新闻产品,2019年全国两会召开期间,推出了特别节目《动次打次》,选取两会热点和人民群众关心的话题,结合天津市委、市政府中心工作,以手指剧的形式讲述故事。

五年来,"网上学校"已成为天津广大干部群众学习十九大精神的重要阵地,作为网校承建和维护单位的北方网根据中央和天津学习宣传贯彻党的十九大精神各项工作的安排,不断更新完善平台功能和内容,充分发挥津云大数据平台优势,制作了多期群众喜闻、乐见、乐学的融媒体产品，不断加大对"网上学校"的宣传推荐，让更多的干部群众了解网校，熟悉网校，爱用网校，确保网校实实在在发挥作用，取得实效。

（撰文／邓皓丹）

● 创作者说：

让每个人能随时随地学习十九大精神

——访网上学校内容负责人张璟

　　"天津学懂弄通做实十九大精神——网上学校"自建立以来，为天津各界学习宣传贯彻党的十九大精神搭建起了重要的平台。为了解"网上学校"的创办和运行

情况，笔者采访了网上学校内容负责人张璟。在网校创办过程中，她承担着联系沟通和统筹安排的工作。她向笔者介绍了网校的创办背景、创办过程以及背后故事，让我们对网上学校从构思到创办有了进一步了解。

天津市中国特色社会主义理论体系研究中心研究员、天津大学马克思主义学院院长颜晓峰教授录制微党课（摄影：张瑜）

谈及"网上学校"的创办背景时,张璟说道:"十九大召开以后,天津市委网信办产生一个创意,想在天津做一个网上学校,让网民、党员以及相关各方人士可以通过网络来学习十九大精神。当时我们也觉得这个想法非常好,网上学校用手机也能看,可以让大家随时学习,走到哪儿学到哪儿,因此我们决定在北方网、津云双端开办。天津是全国比较早开办网校的。我们希望网校能成为天津广大干部群众学习十九大精神的重要阵地。"

一直以来,"网上学校"认真完成好各栏目稿件发布及页面更新工作。张璟说:"十九大召开后,我们就开始着手准备创办网校。准备分为三个方面:首先是和网信办沟通,因为网校的创办需要一个主导的单位;其次就是在策划方面下功夫,包括开设哪些栏目,以及准备相关板块的内容;最后,就是将各部门的人员和内容统筹到一起。为了给大家带来更好的学习体验,策划组认真商议了如何将这些内容完整地呈现在网上,同时,编辑、美工、负责网页设计的人员也在积极进行页面的设计和整合,大家都铆足干劲,精心准备。这也使得最后'网上学校'上线的时候,内容十分翔实。"

2017年12月,"网上学校"终于开通,专人负责进行更新,积极集纳最新的学习成果、权威的理论思悟、深刻的学习体会、生动的践行实例,既体现政治性、思想性和理论性,又突出实用性、贴近性和可学性。

"网上学校"充分发挥自身特色,打造了众多精品亮点报道。张璟说,创办"网上学校"过程中有些事情印象深刻:"当我们筹备'百期党课'栏目时,非常精心地邀请了十位权威专家,但由于专家们的安排都比较紧,大家磨合了很久。印象比较深的是邀请天津大学马克思主义学院院长颜晓峰时,当时由于颜院长事务繁多,档期比较满,在党校的协调帮助下,才邀请到颜老师来为我们录制党课。我们努力在合理的时间内,安排这十位专家录这一百期课,以及后续将这一百期课呈现在'网上学校',这些都是费了一番大功夫的。"

"网上学校"充分利用津云中央厨房资源优势,除了及时转发天津广播电视台、《天津日报》《今晚报》等天津主要新闻媒体和中央主要新闻媒体的相关报道外,还特别注意新媒体的运用。张璟说,"网上学校"为网民搭建了一个学习十九大精神的平台,很好地促进了人民和党的沟通,让大家能随时随地学习十九大精神。网校的内容十分丰富,既有活动,又有课,还有报道,理论,评论等,形式多种多样。张璟表示,在未来还会将网校做得更好,充分利用新媒体手段,发出真正接地气的、适应新时代特点的主流正能量声音。

(撰文/邓皓丹)

专家点评:

"网上学校"让十九大精神落地生根

党的十九大闭幕后,十九届中央政治局就深入学习贯彻党的十九大精神进行第一次集体学习时,习近平总书记提出了学懂、弄通、做实的明确要求,为学习贯彻党的十九大精神走深走实指明了方向。

2017年12月1日,由天津市委网信办主办、北方网承办的"天津学懂弄通做实十九大精神——网上学校",在津云客户端和北方网双平台同步上线。该网校上线后成为学习十九大精神的重要阵地。

第一,内容全面,既有重点又有亮点。天津学懂弄通做实十九大精神网上学校作为天津学习十九大精神的重要平台,内含"中央宣讲""天津宣讲""学习贯彻""微党课"等十余个栏目。内容覆盖全面的同时,又根据其平台属性针对天津的相关内容重点介绍,形成了既有重点又有亮点的双向共赢宣讲模式。"头条"部分不仅收录了国家大事,更有贴近天津群众生活的报道,如"天津推进新业态就业群体加入工会"等内容;此外,在"报道中心"除了介绍天津地区的学习贯彻情况,还设有专区介绍全国各地对于十九大精神的贯彻落实情况,一方面从天津来看,"网上学校"是学习十九大新思想新理念的新阵地;另一方面在全国范围来看,"网上学校"是天津市与全国增强联系的新平台,也是天津对外宣传的新窗口。

第二,打通传统媒体与新媒体,构建新型传播矩阵。"网上学校"一方面充分利用多媒体的报道形式和手段,通过电视台、电台、报纸等形式,让网民在学习中体验到视觉、听觉等多重感官盛宴,充分调动起网民学习十九大精神的积极性;另一方面,利用津云大数据平台近2000个"津云号"的数据资源,发挥天津各区、各党政机关、各高校团体的官方新媒体公众号的作用,将其最新的学习贯彻成果予以展现。同时,利用津云中央厨房资源优势,推出各项高质量原创图表新闻;通过传统媒体与新媒体的结合,创新内容报道的方式方法,构建新型的传播矩阵,持续为十九大精神的宣讲发力。

第三,专业化报道与平民化叙事结合,互动性强。网上学校积极与天津市委党校、天津市社科联、天津市中国特色社会主义理论体系研究中心等学术研究机构合作,组织集纳了一批高端思想理论文章进行刊发,及时进行十九大精神相关的各项宣讲,打造了网上学习和研究十九大精神的理论高地,持续助力天津学懂弄通做实十九大精神。此外,网上学校也积极利用融媒体的报道方式,推出了一系列富有创新创意的新闻产品。全国两会召开期间,推出了特别节目《动次打次》,该节目选取了两会热点和人民群众关心的话题,结合天津市中心工作,以手指剧的形式让"动次"和"打次"讲述身边故事。从报道内容上看,既有专业的学者和机构对内容进行输出,专业化的内容生产者保证了内容的质量,又有平民化的叙事方式,积极贴近网民的需求,以丰富的形式生产出民众喜闻乐见的优秀产品。专业化报道与平民化叙事相结合,能够提高民众对平台的黏性,帮助大家更好更全面地学习领悟党的十九大精神。

（撰文／杨永岑 孙璐）

● 思考与启示:

用产品思维提升主题宣传效果

如何在新媒体环境下做好主题宣传,并把主题宣传的效果落实到位,是当前主流媒体亟须解决的问题。天津学懂弄通做实十九大精神网上学校顺应时代发展的脉络,将"学懂弄通做实"这一指向性纲领实实在在地落地,积极打造产品化的网上学校,大大提升了其主题宣传的价值和效果。

一、提升议题设置能力,打造优质内容。即使在新媒体时代,内容的重要性依旧不可忽视,主流媒体拥有其他媒体无法替代的权威性和公信力,应积极借用自身的传播力、引导力、影响力、公信力做好主题宣传。"网上学校"是学习十九大精神的切实举措,利用建设相关网站和产品的模式积极推动十九大精神的传播和弘扬。

二、产品需满足大众的需求和社会变化。新闻产品的用户是普通大众,在进行内容生成和产品定位的时候,更应了解使用者的需求才能充分实现宣传价值。"网上学校"设有头条、习近平总书记重要讲话、理论文章、重要评论、权威解读、资料中心、学习问答等多个板块,不仅集结了关于十九大会议的第一手资料,也对一些相关内容进行解读和分析,同时利用学习问答等板块来实现宣传教育价值的最大化。第一手资料给予受众最直观的方式去领会十九大,而对于一些难点重点问题,用户还可以根据需要去寻求解答,综合了多样化内容的网上学校具有较好普适性。

三、**善用场景意识丰富用户个性化体验**。主题宣传在产品设计中如果能够顺应受众的媒体使用习惯,善用场景意识,以可视化、交互性等新媒体手段丰富用户体验,能够极大提升传播力。"网上学校"注重选取社会热点和人民群众关心的话题,以大家喜欢的媒体形式呈现,充分调动了市民的参与积极性和关注度。

四、**要高度重视自有平台建设**。增强主流媒体的主题宣传效果应积极重视现有自身平台的建设,同时积极构建合理稳定的传播矩阵,才能实现宣传效果的最大化。"网上学校"充分领略会议精神,成为全国首批创办的党的十九大精神学习网校,利用津云的大数据平台优势,制作了多期群众喜闻、乐见、乐学的融媒体产品。同时,通过传统媒体平台和新媒体平台相结合的方式,不断加大对"网上学校"的宣传力度,让更多的干部群众加深了对网校的认识和理解,确保网校实实在在发挥作用。

（撰文／杨永岑 孙璐）

微信扫码看详情

09　"同唱一首歌"——庆祝中国共产党成立 100 周年云上融媒体主题报道活动

● 案例回顾：

2021 年是中国共产党成立 100 周年，百年征程里，党留下了光辉的印记，完成了伟大的目标，带领中国取得了伟大成就。习近平总书记在庆祝中国共产党成立 100 周年大会上说道："一百年来，中国共产党团结带领中国人民，以'为有牺牲多壮志，敢教日月换新天'的大无畏气概书写了中华民族几千年历史上最恢宏的史诗。"百年征程中，中国共产党始终秉持着为中国人民谋幸福的初心与为中华民族谋复兴的使命，不畏艰苦、一心为民，充分证明了中国共产党无愧于历史的选择，无愧于人民的

"同唱一首歌·测测你的声音气质"H5 新媒体主题互动主页面（照片为天津海河传媒中心广播新闻中心提供）

选择,也充分证明了没有共产党就没有新中国的不变真理。

2021 年 5 月 8 日,由天津海河传媒中心创意,中广联合会指导,北京广播电视台、天津海河传媒中心、河北广播电视台联合主办,全国广播参与的"同唱一首歌"——庆祝中国共产党成立 100 周年云上融媒体主题报道活动正式启动。此次活动围绕《没有共产党就没有新中国》这首歌颂党的经典红色歌曲,通过主题互动 H5 等线上宣传、歌咏晚会等线下活动、大型系列报道等多种形式的全方位立体化呈现,邀请群众聆听党员故事,了解党的历史,学习党的精神内核,唱响《没有共产党就没有新中国》的精神主旋律,共同庆祝建党 100 周年的历史时刻。

在这次活动中,网民可以参与 H5 主题互动《同唱一首歌·测测你的声音气质》,通过跟唱经典红色歌曲《没有共产党就没有新中国》来打卡党史,生成声音气质海报。此外,本次活动还举行了"同唱一首歌——全国广播歌咏晚会",通过红色经典歌曲传唱、舞台剧表演、音乐故事展示、记者讲述多种形式,回顾建党百年的光辉岁月,讴歌光明的新时代。

在报道中,我们看到了自掏腰包为部队官兵和群众免费放映 4000 余场电影的七旬退休工人石志光;我们看到了带领家庭主动捐款并荣获"全国文明家庭称号"的 95 岁老党员党宝通;我们看到了创新 20 多项社区管理模式的社区民警郝世玲;我们看到了攻坚克难关键技术并荣获中国青年五四奖章的太钢不锈钢精密带钢有限公司研发团队;我们看到了参军报国并志愿返回家乡做一名武警战士保卫边疆的哈萨

"同唱一首歌——全国广播歌咏晚会"在天津梅地亚大剧院举行(照片为天津海河传媒中心广播新闻中心提供)

克族青年阿斯哈尔·努尔太。

"同唱一首歌"——庆祝中国共产党成立 100 周年云上融媒体主题报道活动赢得了无数网友的关注与参与。除在北方网推出专栏外,天津广播创建的 # 同唱一首歌 # 微博话题阅读量超过 550 万;全国 38 家主要广播媒体联合推出的《同唱一首歌·测测你的声音气质》H5,主题互动参与人数超过 31 万;京津冀三地广播联合推出的"不忘初心、再启征程"融媒体视频直播,走进京津冀三地的红色革命圣地,感受共产党人坚如磐石的理想与信念,获得热烈反响。

这一活动突出宣传了"党的领导是历史和人民的选择,没有中国共产党就没有新中国、就没有中国特色社会主义、就没有中华民族伟大复兴"的宏大主题,以创新的传播方式,鲜明的政治性、群众性、互动性、融合性,引发广泛社会反响。

(撰文 / 滕彤卿)

创作者说:

用好创意传播时代主旋律

——访天津海河传媒中心天津广播新媒体记者陈彤

"同唱一首歌"——庆祝中国共产党成立 100 周年云上融媒体主题报道活动,用声音唱响《没有共产党就没有新中国》的最强音,大力营造了同庆百年华诞、共铸历史伟业的浓厚氛围。为深入了解"同唱一首歌"主题报道活动的创作历程,笔者采访了天津海河传媒中心天津广播新媒体记者陈彤。他参与了这一主题报道活动从创意设计到制作完成和广泛传播的全过程,他向笔者介绍了关于"同唱一首歌"创作情况。

当谈到"同唱一首歌"主题报道活动的创作来源时,他说:"'同唱一首歌'系列活动的创意来源于《没有共产党就没有新中国》的创作和传播历史。它的创作者曹火星成长于河北,作曲于北京,生活、工作于天津。这首歌由京津冀传遍整个中国。它见证了中国共产党带领全国人民不屈不挠、英勇斗争而取得胜利的光辉历程,也见证了习近平总书记亲自谋划、亲自推动的京津冀协同发展战略,不仅使这片土地发生了深刻变化,也将为新时代建设社会主义现代化强国、为中华民族伟大复兴做出新的贡献。"

习近平总书记提出要不断增强"脚力、眼力、脑力、笔力"的要求,"四力"是新闻工作者在新媒体时代的"必修课"。对此,陈彤在"同唱一首歌"主题报道活动中深有体会。他说:"'同唱一首歌'以同唱《没有共产党就没有新中国》这首歌为线索,以一代代中国共产党人的奋斗故事为主轴,开掘多层历史意义,抒发时代精神,表现了广大群众的意志和信念,唱出了中华儿女的共同心声和最强音。这次主题报道活动由广播媒体发起,紧紧围绕着'声音产品'来构架活动内容,吸引了广大群众的参与与互动,彰显了活动特色,也再造了广播力量。"

此外,"同唱一首歌"主题报道活动在宣传上发力,呈现出融合化、立体化的报道模式。此次主题报道活动以扎实的广播报道、活动为基础,注重融合传播。对此,陈彤表示:"此次活动的全部图文报道,在京津冀三地及全国重点广播新媒体均开设了专题;节点活动也均进行了网络直播和全媒体报道。特别是天津海河传媒中心充分发挥媒体融合的优势,调动了广播、电视、津云新媒体及《天津日报》等各路资源,对活动进行了广泛深入报道,有力地扩大了活动的影响。"

此次主题报道活动以歌咏晚会为载体,进行人员、内容、传播方式的融合,呈现立体传播。陈彤介绍说:"'同唱一首歌——全国广播歌咏晚会'由天津海河传媒中心广播新闻中心具体策划执行,注重融合全国广播优势资源,由京津冀三地及部分兄弟省市广播主持人共同主持和出演。晚会也非常注重全媒体传播,晚会当天多个新媒体平台同步对晚会进行直播,观看人数超过140万。"

"同唱一首歌"主题报道活动启动后持续升温,高潮不断,引发了全社会的广泛反响。陈彤说:"新一代的广播人,复合型人才特别多,能做编辑、记者、主持人,以美好的声音服务党和人民;也能写出多媒体深度报道、做视频直播;还能策划大型融媒体活动。这是未来广播发展的希望所在。"

(撰文／滕彤卿)

● 专家点评:

用声音载体唱响党的声音

"同唱一首歌"——庆祝中国共产党成立100周年云上融媒体主题报道活动创新了新媒体报道方式,立足一代代中国共产党人的奋斗历程,实现了历史与现实的交互,突出宣传了"没有共产党就没有新中国"这一宏大的历史主题;同时,京津冀三地的新媒体平台充分发挥自身优势,通过对本次活动全方位、多层次、立体化的宣传,有力增强了影响力。这一活动入选"庆祝建党百年融创报道十大精品案例(地方媒体)"。

第一,发挥声音载体的优势,唱出人民的心声。每一种信息载体都有自己的优势,在互联网环境下,要想取得好的传播效果,就需要发挥一技之长。传统广播以声音作为传播载体,有其特点和优势,运用得当能够取得非常好的效果。"同唱一首歌"紧紧围绕"声音产品"来构架活动内容,体现出广播媒体的独特魅力。

"同唱一首歌——全国广播歌咏晚会"在天津梅地亚大剧院举行(照片为天津海河传媒中心广播新闻中心提供)

活动中,京津冀及全国各省市新闻广播在黄金时段重点新闻节目联合推出的"同唱一首歌"专栏,聚焦全国各地各行业优秀共产党员先进事迹,在制作过程中巧妙嵌入《没有共产党就没有新中国》的歌曲变奏,还邀请各行各业的人在不同场景讲述和演唱这首耳熟能详的歌。声音模板的建立使整组系列报道主题鲜明,也有很高的辨识度。天津广播在进行报道时,还在天津市档案馆找到了现存可寻最早唱片版本——1961年天津人民歌舞剧院录制的《没有共产党就没有新中国》,以及来自深圳的音乐家姚峰最新创编的混声合唱版《没有共产党就没有新中国》,通过不同年代这首歌声音的变化,勾勒出歌曲穿越时空的强大力量。

第二,打破区域界线,重视连接和开放。在互联网时代,媒体的区域界限越来越模糊,只有适应这种趋势才有利于传播的进行。天津广播代表天津海河传媒中心,与北京广播电视台、河北广播电视台携手各省市新闻广播,从2021年5月10日起在黄金时段推出"同唱一首歌",讲述京津冀及全国各地不同时期优秀共产党员的先进事迹。作为此次主题报道活动的一个高潮,"'同唱一首歌'——全国广播歌咏晚会",2021年6月19日晚在天津梅地亚大剧院举行。晚会突出群众性、专业性,由京津冀三地及部分兄弟省市广播主持人共同主持和出演。京津冀及全国多家省市广播新媒体平台同步对晚会进行了视频直播。可见,这次活动能够取得良好的传播效果,是通过与其他电台形成合力完成的。连接和开放是互联网的本质,调动更多人、更多媒体参与,实现各家共赢效果的模式值得推广。

第三,重视媒体和用户之间的互动。 传统媒体的一个短板是互动性不足,为了解决这一问题,天津海河传媒中心推出《同唱一首歌·测测你的声音气质》主题互动 H5 融合产品,邀请全国人民同唱一首歌——《没有共产党就没有新中国》。这一产品能够通过人工智能语音识别技术分析每个参与者的声音,识别出年龄、性别、声音特质等,并在此基础上匹配出相对应的优秀党员和先进集体形象,生成专属声音气质海报,共同学习党史,唱响新时代最强音。这一设计充分调动了用户参与的积极性,并方便大家讨论分享,形成了很好的传播氛围。

广播媒体在转型过程中,必须重视社交传播的作用,利用好和用户之间的互动,才能吸引更多的人关注,增加媒体的黏性。

（撰文 / 金广）

● 思考与启示:

主流媒体要用好"新木桶效应"

在互联网为基础的新媒体的冲击下,包括广播在内的传统媒体遭遇挑战。但新媒体的崛起并不能完全替代旧媒体。杰克·富勒曾指出:"每一种媒介都有自身的优势与劣势,它也会将这些强加在所携带的讯息上。新媒介通常并不会消灭旧媒介,它们只是将旧媒介推到它们具有相对优势的领域。"①的确如此,如果传统媒体在拥抱互联网的同时,充分发挥原有的优势,往往能够取得理想的传播效果。"同唱一首歌"——庆祝中国共产党成立 100 周年云上融媒体主题报道活动就是这样的案例。

"木桶效应"告诉我们,一只木桶能装多少水,取决于最短的木板。于是,很多传统媒体着力于补足自己的短板,力争技术、渠道、用户方面有所建树,这当然无可厚非。因为具有内容生产优势的传统媒体,能够补足"短板",在技术、渠道、用户方面有所建树,媒体融合必然获得实质性进展。但这并不一定是取得实质性进展的最佳路径。著名传播学者喻国明在论述媒体融合时提出"新木桶效应"——"应该按照'新木桶效应'的原则,着眼于木桶的长板,进入市场进行外部结合,用自己的长板跟别人的长板合作,形成强强联合,用最佳配合形成一个新木桶。"②"同唱一首歌"这一主题报道活动,正是充分发挥了广播媒体的声音优势,借助互联网的传播渠道取得了非常好的效果。此次主题报道活动既有传统广播报道,又有新媒体 H5 产品,还有歌咏晚会,集结了全国多个省市广播的力量,是融媒体传播的成功范例。

主流媒体应重视"新木桶效应",发挥自己的原有优势,同时多与新媒体合作,利用好新媒体的技术优势和传播渠道以及用户资源,这样能实现强强联合,传播力将呈几何级数增长。

(撰文／林靖 张洪伟)

---

① [美] 杰克·富勒:《信息时代的新闻价值观》,展江译,北京:新华出版社,1999 年版,第 224 页。
② 喻国明、姚飞:《强化互联网思维推进媒介融合发展》,《前线》,2014 年第 10 期,第 56 页。

10 "永远跟党走——唱支歌儿给党听" 2021 年天津市原创网络红歌汇主题活动

 案例回顾:

为了推动学习习近平新时代中国特色社会主义思想及十九大会议精神、贯彻落实总书记关于"培育中国好网民"的指示要求,"永远跟党走——唱支歌儿给党听"2021

天津外国语大学学生演唱一首多语种版的《中国好网民之歌》(照片为天津市委网信办提供)

年天津市原创网络红歌汇暨第三届天津市大学生网络公益歌曲大赛于当年 5 月正式启动。此次大赛由天津市委网信办、天津市委教育工委、天津市文化和旅游局、共青团天津市委会共同主办,由北辰区委宣传部、北辰区委网信办联合网易天津承办。

2021 年 12 月 11 日,活动圆满落幕,在近七个月的时间里,主办方收到了原创网络红歌共计 100 余首,在经过专家评审、网络投票等重重环节后,涌现出了一大批正能量丰沛、主旋律激昂的网络视听文化产品。其中,歌曲《问红船》荣获一等奖,《就恋这一抹中国红》《我对党旗说》《你向我们走来》三个作品获二等奖,三等奖则由六个作品包揽,它们分别是《中国新诗篇》《小康四季》《粒粒皆辛苦》《不曾走远》《初心不忘》以及《故乡的冬天》。《每逢说起你》《果子献给党妈妈》《这条路》《我的中国魂》《最美的人》《风华正茂》《一首难忘的歌》《宝坻欢迎你》《等待》《永远的主旋律》《春日放歌》《你》《一言为定》《最闪亮的星》《青春·红船》等 15 首歌曲荣获优秀奖。此外,还评选出了 UP 力量创作优胜奖和优秀组织奖。纵览这些获奖作品,除了艺术性、可听性得到完美结合外,思想性也蕴含其中,浓烈的家国情怀在字里行间自然流露着,社会主义现代化国家的新面貌、新成就尽现眼前。

大赛的颁奖仪式于 2021 年 12 月 11 日在梅地亚艺术中心成功举办,天津高校的师生代表、文艺界人士代表、津门好网民代表以及媒体工作者欢聚一堂,在昂扬歌声中深情回顾了党的光辉历程、表达了对党的热爱。此活动在助力宣传网络公益之时,还唱响了"衷心感恩党、礼赞新中国"的时代强音,共同为建党百年献上了贺礼。

在颁奖现场,来自天津外国语大学的学生以多语种方式演唱了作为大赛主题曲的《中国好网民之歌》,顺利拉开了颁奖活动的帷幕。《问红船》的演唱者刘慧慧在表演后告诉记者:"当代年轻人应该从中感受先烈品格,坚守初心,传承红船精神",据其透露,该歌曲已被天津音乐家协会录入建党百年的歌曲集中。天津歌舞剧院优秀青年男高音歌唱演员赵天刃演唱了《最美的歌儿唱给妈妈》,直抒浓浓爱党之情。另有天津财经大学学生林宸旭带来原创歌曲《不曾走远》,深切表达了对人民齐心抗疫的感慨,彰显出了年轻一代所具有的正能量。

据了解,2021 年是网络公益歌曲大赛举办的第三年,作为天津"网络公益工程"的品牌活动,它不仅吸引了全市社会各界人士的广泛参与,在云端进行打卡、点赞的网友更是高达 50 余万,原创网络红歌全网点击量突破了 1500 万,同时还得到了河北、江苏、四川、内蒙古等兄弟省份的支持,促进了活动参与度与影响力的进一步提升。此外,在该活动举办的三年时间里,共收到了由爱心企业捐助的 113 万公益资金,用以脱贫攻坚和扶持特殊人群工作,进一步推动活动公益价值的实现。

通过本次大赛引领广大网民听党话跟党走,积极投身于网络公益活动,携手共建清朗网络文明,共同成为中国好网民,这是颁奖嘉宾、天津市好网民代表、第九届全国"人民满意的公务员"宋庆柱的愿望,亦是大家对这项网络公益工程共同的期盼。

(撰文/苏楠)

创作者说:

坚守初心以达清朗之地

——访天津市委网信办网络社会处处长张炜

为多方面深入了解此次大赛,笔者采访了天津市委网信办网络社会处处长张炜,跟着他一起走入这场为建党百年献礼的网络红歌汇活动之中。

2021 年,这是天津市坚持创办网络公益歌曲大赛的第三年,此次活动主题为"永远跟党走——唱支歌儿给党听"。张炜表示:"希望通过坚持创办这些活动,让更多人参与进来,形成'人人争做津门好网民'的积极氛围,共同培育健康向上的网络文化。"

"立足网络公益,打造特色品牌"是天津市网络公益歌曲大赛的创办初心。张炜介绍说:"活动面向的人群非常多元,包括社会各界文艺爱好者、音乐教师和创作人以及大学生,参与者的年龄层次同样非常丰富。在这种条件下,我们期待百花齐放。"近三年来,大赛在注重原创与特色的基础上,紧跟建党百年、党史学习教育以及决胜全面建成小康社会等重大主题,将系列正能量充沛、主旋律高扬的优秀作品展现了出来,如《问红船》《我对党旗说》《小康路上洒满阳光》等。

当说到如何打造特色品牌时,张炜详细介绍了多样的活动宣传与品牌推广方式。他坦言:"基于大赛自身的音乐属性,我们在做推广时会借助一定的专业音频媒体力量,比如年轻人都爱听的'网易云音乐''喜马拉雅'。此外,在备受关注的颁奖仪式与歌曲展播活动上,我们也会积极与网易新闻、新浪微博等平台合作,追随直播潮流,为网民'云端打卡'、线上观看提供渠道支持,让更多人'云听云看'。"在新时代中运用新型宣传方式,取得了良好效果。如今,大赛已逐渐成为具有全国影响力的网络公益活动品牌。

在互联网时代中,网络技术日益成为社会经济发展的重要引擎。张炜告诉笔者:"互联网对于整个活动的推进具有无穷力量,主动适应传播环境的变化,需要我们学会创新传播方式,持续为活动在网络上造势赋能。本活动在利用天津本地媒体和澎湃新闻、腾讯网等新媒体进行报道之外,还借助微博、短视频等新媒体手段,对大学生音乐、公益爱好者这一'网络圈群'进行了针对性推广,抓住了有效受众,极大提升了这项网络公益工程的传播力、影响力。"

天津市网络公益歌曲大赛,不仅"赛歌曲",更重"行公益"。谈及活动的公益价值,张炜说道:"2021年筹集到的公益资金,大部分用于解决甘肃华池县的'两不愁三保障'突出问题,其中包括为五保户修缮危房、资助贫困学生、购置医疗设施以及帮助养蜂和种植经济林业。"赛事一年一场,但善意却源源不断,除了活动的募集资金外,天津市也有公司进行了公益项目捐助,这些友爱的帮扶行为对推动人民幸福、社会进步起到了积极作用。

活动的宣传推广不仅深受网络技术力量的支持,同时还得到了河北、江苏等兄弟省份的积极响应。张炜直言:"这个比赛办在天津、誉在祖国,唱的是网络红歌、献的是百年贺礼。网络新时代的到来让世界日新月异，环境在变而初心依旧，培育积极健康、向上向善的网络文化是我们持之以恒的目标。"

（撰文／苏楠）

●）**专家点评：**

网络互动助力红歌唱响

2021年2月20日，习近平总书记在党史学习教育动员大会上指出："要在全社会广泛开展党史、新中国史、改革开放史、社会主义发展史宣传教育，普及党史知识，推动党史学习教育深入群众、深入基层、深入人心。要鼓励创作

观众照片（照片为天津市委网信办提供）

党史题材的文艺作品……"① 在热烈庆祝中国共产党成立100周年之际，2021年天津市原创网络红歌汇暨第三届天津市大学生网络公益歌曲大赛的举办受到了广大群众的热烈欢迎。

———————————

① 《习近平在党史学习教育动员大会上强调 学党史悟思想办实事开新局 以优异成绩迎接建党一百周年》，《人民日报》，2021年2月21日第1版。

该活动充分整合线上线下传播资源,引导群众踊跃参与红歌创作、收听和评选,提高了群众在党史学习教育中的创造性和积极性。网络互动与情感共鸣构建了主题性的仪式传播。在这个庄重而活泼的仪式传播中,人们以悠扬的歌声回顾党的光辉历史,抒发爱国爱党热情,涌现出了一大批正能量丰沛、主旋律激昂的网络视听文化产品。

第一,发挥群众在党史学习教育中的主体作用。原创网络红歌汇主题活动通过原创红色歌曲网络展播和评选的形式,吸引广大群众加入到党史学习的队伍中来。活动充分尊重人民群众在党史学习教育中的主体地位,将话筒和舞台交给群众,将评选的话语权也交给群众,群众既是创作生动党史学习内容的主体,也是自觉接受学习教育的客体。该活动尤其受到大学生群体的广泛关注,促进了大学生在这堂音乐思政课中学党史、强信念的积极性。

第二,发掘群众在文艺作品创作中的原创功能。十九届五中全会对"十四五"时期文化建设提出明确要求,即"公共文化服务体系和文化产业体系更加健全,人民精神文化生活日益丰富,中华文化影响力进一步提升,中华民族凝聚力进一步增强"。以原创红歌大赛的形式讲述红色故事,赓续红色血脉,献礼建党百年,实现了群众文艺作品继承性和民族性、原创性和时代性的统一。歌曲由衷反映了群众心声,切实体现了人民生活的获得感、满足感、幸福感。群众在歌曲的创作和聆听中增强了文化自觉和文化自信。

第三,整合线上线下,扩展党史学习教育传播维度。作为以网络为依托的歌曲大赛,要充分利用网络端的互动优势。此次活动,通过互联网强大的传播与黏合能力,以投票互动的方式引发了用户自发的裂变式传播,极大地激发了群众活动参与的积极性,提高了活动的关注度。具体举措为:优秀歌曲在网易云音乐这一主流音乐平台展播,拓宽了歌曲除公众号投票展播以外的展示渠道,充分利用平台的"用户池"吸引广大受众收听、投票;个人及团体的原创音乐作品通过各大媒体立体传播,在活动频率与舆论强度的支持下获得更高的关注度;线下举行的颁奖典礼在"网易新闻"直播间同步直播,让观众在现场或者"云端"观看获奖作品的现场表演,更直接地感受创作者们的爱党深情。从而,实现了线上线下的舆论共振,扩大了党史学习教育的舆论维度。

第四,丰富歌曲内涵,视听结合增添活动感染力。活动展播的音乐作品,歌词表达富有诗意,或讴歌党的丰功伟绩,或歌颂祖国大好河山,或赞扬人民幸福生活,或感叹国家蓬勃发展,或追思先烈革命精神……声声真挚动人的歌声演绎出普通人的家国情怀。活动中"十佳金曲"的 MV 作品也通过天津本地的政务媒体和新闻媒体的全媒体平台账号在网络中展播,这使观众得以通过 MV 看到演唱者更加饱满的情绪表达以及歌曲中的丰富意象。在云端进行打卡、点赞的网友高达 50 余万,原创网络红歌全网点击量更是突破了 1500 万,同时还得到了河北、江苏、四川、内蒙古等兄弟省份的支持,促进了活动参与度与影响力的进一步提升。当网络空间中传播者与受众实现了信息与情感的多向互动时,传播的仪式就会形成,活动的感染力与感召性也得到提升。

（撰文 / 李劲强）

● 思考与启示:

鼓励群众自我创作促进党史学习

习近平总书记在庆祝中国共产党成立 100 周年大会上的重要讲话强调:"我

们要继续弘扬光荣传统、赓续红色血脉,永远把伟大建党精神继承下去、发扬光大!"[①]在开启第二个百年新征程的重要时刻,坚定传播党的声音,推动党史学习教育常态化、长效化,弘扬主旋律、传播正能量,是媒体义不容辞的职责和使命。

一是把牢方向召唤情感。新闻宣传工作要始终坚持党性原则,以为人民服务为核心,加强党和人民群众的联系,使人民和党心连心。在"建设新型主流媒体"的顶层设计下,主流媒体要切实提高传播"四力",尤其注重在互联网渠道的传播效果,在党史学习教育中要推出更具参与感和互动性的媒介产品,以期在舆论引导与情感动员等层面深化人民群众对党的认识与了解。

二是举办活动吸引关注。群众文艺"积淀着中华民族最深沉的精神追求,代表着中华民族独特的精神标识",是中华优秀传统文化、革命文化和社会主义先进文化相结合的产物,是中国特色社会主义文化的重要组成部分。应该以党史学习教育为主题创造性地开展人民群众喜闻乐见的群众性文化活动,打造具有影响力的活动品牌,以优质活动内容激发人民群众的参与热情,满足新时代人民群众对群众文艺发展的新需求,并以活动各项成果为依托,做好活动宣传工作。

三是引导受众积极参与。引导受众需要构建一个吸引受众主动参与的活动。首先,党史学习教育活动宣传要充分"引流",政务媒体之间、政务媒体和新闻媒体之间要通过联动形成强大的传播力,促进活动热度的不断上升。其次,要强调活动的公益属性,凝聚更多网友自觉投身到网络公益活动之中。同时,历时较长的活动要注重阶段性的报道宣传,如针对此次活动就进行了活动启动、"十佳金曲"展播评选、"十佳金曲"MV作品展播等阶段的系列报道。最后,可以积极运用作品网络评选的方式,通过类型多样、制作精良的作品吸引受众的注意力。

(撰文／李劲强)

[①]《庆祝中国共产党成立 100 周年大会在天安门广场隆重举行》,《人民日报》,2021 年 7 月 2 日第 1 版。

微信扫码看详情

"40天,40年——改革开放天津纪事"大型专题报道

案例回顾:

1978年,党的十一届三中全会召开,改革开放正式开启。40年来,津沽大地走过一段耀眼的发展前进之路。回首望去,可以清晰感受到天津崛起的速度、人民幸福生活的温度、悠久灿烂文化的气度、改革开放的深度。40年后,天津站在新的起点再出发,创造新的成就与辉煌。

为了回顾天津的改革开放进程,自2018年11月8日起,津云和北方网正式开启了为期40天的大型专题报道,包括文字、漫画、微视频、H5等一系列报道形式。

四十年风雨兼程,四十年沧桑巨变。进入专题报道,你可以先打开津云H5,在数字展馆里,故事以时间顺序排列,伴随着轻松欢快的音乐,可以自由浏览天津四十年的故事集锦。每一年都有一张图和相关配文,展馆里还有正在看展的虚拟数字人物,他们针对不同的故事发表着言论。观看的过程,如同真实地处于展览馆的场域之中。在展馆里,每个人都能发现属于你记忆里的故事,记忆里的天津味儿。

四十篇文字报道,细致描绘40年来的大小故事……1977年,高考恢复,天津四十六中的考生姜胜利圆梦南开。1980年,天津建立第一家中外合资企业——王朝酒业,该企业成为国内葡萄酒业的领头羊。1981年,国宝熊猫蓉蓉和寨寨从天津出发,去往在日本神户举办的海上人工岛国际博览会。两只可爱的大熊猫成为推动中国天津和日本神户建立中日友好城市关系的光荣使者,促进两座城市在经济贸易、文化交流等多方面发展。1982年,家庭联产承包责任制开始落实,这给津沽农村带来重大改变。从公社集体经营土地的"大锅饭"到分田到户的"大包干",再到土地流转产生的"合作社","合、分、合"的过程展现着中国农业农村的发展与国家的现代化建设同步进行同步繁荣的历程……2008年8月1日,中国第一条高铁——京津城际铁路正式开通。2010年,天津西北半环快速路与东南半环快速路全面贯通,天津中心城区快速环路骨架线路落成。2011年,坐落在海河岸边的津塔写字楼落成,成为了天津新地标。海河两岸综合开发工程让天津的"母亲河"重新焕发风采,成为亮眼的城市名片,也成为外地游客必"打卡"的景点。2017年,天津举办了首届世界智能大会,这场顶级智能制造业盛会向世界展现了天津城市的风貌,在科技热潮下,天津越来越具有新的活力。2018年12月3日,天津市第一块生态保护红线界碑样板在静海区团泊鸟类自然保护区正式设立……

京津城际(摄影:劳韵霏)

天津港五洲国际集装箱码头堆场(照片为天津港提供)

"津云漫话"专栏里用漫画拼出改革开放四十年里的小故事。生态湿地的最美变装、天津自贸区的"前世今生"、滨海新区航空产业的发展故事、天津东疆国际邮轮母港正式开港的历程……一幅幅漫画诉说着一个个动人的故事,演绎出天津四十年成长的精彩画卷。

最后,当你打开微视频,驾驶员"天天"带领我们搭乘"改革开放40年的列车",浏览并述说这些年的发展变化。窗外的风景一帧帧切换,文字与视频呼应,让人身临其境地感受改革开放浪潮下天津的崛起速度与发展活力。

"40天,40年——改革开放天津纪事"专题报道里有波澜壮阔的宏大叙事,也有芸芸众生的平凡故事,平凡与伟大相连,细微与宏观交织,带我们回望了过去的峥嵘岁月,展示了天津在改革开放四十年中的蜕变与成长。

(撰文 / 倪晨)

● 创作者说:

小人物与大时代的同频共振

——访津云新媒体采访中心记者陈庆璞

"40天,40年——改革开放天津纪事"专题报道是包含了众多故事的系列报道,笔者采访到了津云新媒体采访中心的记者陈庆璞,他是文字报道部分的撰稿人之一。他从创作者的角度,为我们讲述了宏大报道背后的故事。

2018年是改革开放40周年,在这40年间,中国经济实现伟大跨越,人民生活水平不断提高,生态环境不断改善。四十年如同白驹过隙,在庆祝改革开放40周年之际,津云新媒体推出了"40天,40年——改革开放天津纪事"专题报道。陈庆璞说:"翻开系列报道的每一篇故事,读者能感受到四十年风雨兼程的日子里,天津在各个领域收获的累累硕果。改革开放经历了从农村到城市,从东部到西部,从经济、民生、生态渗透到各个领域。'40天,40年——改革开放天津纪事'是记录奋斗经历,是回首过往岁月,是感慨改革开放的伟大壮举,更是展示天津人站在新的起点上再出发的决心。"

改革开放40周年,天津的各个区域、不同的人物都发生了重大变化,这些成果的取得,与国家层面的战略决策、地方政府的努力、当地百姓的奋斗是息息相关的。陈庆璞说:"津云选取的40年里的40个大小故事,各有各的特色与亮点。故事的主人公有恢复高考后圆了大学梦的莘莘学子,有为希望工程捐出自己积蓄的小学生,有在京津冀协同发展战略背景下与时代同频共振的年轻人,有献身中国基础设施事业的辛勤工作者,这些普通人在本岗位上兢兢业业,为改革开放的进展做好自己的一环,他们的故事也让人们目睹了日新月异的变化。"

以小见大,细腻动人。以个人微观视角切入,展现时代的宏观主题的创作思路一直贯穿"40天,40年——改革开放天津纪事"专题报道的每一篇稿件之中。陈庆璞谈及《京津冀协同发展这几年:空间更大,天地更广》的创作思路时说:"京津冀协同发展国家战略,为京津冀三地带来了深刻的变化,成千上万人得以在这个大天地里追寻自己的梦想。作为改革开放系列报道之一,这一报道采取以小见大的手法,从人物群像入手体现这一重大国家战略的成效和天津在其中的作为。这些人里,有高校专家,也有普通上班族,其中对字节跳动员工李新的采访让我记忆犹新。她之前是在北京工作,后来才来到了天津,京津冀协同发展的时代大潮,给了像李新这样的普通人更多选择的机会。字节跳动的区域布局也体现了京津两地优势互补、要素流通、资源共享的精髓,而李新能够追寻自己的梦想,也只有在和大时代的节拍'同频共振'时才能成为现实。我觉得,作为媒体,需要做的就是挖掘这类典型人物,通过个人的小故事来体现时代的大主题。"

"40天,40年——改革开放天津纪事"专题报道在发布后获得了一致好评,被多家媒体转发、评论。陈庆璞说,这些成绩与每一位创作者的精益求精分不开,为了近距离深入地了解天津各个地方的细节蜕变,大家往往花费几天的时间,进工厂、去村庄、问政府,或者紧紧跟随能够见证变化的人,立体地呈现改革开放的成就。

（撰文 / 倪晨）

● 专家点评:

大型专题报道要"举重若轻"

津云、北方网推出的"40天,40年——改革开放天津纪事"大型专题报道,带领读者回望津沽大地在40年中的40件大事,以文字、短视频、漫画、H5等多样化的呈现手段进行报道,反映天津在经济、民生、生态等领域的飞速发展。这些故事、漫画、视频作为一种镜像,让受众从中看到历史、看到发展、看到社会的进步,同时也有利于正确认识改革开放的成就,启示当下应总结发展的经验,在未来发展得更好。

这一大型报道推出后,获得广泛好评,在诸多改革开放40年报道中引人注目。总体看来,这一专题报道体现出"举重若轻"的特点。

首先,用心讲故事,40年改革开放史变鲜活。"讲故事"是这一专题报道的一大特色,在多部作品中都得到很好体现。在一个个生动的故事中,改革开放40

的发展距离受众越来越近,变得鲜活可感;作品中的一个个人物,成为这40年来发展的最好见证。

例如,《开发区大有希望:盐滩奇迹背后的密码》中讲了一个故事:在开发区的第一批项目中,丹华自行车厂的厂房竣工后,外方总经理莫登带着丹麦建筑专家来验收一万平方米的厂房,提出水泥地面平整度不符合要求。为了让外商满意,严寒中,一帮人光着膀子,一人一把榔头,200把榔头一起砸地面,大家汗流浃背。这样的故事,生动地展现出开发区建设者艰苦奋斗的精神面貌,能够给人留下很深的印象。

价值观是新闻作品的"精气神",是讲故事不可或缺的要素。"40天,40年——改革开放天津纪事"大型专题报道,抓住了讲故事的"道",联系党和国家的路线方针政策,联系时代精神,在这些大背景下选择故事内容,反映出改革开放给人民群众带来的切实变化。

第二,形态丰富,用多种产品形式打组合拳。习近平总书记说:"好的思想、观念、内容,要通过生动的形式、多样的手段表达出来。这就像做菜一样……"① 按照这一要求,媒体应根据传播终端的差异、内容的不同和用户的要求,采用多种产品形式进行传播,才能取得良好的效果。专题报道"40天,40年——改革开放天津纪事"正是通过多种报道手段取得了良好的传播效果。

"40天,40年——改革开放天津纪事"回顾了沐浴在改革开放春风里的几代天津人的奋斗岁月。报道通过文字、漫画、微视频、H5等一系列报道形式,展现了天津在改革开放40年里的经历与成长。

不同的读者喜欢的内容和产品形式会有所不同。这一专题报道采用了多种产品形式,不仅可以扬长避短、多角度呈现主题,还能够使传播范围更广,有利于满足各类人群的需求。文字作品更擅长深度报道,传达信息准确而具体;短视频篇幅

---

① 中共中央文献研究室编:《习近平总书记重要讲话文章选编》,北京:中央文献出版社、党建读物出版社,2016年版,第428页。

短小、内容丰富,传播速度快;H5 产品通过多种手段呈现内容,互动性强,方便传播;漫画作品趣味性强,容易受到年轻人追捧。综合利用这几种产品形式,有利于形成合力,使传播效果最大化。

第三,用事实打动人,没有说教。一直以来,有些新闻媒体习惯于说教,而在用事实打动人方面的能力有待提高。新媒体时代,人们获取信息的途径多元化,如果进行简单说教容易造成逆反心理,也很难取得理想的传播效果。

其实,胡乔木早在 1946 年就曾说过:"我们往常都会发表有形的意见,新闻却是一种无形的意见。从文字上看去,说话的人,只要客观地、忠实地、朴素地叙述他所见所闻的事实。但是因为每个叙述总是根据着一定的观点,接受事实的读者也就会接受叙述中的观点。"① 专题报道"40 天,40 年——改革开放天津纪事"在这方面做得很好。这组报道中的文字报道部分,主要通过新旧对比,用展现事实让人们看到改革开放以来的变化,很少进行评论。

（撰文／宋守山　张洪伟）

● 思考与启示:

做好主题报道要有互联网思维

随着以互联网为基础的新媒体不断发展,要做好主题报道不能仅仅依靠传统

①《胡乔木谈新闻出版》,北京:人民出版社,1999 年版,第 27 页。

媒体,而应该具有互联网思维,组织传统媒体和新媒体共同发力,才能取得传播效果最大化。

一、作品形式应适合网络传播。改革开放的 40 年中,天津发生的变化之大、之多,很难落笔。如果仅靠文字和图片,很难达到满意的效果。"40 天,40 年——改革开放天津纪事"充分运用了短视频、H5、漫画等形式,这些形式适合网络传播,尤其是适合手机端观看,而且能够满足用户参与的愿望,可以实现互动传播。

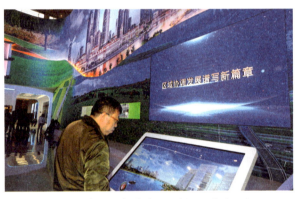

京津冀协同发展在展览中受关注（摄影：蒲永河）

二、要借鉴娱乐化表达手法。当前的信息传播,已经从"人找信息"时代过渡到"信息找人"时代。为获得点击量,无底线地进行娱乐化报道不可取,但适当借鉴娱乐化表达形式提高传播效果是必要的。只有让群众喜闻乐见,才能具有传播力。否则,即使再有内容的信息产品,也只能曲高和寡束之高阁。只有创新媒体产品的表现形式,才能更好地弘扬社会主义核心价值观。

三、要重视社交传播的作用。随着社交媒体的逐步成熟,受众在接受信息时呈现出明显的社交化特点。很多人获取信息的途径不是通过专业媒体,而是通过微信朋友圈、微博、QQ 等社交工具。而且,当受众看到他们认为有价值的信息后,不再像过去那样向他人转述,而是通过评论和转发来表达自己的意见。通过新媒体产品进行社会主义核心价值观传播,做出好产品就能产生二次甚至多次传播,把效能发挥到最大化。

（撰文／张洪伟 宋守山）

微信扫码看详情

12 "瓣瓣同心·协同五年谱新篇" 网络主题活动

● **案例回顾：**

　　为深入贯彻落实习近平总书记关于京津冀协同发展的重要指示和中共中央决策部署,生动展示京津冀协同发展这一重大国家战略的具体实践和系列成果,2019年 7 月开始,由中央网信办组织的"瓣瓣同心·协同五年谱新篇——京津冀协同发展五周年"在北京、天津、河北三地分别开展,来自《人民日报》、人民网、新华社、新华网等 20 家中央级媒体记者以及 23 家省属网站的媒体记者深入到京津冀三地,实地挖掘城市协同发展过程中的典型案例和生动故事。

采访团队在天津滨海－中关村合影留念（照片为天津市委网信办提供）

　　天津市委网信办在中央网信办指导支持下,联

大流量澎湃正能量

—— 天津网络传播实践的创新与启示

合北京市委网信办、河北省委网信办,充分发挥网络传播技术优势,开展以"瓣瓣同心·协同五年谱新篇"为主题的网络宣传活动,通过活动为推动京津冀协同发展向纵深发展营造了良好舆论环境,凝聚了强大发展势能。

从厚积薄发的河北雄安新区,到别具一格的北京城市副中心,再到智慧开放的天津滨海新区,报道生动展现了三地高质量协同发展的新形象。这个协同的"等边三角形"受到了各方媒体的关注和报道,报道从三地各自独特的定位和视角出发,总结概括了京津冀三地形成优势互补、高质量发展的区域经济布局。

2019 年 7 月 29 日,"瓣瓣同心·协同五年谱新篇"活动走进天津。7 月 31 日,京津冀协同发展五周年网络媒体团走访了在天津菜鸟网络无人仓库、未来科技城宁河现代产业区、智能网联汽车产业研究院等地,共同感受天津这座未来科技之城的魅力。

在天津市委网信办主持策划下,"瓣瓣同心·协同五年谱新篇"一经报道就被各大媒体转载发布,其中包括央视网、央广网、网易新闻等大流量媒体,其传播在一定程度上对天津市城市建设成果进行了展示。央广网播发的《郁郁葱葱、鸟语花香 天津绿色生态屏障"颜值高"》《天津承接京冀产业转移 打造高端业态集聚新格局》,中国日报网播发的《天津巧用"绿色辩证法" 夯实发展之基》《科技助力 天津展翅御风趁势腾越》等多篇作品引起广泛关注。

这些报道展现了天津智慧城市建设体系,肯定了科技化、信息化在城市发展建设中的整合、沟通作用,同时深怀对整个京津冀建设方向的憧憬。未来,三地将进一步做好全区域的数据共享开放、智能应用开发、智慧场景构建,着力将京津冀打造为"协同联动的高效新三角",这也将为建设数字城市提供重要的建设思路和试点经验。

"瓣瓣同心·协同五年谱新篇"活动呈现了一组极具技术性、展示性、共联性的报道,在内容上充分展现了京津冀三地协同发展新态势,在报道形式上完全具备了在城市发展性报道中的借鉴意义,彰显出天津等地智慧城市建设的现实成就,刻画出三地为城市协同发展奋斗的样貌,为媒体实践提供了新的典范。

（撰文／赵靓）

● 创作者说：

用新媒体见证瓣瓣同心的魅力

——访天津市委网信办网络传播处副处长邹晓健

瓣瓣不同却瓣瓣同心,2019年天津在"瓣瓣同心·协同五年谱新篇"网络主题活动中,立足京津冀三地协同发展战略,切实做好网上宣传工作,通过报道充分反映了五年来三地优势互补、携手共进的新面貌。此次活动的

记者在滨海新区采访（照片为天津市委网信办提供）

顺利开展除了全民参与、全网征集外,也离不开精心策划。天津市委网信办网络传播处副处长邹晓健负责策划组织该活动,笔者对他进行了采访,听他详细介绍了活动策划和推动的相关情况。

大流量澎湃正能量
—— 天津网络传播实践的创新与启示

全市征集协同亮点，精心谋划是关键。邹晓健说："为办好此次网络主题活动，市委网信办提早部署，精心组织，2019 年 5 月初就启动了前期的筹备工作，一方面希望能与中央网信办密切沟通，另一方面还要面向全市各区各系统广泛征集建议，最后媒体选择了'滨海行''智慧行''生态行'三个采访主题。"

在津采访期间，各网媒记者深入挖掘协同发展的天津故事，充分反映五年来天津如何按照"一基地三区"定位，紧紧抓住疏解北京非首都功能这个"牛鼻子"。邹晓健说："天津扎实推进基础设施互联互通、产业发展互补互促、资源要素互接互流、公共服务共建共享、生态环境联防联控，媒体的记者们把这些收入镜头、作品之中。"

邹晓健也向笔者介绍了活动实施过程中新媒体平台的运用："我们为各中央网络媒体做好服务，让他们通过采访看到天津真实的发展。在作品中，各媒体着重创新了传播语态，普遍采用直播、视频、VR 全景、抖音快手视频等非新闻语态传播形式，全景式、立体化反映天津发展新面貌，有效拉近距离。中央电视台新媒体中心在央视新闻客户端以图文直播的形式对活动进行持续报道，中国经济网通过 VR 全景技术再现采访现场，使报道更具现场感。新媒体平台在进一步扩大传播范围的同时，也增强了传播效果，受到了广大网友的好评。"

在整个活动效果方面，网友们的感受是检验的重点，对此主办方高度重视。邹晓健说："在各大新闻平台和短视频平台，很多网友发表评论热议天津，表达对天津的热爱，祝愿天津未来越来越好，我们看到这些都很高兴。不少网络大 V 和天津本地知名大 V 账号，围绕活动主题发布相关正能量帖文，很多网友在微博、微信等互动环节广泛转发和点赞，活动热度持续走高，这也体现出活动的效果非常不错。"

（撰文 / 赵靓）

●○ **专家点评：**

融合报道画出京津冀同心圆

　　"瓣瓣同心·协同五年谱新篇"网络主题活动在天津开展以来，中央及天津地方媒体迅速安排报道力量，生产了一大批反映协同发展五年来辉煌成就的产品，收获了广泛关注和持续好评。

　　第一，深入工厂企业采集一手素材。新闻的价值来源于由真实性、新鲜性、贴近性、重要性、趣味性等组合构成的新闻属性。而在众多属性之中，真实性、新鲜性、贴近性又是其中最为主要的因

采访团队在清华大学天津电子信息研究院合影（照片为天津市委网信办提供）

素。新闻真实是新闻报道的生命，它来源于认真细致的采访，来源于扎扎实实的写作，来源于一丝不苟的审核。在"瓣瓣同心·协同五年谱新篇——京津冀协同发展五周年"网络主题活动中，中央和天津地方媒体采访团践行了新闻宣传报道中的"三贴近"原则，走访了包括天津菜鸟网络无人仓库、未来科技城宁河现代产业区、智能网联汽车产业研究院、天津滨海－中关村协同创新示范基地、智慧滨海运营管理中心、清华大学天津电子信息研究院等科创基地，感受到了京津冀协

同发展中的科技进步。与此同时,他们还走进了京津唐高速徐官屯服务区的电动汽车充电站、天津港煤码头智能控制中心、滨海新区融媒体中心等地,用镜头和纸笔记录天津在京津冀协同发展中的科技步伐。从滨海新区到宁河产业区、从京津唐高速到天津港煤炭码头……采访团队的身影几乎横穿了整个天津市,科技企业、生产一线、交通枢纽、新闻机构都留下了他们的足迹。而正是在这种扎扎实实采访、踏踏实实的报道中,天津在协同发展5年来的成绩被一笔一笔记录了下来,成为观众读者点赞评论的对象。

第二,中央地方联动,三省市协调报道。此次"瓣瓣同心·协同五年谱新篇"网络主题活动由中央网信办传播局主办,北京市委网信办、天津市委网信办、河北省委网信办承办。活动初始便构建起了从中央到地方的多层次媒体宣传框架和由网络媒体牵头,平面媒体、广电媒体联动的整合式矩阵传播模式。中央地方联动、京津冀三地协调合作的报道形式,一改地方新闻宣传中"单打独斗"的情形,从活动伊始便奠定了多层次、多闭环的复合结构。一个采访活动,在北京、天津、河北三地同时展开,京津冀协同发展过程中的典型案例和生动故事被一个个挖掘出来,京津冀协同发展5年来的好风景、好声音、好故事在三地传颂。此次主题活动的开展,不仅是对京津冀协同发展的报道和呈现,还是三地媒体和中央级媒体的一次整合传播实践。

第三,新媒体发挥巨大作用,"三微一端"成主要平台。与以往的主题宣传报道活动有所不同,"瓣瓣同心·协同五年谱新篇"网络主题活动将宣传和传播平台定位于蓬勃兴起的互联网,借助微博、微信、微视频以及各种新闻类客户端和门户网站,以互联网海量、实时、交互、多媒体的特点传播京津冀协同发展故事,叙述京津冀的变迁。此次主题活动中,中央及地方媒体采集生产的有关天津的新闻报道数量丰富、内容广泛、题材多元。据不完全统计,登载于各类门户网站中的新闻报道将近3800篇、各类微信报道近160篇、微博报道近1200篇、微视频报道 7 篇、新闻客户端发文近 1900 篇。除此之外,三地各类论坛中也发布了近 50 篇相关新闻报道。整体计算,此次网络主题活动共计在线上刊发登载宣传报道累计达 7000 余篇,掀起了京津冀协同发展宣传的浪潮。本次活动中还有部分新闻报道刊发在传统媒体上。可以说,此次活动充分发挥了新媒体的巨大作用,以新媒体为主要平台,同时不忘借助传统媒体在声望和影响力等方面的优势,打造传播声浪,形成了线上线下结合的传播阵列。

(撰文 / 冯帆)

● 思考与启示:

充分发挥媒体融合报道的作用

京津冀协同发展是我国一项重大的国家战略,关系北京、天津、河北乃至整个华北地区的发展,意义深远。2014 年 2 月 26 日,习近平总书记在主持召开京津冀协同发展座谈会时指出,北京、天津、河北人口加起来有一亿多,土地面积有 21.6 万平方千米,三地地缘相接、人缘相亲,地域一体、文化一脉,历史渊源深厚、交往半径相宜,完全能够相互融合、协同发展。他要求三地打破过去"一亩三分地"的思维定式,抱成团朝着顶层设计的目标一起做,充分发挥环渤海地区经济合作发展协调机制的作用。习近平总书记的嘱托在 5 年来的京津冀实践中落到了实处。京津冀协同发展的成果正在通过三地媒体的宣传报道让越来越多的民众看到,让越来越多的国家看到。

大流量澎湃正能量
——天津网络传播实践的创新与启示

京津冀协同发展的成果丰硕，依托传统媒体报道却容易受制于版面、时段资源有限、空间不足等客观原因，无法呈现京津冀协同发展 5 年来的诸多成果。因此，借助媒体融合的力量，以"三微一端"的新媒体矩阵进行全方位宣传报道，就成为了这一重大主题的最好呈现形式。在此次活动中，我们看到了新媒体所发挥的巨大作用：在媒体融合的大环境下，在媒介技术日新月异发展的大背景下，新媒体早已不再是传统媒体的扩展版，更不是跟在报刊、广播电视身后的"小弟弟"。实践证明，新媒体已经成为可以独当一面的主流媒体平台，已经可以独立承担重大主题报道宣传任务。

当然，重视新媒体影响的同时也不能忽略了传统媒体的优势。几十年来传统媒体所积聚起来的公信力、美誉度、品牌价值和受众口碑仍是一块块金字招牌。因此，在日新月异的媒介环境中实现突破，必然要求我们既要发挥好新媒体的优势，同时也不能忘了传统媒体之所长，只有像京津冀协同发展一样让传统媒体和新媒体融合发展，才能够在时代变局中勇立传媒潮头，引领时代发展。

（撰文 / 冯帆）

 13 **"京津冀协同发展五周年"融合报道**

● **案例回顾：**

　　人们经常这样说：京津冀地域一体人缘相亲，但其中也存在一些问题，比如超大型城市高度聚集而中小型城市吸纳力不足，从而使得京津冀三地的总体发展极不平衡。2014年2月26日，习近平总书记主持召开座谈会并发表重要讲话，做出将"京津冀协同发展"上升为国家战略的重大部署，为京津冀的全面发展谋划出了无限可能。

　　2019年1月18日，在京津冀协同发展战略实施五周年前夕，习近平总书记赴京津冀三地考察并在京津冀协同发展座谈会上发表重要讲话——"过去的5年，京津冀协同发展总体上处于谋思路、打基础、寻突破的阶段，当前和今后一个时期进入到滚石上山、爬坡过坎、攻坚克难的关键阶段"，为深入实施京津冀协同发展战略目标指明了进一步的方向。在2014年至2019年这五年里，三地人民见证了京津冀的不断变化和飞速发展，五年前京津冀三地发展差距过大的状况逐渐得到改善，从顶层设计到全面落实，京津冀协同发展的这盘棋越下越大。

大流量澎湃正能量
——天津网络传播实践的创新与启示

　　为向大众展现京津冀协同发展所取得的有效成果,让全国人民更清楚了解到京津冀三地五年中的变化,2019 年 2 月 26 日,津云新媒体携手北京千龙网、河北长城新媒体联合推出"京津冀协同发展五周年"融合报道。为充分发挥媒体融合的优势,该组报道通过专题报道、H5、图文、短视频等形式,完美展现出五年中京津冀协同发展所取得的成就。同时,在北方网刊发的"京津冀协同发展五周年,擘画新格局"的专题报道中,还推出"津云微视""总书记有话说"等板块。

津云报道截图

　　五年中,京津冀三地立足现当下、着眼未来,力图进行优势互补,实现互利共赢。在该组报道中,详细介绍了习近平总书记关于京津冀一体化的伟大战略布局。其中从五个方面推动"一体化",包括规划一体化、区域基础设施一体化、市场一体化、城市群一体化和交通一体化。报道介绍了如何从六个方面推动京津冀协同发展,包括紧抓"牛鼻子",疏解北京非首都功能;有序推动雄安新区规划建设;高质量推动北京城市副中心规划建设;坚持改革创新,发挥引领高质量发展的重要动力源作用;强化生态环境联建联防联治;促进基本公共服务共建共享。

　　该组融合报道从经济、民生、交通、生态环保、产业、扶贫、教育、医疗等角度,全方位展示了京津冀五年来的进展。

产业方面,14 家企业落户京津冀示范区;交通方面,为连通京津冀多条公路计划已建成;教育方面,开展教师互聘推进跨京津冀三地高职单招试点;生态环保方面,雄安新区打造"千年秀林"、京津冀三地 PM2.5 平均浓度持续下降。好消息纷纷传来,该组融合报道及时回应了民众关切。

此外,由津云新媒体、北京千龙网、河北长城新媒体共同出品的 H5 作品《e 起京津冀 点亮同心圆》引发广泛关注。该作品刷爆朋友圈,在 24 小时内就有超 140 万人参与活动。同时,搜狐、东方网、今日头条等多家媒体进行转载,吸引了全国亿万网友的积极响应与参与。

H5 作品封面

"京津冀协同发展五周年"融合报道采用新媒体形式,为全国人民展现了京津冀一体化所取得的显著成果,为全国网友交上了一份完美答卷。

(撰文 / 吴梦晗)

● 创作者说：

用好创意展现京津冀三地变化

——访津云新媒体要闻中心策划人王聪

为深入了解"京津冀协同发展五周年"融合报道的创作历程,笔者采访了津云新媒体要闻中心策划人王聪。H5 产品《e 起京津冀 点亮同心圆》由她负责制作,她从创作历程、创新思路、制作过程等方面进行了介绍。

2019 年是京津冀协同发展战略实施五周年,王聪说:"在该系列融合报道制作过程中,为了让网友更加了解京津冀协同发展的重要成果和深刻意义,我与团队梳理北京城市副中心、雄安新区、天津港等重要热点区位的新闻,汇总五年来协同发展成果,按照地理位置从京津冀三界碑出发划分五个同心圆,由网友们共同见证和切实感受京津冀这三地的变化。"王聪及其团队花费了大量时间

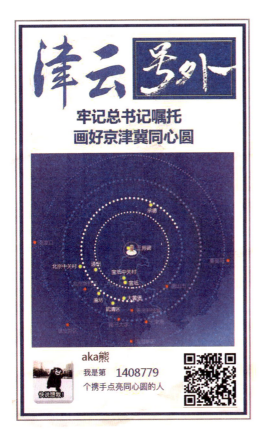

津云页面截图

和精力,向我们展现了最真实的京津冀三地成绩。

在谈及《e起京津冀　点亮同心圆》的创作思路时,她表示在向网友们展现卓越成果的同时,更要注重网友互动,引导网友通过点击将京津冀三地的同心圆逐一点亮,这寓意着三城人民齐心协力共创京津冀更加美好的未来。一张蓝图改变21万平方千米发展路径,一组同心圆叙述5年三地的蜕变历程。结尾H5为网友生成专属海报,并且抽取幸运网友参加京津冀旅行,互动性极强。网友通过这种轻松的形式了解京津冀协同发展故事,也留下了真挚的祝福。

共同协作,才能造就精品。王聪介绍说,在制作的过程中,团队考虑到京津冀协同发展的意义,首先考虑的是协同作战,因此就想到了京冀的兄弟单位。在作品创作之初,津云就与北京千龙网和河北长城新媒体积极协商,提出了共同策划和推广的理念,获得了大力支持。作品在三地推广后,获得了良好的宣传效果。大家的认同直接体现在数据上。刊发一周后,同心圆全部点亮,用户参与数突破1100万。津云、千龙网、长城新媒体同步上线推广,东方网、搜狐、今日头条等多家媒体转载。

此外,王聪还分享了在创作过程中发生的小故事。创作H5作品《e起京津冀　点亮同心圆》的过程中,对于京津冀三地的同心圆从哪里画起,以及"彩蛋"要怎么设置的问题上,团队反复商讨。最后考虑到准确性,决定选择在地理位置上进行划分。但是这个"同心圆"的圈是基于参与的人数来点亮的,一开始整个团队都很担心,万一达不到我们设定的人数点不亮怎么办? 为了吸引网友们来点亮,设置了三地线下游的奖励环节。最后功夫不负有心人,在兄弟单位的共同努力下,三地同心圆全部点亮,用户参与度也很好,获得了良好的宣传效果,整个团队才彻底放下心。

（撰文 / 吴梦晗）

● 专家点评：

多元创新实现"破圈"传播

2019 年 2 月 26 日，津云新媒体携手北京千龙网、河北长城新媒推出的"京津冀协同发展五周年"系列融合报道获得了很好的反响。

第一，意义重大，形象生动，时效性强。2019 年 1 月 18 日习近平赴京津冀考察，仅仅一周后，系列融媒体作品就推出，从策划到完成，极具时效性。

习近平总书记说："京津冀如同一朵花上的花瓣，瓣瓣不同，却瓣瓣同心。"如何把京津冀的关系形象化，考量着融媒体策划者们的智慧。从北京出发，习近平总书记 3 天的足迹，恰好勾勒了一个等边三角形。融媒体作品 H5 界面出现的文字："以京津冀三界碑为圆心，绘就我们的同心圆，伸出您的双手，贡献您的力量"，很好地展现了京津冀协同发展的关系。

京津冀三地携手并肩，增强协同发展的自觉性、主动性、创造性，不断把美好蓝图转化成美丽实景，助力我国经济社会发展再上新台阶。"京津冀协同发展五周年"融合报道，通过多种形式反映的正是这种图景。

第二，"破圈"传播，互动性强。展现"京津冀协同发展"的系列作品，传播区域之广、传播人群之多、互动功能之强，都显现出"破圈"传播的态势。例如，H5 作品《e 起京津冀 点亮同心圆》将雄安新区、北京城市副中心、武清区等热点区位划为同心圆，通过网友"一起牵手"自动从内到外点亮同心圆，并生成"牢记总书记嘱托，画好京津冀同心圆"的专属海报，用户可将海报分享到社交平台。朋友圈里的每张海报,都是网友们对京津冀协同发展的希冀与祝福。该 H5 作品还设置了彩蛋互动环节,网友有机会赢得"最美京津冀三地游"免费体验名额,中奖网友纷纷留言。"京津冀拧成了一股绳,三地人民一家亲,能够见证三地协同发展成果,我觉得非常荣幸!""天津是一个历史文化古韵浓厚的城市,我感到很骄傲!"网友的留言表达出他们的激动之情。"H5 +图文+互动"的融媒体传播表达方式在受众中有很高的接受度,达到了媒体融合传播的效果。

第三,系列作品,多平台发力,形成协同效应。系列作品除在津云、千龙网、长城新媒体同步推广外,也被东方网、搜狐、今日头条等转载。在京津冀协同发展五周年之际,通过这种新媒体形式进行报道,既让人切实感受到三地协同发展成果,更能表达出对三地的热爱与希冀。此外,津云和天津广播电视台合作,还共同推出《天津港按下转型"快进键"用智慧化功能服务协同发展》等 13 个视频作品,全方位、多角度展现京津冀协同发展五周年的精彩成果。这组报道传播载体多样,产品形式丰富,形成了很好的协同效应。

(撰文 / 孙璐)

● 思考与启示:

重大题材报道要让硬新闻软着陆

如何将"京津冀协同发展五周年"这样的重大时政题材的"硬"新闻"软化",创作出有趣且互动性强的融媒体产品,是主流媒体需要深入思考的话题。如果新媒体报道不"软",不"有趣",便很难打动用户,自然难以成为"爆款",宣传效果也难以彰显。

一、**重大报道策划的选题应重视受众感受**。"京津冀协同发展"是国家战略,与老百姓之间的关系,是应当重点思考的。该策划突出了普通民众的价值,即重视了每一个"我"的力量。此外,该产品放低姿态,没有高高在上的态度。比如,融媒体作品 H5 界面出现下面的文字:"以京津冀三界碑为圆心,绘就我们的同心圆,伸出您的双手,贡献您的力量。""您"的称呼体现了对每一位参与者的尊重,能够让用户有更好的心理感受。

二、**制作具有参与度的产品,提升互动性**。对于社交媒体来说,最重要的是吸引用户并且激发他们进行分享。鼓励用户在各自的社交圈中分享传播信息,并激励他们发表意见、表达态度、进行评论,成为传播的连接节点。将有意识的信息分享通过社交圈转化为自发行为,可以扩大影响力和传播效果。有参与感的元素,有助于实现内容的再生产,感官强度高、互动性强的信息更有利于传播。该融合报道中的 H5 作品,对用户奖励的设置,对于增强参与互动很有帮助。

总之,传播应遵循一个基本标准:适当的人必须在适当的环境中接收适当的信息。选择合适的传播者,制作合适的新闻产品,选取合适的传播环境,三者都非常重要。

（撰文／孙璐）

微信扫码看详情

 "春天的故事·遇见京津冀"短视频征集活动

● **案例回顾：**

2019 年 1 月 25 日，"春天的故事·遇见京津冀"短视频征集活动正式启动，这一活动由天津市委网信办、天津市发改委、共青团天津市委员会主办，由津云新媒体联合北京千龙网、河北长城新媒体承办。2019 年，是京津冀协同发展重大国家战略实施五周年，这期间，无数创业者、奋斗者的努力推动着京津冀的协同发展，大到方针政策，小到环保民生，比比皆是的故事构成了这一幅春日的画卷。为了将这些故事记录下来，主办方发动网友用短视频的方式参与本次活动。

活动为天津地区的网友设置了七个参与渠道：津云客户端、"网信天津"微信公众号、北方论坛、"天津发布"官方微博、抖音、今日头条、快手。活动要求短视频作品须为 2019 年拍摄，使用摄像机、手机拍摄均可，但必须是原创作品。

活动期间，网友在各个平台上积极投稿，有些作品颇为精彩，无论是视频内容还是拍摄手法，都可以跟专业人士的水平相媲美。"网信天津"公众号上，有一位网友的投稿是关于雄安新区市民服务中心的，这是雄安新区的第一个城建项目。59

大流量澎湃正能量
——天津网络传播实践的创新与启示

秒的视频展示了雄安新区市民服务中心绿色、智慧、创新的理念，无人驾驶车、无人清扫车等智能"神器"工作的场景，让人们亲眼看到高技术对高速度建设的支撑，人脸识别、数字中控、无人超市等三十多项新技术无声地告诉人们雄安是一座科技感爆棚的智慧之城。另外一位投稿的天津本地网友利用欢快的音乐、快闪的镜头讲述了一家三口 2019 年在北京一日游的故事，视频中出现的"复兴号"高铁列车，续写了新时代的"双城记"，让京津冀三地的出行变得更加简单。有网友以访谈形式讲述员工跟随公司落户天津高新区、在京津冀协同发展下受益的故事，有网友拍摄天津海河、古文化街等景点的春节美景上传到公众号，还有网友讲述一位农民在京津冀协同发展战略实施后蔬菜直供北京并在雄安新区建立蔬菜供应基地的故事……网友们的投稿非常准确地契合了活动的主题，记录了自己生活中的变化，也展现了五年来京津冀的高速发展。

活动时间为 2019 年的 1 月 25 日至 3 月 31 日，活动开始后不到一个月，征集到的视频就将近两百部。网友们从老百姓的角度，用具有说服力的方式，展现了京津冀三地协同发展的成效。在新浪微博的平台上，"春天的故事·遇见京津冀"的话题有 88.1 万的阅读量，网友投稿的短视频不仅发布在了"@ 天津发布"的微博上，"@ 今晚报""@ 津云""@ 天津公安法制""@ 天津市眼科医院"等平台也进行了转发；抖音平台的话题"春天的故事·遇见京津冀"有 2.8 万次播放量。

"春天的故事·遇见京津冀"短视频征集活动充分利用了网络新媒体、短视频以及 UGC 模式的传播力。京津冀的百姓在感受到发展带来

活动宣传海报

的交通、生活、工作等方面便利的同时,可以通过对日常生活变化的拍摄,记录自己的生活,展现家乡的发展。移动互联网时代,随手记录、随时随地发布成为了常态。投稿步骤少,操作难度低,投稿渠道多,主题涵盖范围广、包容性强,精彩视频还可以放在京津冀三地的新媒体(网站)上进行展播,这些都激发了网友的参与热情。

本次活动中网友们的投稿作品不仅是对自己幸福生活的记录,其中包含的奋斗经历,也是对所有观众的一种激励和鼓舞,是一种正能量的传播。总体来说,此次活动是官方和民间展开对话的优秀范本,具有一定借鉴价值。

(撰文 / 刘晓晨)

创作者说:

百姓眼中看京津冀协调发展

——访天津市委网信办干部陈超

"春天的故事·遇见京津冀"短视频征集活动在各个平台推出后,累计访问(观看)人数超过了 1.2 亿,多家媒体对活动报道进行转载,《人民日报》(海外版)重点报道了此次活动,社会影响力很大。为深入了解此次活动,笔者采访了参与组织策划的天津市委网信办干部陈超,她介绍了活动的相关情况。

2019 年初,在活动开展之际,正是京津冀协同发展重大国家战略实施五周年。陈超说:"借由这次活动,我们想看看老百姓在这五年的时间里,生活都发生了哪些变化,不管是大事小情,都可以通过短视频的方式进行展现。我觉得在政策落实过程中,老百姓把感受用自己的视角表达出来是最直观、最有说服力的。"

"春天的故事·遇见京津冀"主要在线上进行,这样京津冀三地的老百姓更方便参与,不会因为地点的差异、空间的限制导致比赛作品不好统计。这次活动激发了广大网友的参与热情,陈超说:"移动互联网已经非常普及了,短视频可以随手拍,技术门槛不高,加上投稿要求也没有给网友太多限制,所以我们觉得短视频是最合适的投稿形式。"初评筛选之后,共有137组短视频作品进行最终角逐。"我们在初次筛选时,就感受到了网友想要拍下自己家乡的变化,记录下自己在京津冀三地协同发展战略下奋斗的那种热情。通过严格的评定及筛选,网友的高质量作品,在展播时受到欢迎。"陈超介绍道。

活动宣传海报

在宣传本次活动时,短视频报道、文字报道、专题报道同时进行。陈超说:"对于这次活动,我们做了充分的准备,经过多方协商合作,在活动开始之前以及活动开启后的前期、中期、后期,各方都在实时跟进。征集作品用了两个月,展播用了三个月,这期间我们时刻关注活动动态,用多种报道形式一起进行来强化宣传效果。"

"其实活动想要一呼百应,推广发布也是很重要的,所以我们首先在北方网放了一则广告,是一张半通栏广告图片,发布在北方网首页首屏的位置,一共放置了80多天。"陈超回忆道。让网友们注意到这一次活动,提前预热,然后再将网友的投稿作品通过北方论坛、津云客户端、今日头条、抖音、快手等多个平台进行发布,而这一发布的过程其实也是在征集下一批稿件。同时,联合北京千龙网、河北长城新媒体共同发布,在三家新媒体网站首页首屏进行推送征集,并在启动之时策划制作小海报,通过微博、微信等渠道广泛转发推广。这些措施也是取得良好宣传效果的原因。

"春天的故事·遇见京津冀"短视频征集活动最终圆满结束,但此次活动的效果并不止于此,陈超说:"我希望这次活动不仅仅是参与投稿的网友们感受到了短视频记录生活的快乐,我也希望所有看到这些视频的人都能更加热爱生活、对未来抱有期待。现在我们国家正在高速发展,京津冀吸引了越来越多的人。随着京津冀三地协同发展战略的实施进程加深,相信网友们会有更多的想法、记录更多的变化,能让我们从不同视角看到国家逐渐繁荣和强大。"

(撰文/刘晓晨)

专家点评:

平凡镜头讲述京津冀非凡故事

2014 年 2 月 26 日,以习近平同志为核心的党中央在新的历史条件下作出了京津冀协同发展的重大决策部署。习近平总书记亲自谋划、亲自部署、亲自推动,对京津冀协同发展作出一系列重要指示,为京津冀协同发展指明了方向,提供了根本遵循。2019 年是京津冀协同发展重大国家战略实施五周年,五年来双城三地形成协同发展规划体系,在有序疏解北京非首都功能、交通一体化、生态环境保护、产业升级转移等方面都取得长足进展。

为充分展示京津冀协同发展五年来的重要成果,"春天的故事·遇见京津冀"短视频征集活动借助京津冀三地网民的平凡镜头,讲述京津冀协同发展带来的繁荣变化、京津冀合作融合背后的非凡故事。

第一,内容丰富多角度切入,展现多样京津冀。"春天的故事·遇见京津冀"短视频征集活动征集内容主要为京津冀协同发展带来的变化,活动自发布以后,不到一个月时间征集到的投稿短视频就高达 200 部,投稿作品内容丰富,涉及交通互联、经济发展、民生就业、生态环保、文化教育、旅游推广等多个方面。有的作品通过拍摄科技创新企业展现京津冀协同高质量发展的成果,有的作品通过拍摄劳动者平凡的事迹讲述创业和奋斗的背后故事,还有的作品通过拍摄居民三地畅通游乐、民生服务健全便利表达幸福……这些作品选择小内容作为切入点,通过一个个小故事、小侧面、小人物来表现三地协同发展带来的巨大变化,更具吸引力,更富感染力,更有影响力。

第二,多平台参与互动转发,展现立体京津冀。"春天的故事·遇见京津冀"短视频征集活动面向京津冀三地进行征集,天津地区可通过津云客户端、"网信天津"微信公众号、北方论坛、"天津发布"官方微博、抖音、今日头条、快手等七个平台上传投稿作品,并选取优秀作品在京津冀三地新媒体平台进行系列展播,网友可以通过"转评赞"的方式参与线上主题互动。新媒体环境下,单一的传播渠道无法达到理想的有效传播。"春天的故事·遇见京津冀"主题宣传活动在津云、北方论坛等天津地方媒体与抖音、快手等短视频分享软件的多方合力下,形成了多平台传播矩阵,针对当前读者分众化、阅读圈层化进行立体化推送,达到宣传的最佳效果。

第三,短视频记录真实故事,展现动态京津冀。随着媒介融合趋势的逐渐深入,新兴技术在传媒领域的使用也更加普遍,报道体裁的形态正在变得模糊,呈现形态融合的趋势。"春天的故事·遇见京津冀"主题宣传活动在以往宏观叙事的背景下另辟蹊径,选择短视频传播方式,借助京津冀三地居民的平凡镜头,展现京津冀协同发展战略实施五年以来的动态变化。此次主题短视频征集活动从广大群众的普通人视角展开讲述,虽拍摄剪辑、画质特效不及专业人士制作,但内容真实可信、情感真挚细腻,聚焦京津冀协同发展重大国家战略部署的主题宣传,表达深入、细致、生动。

春天是起点,是希望,是成长。京津冀在新起点书写着春天的故事。一段段视频、一帧帧画面,广大群众用平凡的镜头、质朴的话语讲述着京津冀三地发生的非凡故事,这些动人故事的背后,充分展现了京津冀协同发展战略实施给三地产业融合发展、居民生活工作带来的巨大便利。"春天的故事·遇见京津冀"主题短视频征集活动用微观典型透视宏观政策,在京津冀协同发展主题宣传报道中贡献了重要力量。

（撰文／冯帆）

● **思考与启示：**

创新重大主题宣传报道的传播方式

重大主题宣传报道是党和政府领导机关主导下的重大时政题材的宣传报道,是新闻媒体围绕党和政府的发展思路、重大决策、具有时代意义的重大典型、地区的重大建设成就等进行的力度大、投入多、形式多样的新闻宣传。重大主题宣传报道重在通过纵横对比、分析、阐述、由此及彼、由表及里,揭示事物本质,反映社会和时代脉动,有鲜明的时代性、思想性和指导意义。

基于重大主题宣传报道题材重大、思想性强的特点,部分新闻媒体在报道时,偏重政策性、理论性的阐述,采用严肃说教的表达和宏大叙事的手法展开。有些报道和评论只是生硬地照搬文件内容,没有贴近政策实际,没有结合本地受众特征,没有按照新闻传播规律进行必要的加工、本地化的转化、生动案例的解读,包含较多理性思维成分的作品使受众不能从中获得亲近感、亲切感,从而容易产生疲劳乏味。

时代在变化,读者和受众的需求也在变化。在媒介融合的新时代,"以不变应万变"的方法显然是行不通的,以传者思维、说教口吻、大水漫灌的传统宣传方式不仅无法达到预期效果,反而可能事倍功半。这就要求新闻媒体在进行重大主题宣传报道时应该精准策划、聚焦重点,遵循新闻传播规律,注重传播效果。一方面,重大主题宣传要善于把党和政府的路线方针政策转化为具体的新闻报道,善于运用新闻报道的各种表现方法和形式,选取独特切入视角,从受众角度出发,从大处着眼、小处着笔,增强主题宣传的说服力和感染力;另一方面,在宣传报道时要善于借助新兴技术,充分发挥各种媒体的优势,运用媒介融合、媒体联动的方式,形成新闻报道合力,充分利用新媒体实时、互动等特性进行宣传,增强主题宣传的吸引力和凝聚力。

在进行重大主题宣传报道时,新闻媒体要把握住当前新兴媒体蓬勃发展的时代风口,不断强化互联网思维,积极借助新媒体技术,贴合政策背景,贴近受众实际,扩大话语表达的影响力,深化受众对媒体的情感认同,以更好地成风化人、凝心聚力,传递声音、形塑共识。

(撰文/冯帆)

微信扫码看详情

15 "决胜时刻丨一张照片背后的帮扶故事" 主题报道活动

 案例回顾：

"决胜时刻丨一张照片背后的帮扶故事"主题报道活动,是 2021 年由天津市委网信办指导,天津市合作交流办、天津市对口支援前方工作机构与中国小康网天津频道联合举办。

甘肃平凉泾川县朱家涧村民李海玲（摄影：董鑫）

活动以天津市对口帮扶五省份相关内容为主线,通过对 50 张照片的解读和挖掘,采取"图片＋文字＋视频"的表达形式,展示了天津在决战决胜脱贫攻坚中取得的巨大成绩和天津各对口地区挂职干部、帮扶单位以及企业等的工作成果、亮点和经验。该报道还结集出版了书籍《决胜时刻丨一张照片背后的帮扶故事》。

脱贫攻坚是史无前例的伟大壮举。按照中央统一部署,自 2016 年以来,天津对口帮扶了 8 个地方 82 个县（市/区）。其中,结对帮扶甘肃、河北、新疆、西藏、青海的 50 个县。自对口支援与扶贫协作关系确定以来,天津市累计派遣了 4500 多名优秀帮扶干部。"决胜时刻——一张照片背后的帮扶故事"主题报道活动真实记录和呈现这一非凡历程,在中国小康网天津频道设置网络宣传专题,花费半年时间到受援地区,真实记录精彩故事,通过融媒体的形式进行网络传播。

"决胜时刻——一张照片背后的帮扶故事"全系列报道共计 50 篇,专题的报道团队深入新疆、西藏、甘肃等偏远受援地区,不仅用真实的镜头记录下脱贫工作者辛劳与付出的历程,而且关注了那些生活艰辛,用自己双手改变贫困落后的奋斗者。最可贵的是,没有用宏大的叙事手法去概括,而是坚持使用"小切口反映大主题",用一张张照片、一段段视频、一个个事例去反映时代主题,聚焦那些在对口帮扶中涌现的人、物、事,真实记录帮扶小组脱贫攻坚工作的伟大成果。

专题发布之后,报道赢得了读者的"点赞",不仅让网友了解到了扶贫工作来之不易的伟大成果,而且向社会展示了天津肩负自身责任、协力打赢脱贫攻坚战的担当与使命。学习强国等官方媒体以及受援地媒体、国内各商业网站的陆续转发,进一步增强了传播效果。

这一主题报道活动极具价值,不仅再现了工作小组扶贫的艰苦历程,而且通过贫困群体精神面貌的改变印证了脱贫攻坚政策的伟大意义。此次策划也展示了天津在这场脱贫攻坚中的责任与担当以及为东西部协作共赢贡献的"天津智慧"。

这一主题活动中的很多报道成为脱贫攻坚报道典型案例,《西青花开燕山东 智志双扶见真功》便是其中一篇。天津西青区张家窝镇和平泉市小寺沟镇结成了帮扶对子。2018 年,西青区和平泉市政府投入 726 万元帮扶资金打造的"人均百株果"经济果林建设项目,依靠平泉市独特的地理、气候、水资源环境,发展多品类的果蔬基地和休闲观光旅游业,帮助很多群众摆脱贫困,过上富裕小康的生活。作为对口帮扶的受益者,小寺沟镇的种植户王振对帮扶工作者说:"我已经不是贫困户啦!我现在是老板啦!"这位曾经让村干部们最"头疼"的建档立卡户,摇身一变成为现在远近闻名的"葡萄种植专家"。

又如，一篇题为《武清区栽梧桐树　朱家涧迎新嫁娘》的稿件讲述了天津市武清区对口帮扶泾川县朱家涧村的故事。自 2017 年底与甘肃平凉泾川县建立结对帮扶关系以来，武清区围绕产业发展、劳务协作、消费扶贫、人才交流等重点内容，扎实开展扶贫协作，累计投入帮扶资金 9400 余万元，实施帮扶项目 90 余个。泾川县在武清区的结对帮扶下发生了巨大变化。这一报道并没有从整个泾川县的叙事角度出发，相反，聚焦到了朱家涧村。文章标题对仗工整，内含悬念，能够引发读者的阅读兴趣。文章入题较快，引用村民的话语来展示朱家涧村的焕然一新，并将李海玲作为典型人物贯穿文章始终，以此反映村民群像。

（撰文 / 刘娜　任一涵）

创作者说：

寻找图片背后的帮扶故事

——访中国小康网记者吉宝刚

在"决胜时刻——一张照片背后的帮扶故事"的系列作品中，我们看到一批又一批的援派干部和专业技术人才担负着党和国家的厚望与期许，毅然决然到脱贫攻坚一线。为了深入了解作品的创作历程，笔者采访了中国小康网天津频道记者吉宝刚，他参与了这一主题报道的创意构思及后续的采访写作。从戈壁到丹霞，从雪域高原到沟壑梁峁，采访过程注定不易，如何开始？怎样设置？又如何传播？

他对笔者娓娓道来。

在脱贫攻坚全面胜利之际，天津市合作交流办举办了脱贫攻坚摄影作品评比，来自天津市对口支援和东西部协作一线的帮扶干部们的摄影作品张张令人感动，中国小康网天津频道总顾问刘国来有感而发提议说："这些优秀的摄影作品背后一定有感人的故事，我们何不为此再做一次深入田间地头的系列报道？"报道的创意由此而来。创意得到了天津市委网信办和市合作交流办的大力支持。

为践行"做一次深入田间地头的系列报道"，真实记录和呈现党领导人民打赢脱贫攻坚战的非凡历程，天津市合作交流办联合天津市对口支援前方工作机构、中国小康网天津频道，抽调精干力量，组成采访小组。吉宝刚说，当时我们做出计划，报道团队过完春节之后便赶忙奔赴各地，历时近半年时间，深入新疆、西藏、青海、甘肃和河北承德等受援地区，走入毡房、蒙古包，走进农民的葡萄园、蘑菇棚，用真实的镜头记录乡村的变化，用沾泥土、带露珠的语言讲述精彩的故事，力求新闻报道有温情、接地气。

天津扶贫工作队选派党政干部和专业技术人才，与受援地贫困群众"结对认亲"，进行教育扶贫、健康扶贫、消费扶贫、万企帮万村、文化交流、旅游帮扶、科技援助等活动，跨越千山万水的"津门大爱"使得沉睡的西部农村改变了往日的模样，让当地群众的生活变得越来越好。

吉宝刚说，这一主题活动是融媒体作品与纸媒的碰撞结合，是用老百姓的语言讲述脱贫故事、宣传主流价值的一次创新探索。50张新闻图片、集纳文字、视频在全网展现，从河北承德坝上草原横跨新疆沙漠戈壁，天津帮扶干部和天津项目的印记在作品中得到生动展现。

（撰文／刘娜）

● 专家点评：

创新是主题宣传的效果加速器

"决胜时刻—— 一张照片背后的帮扶故事"主题报道活动坚持"小切口反映大主题"，聚焦脱贫攻坚中涌现出的人、物、事，成为天津市网络宣传具有代表性的矩阵产品。这些采访成果结集成书，由天津人民出版社出版，受到广大读者的欢迎。

朱家涧过去的窑洞（摄影：杜敏）

第一，采访深入一线，散发着泥土的芳香。观看这一主题活动的作品，最大的感受就是鲜活——题材鲜活，都是近年来扶贫干部的故事；语言鲜活，用的是群众的语言。能写出

朱家涧的新民居（摄影：杨雨涵）

这样作品,主要因为记者真正深入到了新闻一线,到了田间地头,用心感受了脱贫攻坚的历程,用眼观察了脱贫干部的作为,用耳倾听了当地群众的心声。报道团队历时半年,深入新疆、西藏、青海、甘肃和河北承德等受援地区,攀上高原山川,走进田间地里,坐上村民炕头,用真实的镜头记录乡村的巨变,用接地气的语言讲述动人事迹。

一张张来自受援地区的图片,一篇篇反映一线的深度报道,一部部充满温情的短视频,都散发着泥土的芳香。这样的作品,具有很强的代入感,能够让读者跟随镜头、跟随记者的笔触,仿佛亲身到了受援地区,面对当地群众。正因为如此,这些作品才具有打动人心的力量,在一个个看似普通的新闻故事中,呈现出脱贫攻坚事业中天津的作为、天津的担当。

第二,线上线下相结合,创新产品融合模式。在融媒体时代,媒体通常采用的模式是将线下产品上网,但小康网在这次主题报道中走出了一条新的模式,实现了线上——线下——线上的模式。

在报道中,作品首先在线上取得热烈反响,通过小康网发布,同时在微信公众号"网信天津"和中国小康网天津频道开辟专栏,中央宣传部"学习强国"平台逐一转发,中央主要新闻媒体、国内各商业网站、受援地媒体大量转载。采访结束后,由线上转到线下,将作品结集成书,出版《决胜时刻——一张照片背后的帮扶故事》一书。而且,在书中每一部作品都有二维码,扫描即可观看视频,又引导读者回到线上。这样,成功地进行了线上和线下的结合,使得这次活动获得立体化传播,形成良好的传播效果。

第三,采访与调研相结合,发挥媒体咨政功能。毛泽东曾经提出,没有调查就没有发言权。调查研究是谋事之基、成事之道。没有调查,就没有发言权,更没有决策权。小康网的这次主题报道,在深入采访的同时,还结合新闻报道,开展调查研究,写出了多篇调研报告,对天津对口五个省份的帮扶工作进行深入具体的调查研究,为政府决策提供参考。

例如,《天山南北同振兴——来自天津市对口帮扶前方指挥部的调查报告》通过丰富的数据、大量事实反映出天津在和田扶贫工作的成果、经验和亮点。对于天津对口帮扶甘肃、对口帮扶西藏、对口帮扶青海、对口帮扶河北承德,也分别撰写了调研报告。这些调研成果,对于有关部门具有参考意义。

（撰文/荣荣 张洪伟）

● 思考与启示:

主题宣传必须叫好又叫座

在后真相时代,经常见到观点、情绪满天飞,而事实却有时缺席,这给新闻传播事业带来很大困扰。"决胜时刻——一张照片背后的帮扶故事"主题报道活动的成功再一次证明,真实、客观、全面地反映客观现实,通过描写事实来进行主题报道,是基本的,也是不可缺少的。

一、主题宣传要找准切入点和着力点。习近平总书记强调,做好党的新闻工作,不仅要"胸怀大局""把握大势",还要"着眼大事"。2021年2月25日,习近平总书记在全国脱贫攻坚总结表彰大会上庄严宣告:我国脱贫攻坚战取得了全面胜利！对这一彪炳史册的壮举进行报道正符合"着眼大事"的要求,也是社会公众的关注点。在具体报道方式上,切入点又非常巧。该主题报道围绕精选的50张新闻照片,聚焦天津在脱贫攻坚过程中涌现出的人、事、物,取得了小角度反映大主题的效果。在报道形式上,不仅有文字、图片,还拍摄了大量短视频,各种产品相结合,把真实精彩的故事表现了出来。

二、互联网时代更需要报道鲜活的事实。马克思主义新闻观告诉我们,事实是新闻的本源,是第一性的,如实报道事实最有说服力。1925年,毛泽东在《〈政治周报〉发刊理由》一文中写到:"我们反攻敌人的方法,并不多用辩论,只是忠实地报告我们革命工作的事实。敌人说:'广东共产',我们说:'请看事实'。敌人说:'广东内讧',我们说:'请看事实'。"① 这一观点体现出毛泽东对新闻事实重要性的认识。近一百年过去了,虽然现在的媒体发生了诸多变化,但事实对于新闻的地位没有变。"决胜时刻——一张照片背后的帮扶故事"主题报道活动,最能打动读者的,正是对天津援助对口帮扶地区事实的报道,这些鲜活的事实,让人们看到了贫困地区的变化,看到了扶贫干部的付出,看到了当地群众脸上幸福的微笑。

（撰文 / 荣荣　张洪伟）

---

① 毛泽东:《毛泽东新闻工作文选》,北京:新华出版社,1983年版,第5页。

微信扫码看详情

16 聚力融合助推网络精准扶贫
暨 2020 年原产地探访活动

● **案例回顾:**

2020 年是我国全面实现小康社会跨越之年,也是全面脱贫攻坚的决胜年。2019 年 12 月 30 日,天津市举行聚力融合助推网络精准扶贫暨 2020 年原产地探访活动启动仪式。

该活动由天津市委网信办指导,主办方是新浪网、微博、

原产地探访活动青海地区黄南州电商扶持直播(照片为天津市委网信办提供)

天津市网络社会组织联合会,承办方是人民网天津频道、新浪天津。业内专家、企业高管、媒体代表会聚一堂,研究网络扶贫新趋势,探索脱贫攻坚新途径与媒体支持农业的新模式。

原产地访问活动从 2020 年 2 月开始,访问了甘肃、河北、新疆、青海等天津的

对口帮扶地区,2020 年 10 月结束。"互联网＋"脱贫,作为天津市探索出的精准扶贫新路径,由微博大 V、"三农"领域专家、媒体记者、爱心企业等多方代表共同组建成一个探访团,到对口帮扶地区进行探访。探访团深入原产地,挖掘受援地区干部和优秀扶贫干部的动人事迹,记录贫困扶助一线工作人员对脱贫攻坚活动的切身感悟,考察当地特色农产品、历史、文化、旅游资源,微博大 V、媒体记者向外界传达了良好的扶贫经验。

此次活动一经推出产生强烈的反响。河北省承德市是原产地计划第一站,2020 年 6 月 9 日,探访团率先来到了这里,开展了主题为"津承携手助脱贫"的探访活动。在为期三天的探访过程中,探访团队了解了当地中药材加工全过程生产线、观察了当地网络直播点位、感受了当地保鲜冷藏技术的进步,还参与到"百万只优质羊肉"、无土蔬菜种植的项目中。在百万只优质羊肉基地,三位微博大 V 直播探访羊圈,可爱的小羊和先进的自动清理技术都让观看直播的观众们大开眼界、新奇不已。

原产地探访活动第一站就推出了丰富的多媒体产品,在探访过程中,人民网和央广网发布多篇深入报道,河北省的《承德日报》《承德晚报》,天津的津云新媒体等都进行了报道或转载,微博话题＃津承携手助脱贫＃阅读量超 1800 万,新浪天津更是与当地新媒体共同开启直播,介绍了"承德山水"品牌的农产品,在直播的一个半小时里,观看人数达到 156 万人次,帮助"承德山水"农产品提升了知名度。新媒体与传统媒体两条宣传通道并行,实现了承德精准网络扶贫。

探访团还探访了青海省黄南州、甘肃省庆阳市、新疆维吾尔自治区和田地区三站。在青海站,随行摄影师拍摄了 Vlog,云游青海黄南州;在甘肃站,探访团 4 天内先后探访 17 个点位,媒体记者不断推出深度报道和专题报道。新疆站延续了前三站传统,探访多地,运用新媒体手段传播脱贫助农思想。媒体全方位、多角度对四站的探访活动进行了宣传。

此次活动深入天津重点帮扶的对口扶贫和支援地区并进行探访报道,总行程达 18000 多千米,活动采用中央网络媒体、主流商业网站和网红大 V 的"组合传播"模式,全景式展现决战决胜脱贫攻坚的天津实践、天津作为。四站话题阅读量累计超 2 亿,以活动主题命名的微博话题 # 原产地探访计划 # 阅读量达到 8.4 亿,讨论量 13 万次,在探访过程中开展的 6 场直播观看人次超 800 万,打造了规模庞大的传播矩阵。

此次原产地探访活动利用微博、人民网的媒体平台,通过图片、视频、直播、Vlog、微博话题等方式,真正把扶贫工作做到了和时代连接。这种矩阵参与传播模式营造了浓厚的网上舆论氛围,能够号召更多人支持扶贫项目。

开展原产地探访活动,在我国脱贫攻坚即将取得全面胜利之际,推动网络与扶贫活动进一步结合,实地探索了乡村之美,推动了东西扶贫合作融合,同时也发挥大数据等新一代信息技术作用,真正实现精准扶贫,为未来扶贫工作的开展提供了新范本,为接下来乡村振兴之路做好了铺垫。

（撰文 / 李思怡）

● 创作者说:

借助网络力量实现脱贫攻坚任务

——访天津市大数据管理中心应用推广处副处长邓晶龙

由天津市委网信办指导的聚力融合助推精准扶贫暨 2020 年原产地探访活动

反响强烈,推进了网络扶贫与东西部扶贫协作和对口支援工作深度融合。为了深入了解此次活动,笔者采访了天津市大数据管理中心应用推广处副处长邓晶龙,作为本次活动的策划者与组织者,他为我们描绘了网络精准扶贫的优势,讲述了背后的故事。

聊到如何将网络与脱贫攻坚联系到一起时,邓晶龙提到了"组合探访模式",这种创新模式指的是将中央网络媒体、主流商业网站和网红大 V 共同组成一个探访团,一起去原产地考察扶贫项目、特色农产品等。作为网络精准扶贫的一种新探索,邓晶龙说:"利用'组合探访模式',再通过深度报道、图文和短视频等新媒体形式,这次活动创造了一场传播盛宴,生动地记录了天津东西部协作扶贫成果,并全景式展现决战决胜脱贫攻坚的天津实践、天津作为。"

探访团在新疆和田地区策勒县合影（照片为天津市委网信办提供）

从启动到收官,人民网、央广网等权威央媒发布多篇精彩的原创报道。邓晶龙告诉我们,记者们抓取了不同报道角度,分别从四地优质农产品、优秀扶贫产业项目、先进人物和扶贫经验等出发进行创作,每一篇报道都有其特色和针对性。"例如《天津援青干部回访黄南 为实现脱贫而振奋》《一见"青"心 "津"生难忘——天津援青干部再回青海黄南侧记》《暖暖津疆情 第九批援疆干部"回村看亲"》等报道,就是记录了活动中邀请的曾经在新疆工作生活过多年的天津援建干部重返'第二故乡'的故事,他们以其自身经历讲述当地扶贫事业的发展,在网络传播中形成亮点。"邓晶龙说。

在推广传播方面,邓晶龙说:"我们邀请了众多大 V 实地走访,其中包括杨建国、"开水族馆的生物男"等 8 位百万粉丝级网红,他们先后发布了 200 多条微博记录所见所闻,引发网友热情互动。此外,我们还借助传播矩阵的构建来扩大网上声量,既有原产地微博矩阵,也有天津微博矩阵和政务微博矩阵。截至 2020 年 10 月 31 日,天津 4 个对口扶贫站点关于此次活动的微博话题合计总阅读量达到了 2 亿。"

"网络直播也是新探索之一。探访活动共开展了六场直播,观看人数合计超过 800 万。其中,在承德围场县天津食品集团'百万只优质肉羊'项目基地,科普类大 V'开水族馆的生物男'进行了探访直播,观看人次达到了 518 万,加深了网民对当地文化、旅游、物产的了解,提升了当地农产品价值和知名度。"邓晶龙说,网络直播的形式很新颖,不仅探访中采用了直播的形式,还在当地开展了新媒体培训。

（撰文 / 李思怡）

● 专家点评:

深入实地讲出生动的扶贫故事

2016 年 11 月 29 日,习近平在全国网络扶贫工作现场推进会上的讲话中指出:"要实施网络扶贫行动,推进精准扶贫、精准脱贫,让扶贫工作随时随地、四通八达,让贫困地区群众在互联网共建共享中有更多获得感。"一直以来,天津市委网信办积极探索"互联网＋扶贫"的有效运作模式,开展多种多样的网络精准扶贫活动,以实际行动助推脱贫攻坚。

此次网络主题活动,与各媒体平台协同联动,组织网络媒体记者、网络大 V 等组成探访考察团,亲赴河北承德、青海黄南、甘肃庆阳、新疆和田四地,深入探访天津重点帮扶的对口扶贫和支援地区的产业、旅游、文化、先进扶贫经验和人物等,通过新媒体平台图文新闻的跟踪报道、Vlog展示、直播互动、大V微博分享等全媒体报道方式,展示四地的脱贫攻坚成果,分享探访的见闻体会,获得了广泛关注及各方好评。

第一,全媒体矩阵打造爆款平台。活动充分发挥微博的广场扩散与用户互动功能,以微博主话题#原产地探访计划#和四站的定制话题有效整合微博自办媒体、微博政务媒体、参与活动的微博大V等多元传播主体,通过高频的话题呈现吸引网友注意力,进而使其加入话题互动中。除微博矩阵外,多家主流媒体如人民网、央广网、小康网,携手天津本地媒体对活动进行了全程跟踪报道。同时,探访地媒体也通过新闻网站和新闻客户端等平台对活动进行了精彩呈现。这些主流媒体平台交融互动,构建了权威声音传播的大平台、主阵地。整体看,微博内传播矩阵的"短平快"、富有意趣的传播内容与微博外传播矩阵的严肃报道、深度报道形成互补,构建起了融合各种媒体平台的全媒体矩阵,为实现爆款式营销打通了渠道。

第二,个体化叙事丰富报道视角。此次活动在以第三人称视角客观反映各地脱贫攻坚成果的基础上,增加了微博大V的个体化叙事,丰富了活动的报道视角,营造了传播的沉浸感。报道中,探访团成员既是拜访者、感受者,也是网友们的导游,他们通过分享自己的亲身体验带领网友们完成了原产地探访的"云游之旅"。例如,在甘肃站的活动中,大V们以第一人称视角生动地分享行程中的所见所闻,带大家饱览甘肃庆阳各地的美景美食、特色产业,让网友在沉浸传播与人际化互动中获得了在场感,产生了情感共鸣与价值认同。

第三,多媒体传播展示脱贫成果。活动不拘泥于某种具体传播形式,而是充分利用互联网融媒体属性进行"图文＋视频＋直播"的报道,实现各地脱贫成果的融媒体传播与舆论场共振。形式有:图文报道生动介绍扶贫效果——在承德站,人民网用鲜活数字介绍了承德润达科技产业园在天津"造血"式帮助下取得的显著成果。Vlog 传播亲切记录探访足迹——在青海站,博主杨建国分享的探访 Vlog,展现了"灵秀尖扎"的优美风景和康杨芦笋基地的原生态芦笋种植,并带着网友体验了鲜果采摘。现场直播打开视界带领网友长知识、云游览——4 站活动在微博平台开展了 6 场现场直播,探访当地扶贫产业项目,推介原产地富有特色和高品质的扶贫农产品,扩展了报道的视域,延伸了线上的报道。

第四,全景式报道呈现风土人情。四站探访之旅精选调研路线,以天津对口帮扶的产业项目为焦点,围绕四地的产业发展、乡村建设、文化旅游景点、民风民俗进行了全景式报道,力求达到广度和深度的平衡,让大众得以真切、全方位地感受到当地脱贫攻坚成果及地域美食、历史、文化,从更宏观的人民幸福感获得的角度对扶贫工作的意义进行解读。

(撰文 / 李劲强)

● **思考与启示:**

重大主题报道要立体化呈现

2019 年 1 月 25 日,中共中央政治局就全媒体时代和媒体融合发展举行第十二次集体学习时,习近平总书记强调:"全媒体不断发展,出现了全程媒体、全息媒体、全员媒体、全效媒体,信息无处不在、无所不及、无人不用,导致舆论生态、媒体格局、传播方式发生深刻变化,新闻舆论工作面临新的挑战。"这段重要论述

大流量澎湃正能量
——天津网络传播实践的创新与启示

启示新闻宣传工作应顺应媒体融合发展趋势，树立"四全媒体"建设理念，不断提高传播的现实效能。

一、**重大主题立体呈现，推进媒体融合**。展示脱贫攻坚成果等重大新闻题材，要全面展现其主题中的不同方面不同内容，全景式、全方位地让受众感受到时代发展下各地发展的全景全貌。要充分利用各具优势的不同媒体资源，利用丰富多彩的媒体技术与形式进行融合新闻的报道，积极与受众进行交流互动。

二、**系列报道选取典型，做好新闻策划**。系列报道规模较大，涉及内容较为复杂，需要新闻机构提前做好新闻策划，充分发挥主观能动性。学者丁柏铨指出，新闻报道策划的目的是"以便在进行重大新闻报道时能迅速调集本媒体之优势兵力"。要确定系列报道不同阶段的报道计划，选取典型人物、案例作为采访报道的对象，以小见大反映时代风貌。如原产地探访活动中，整个探访路径都是经过精心挑选设计的，有对基层村官的采访，有对对口扶贫产业园区的参观。

三、**实地探访深入基层，心系人民群众**。新闻工作要始终以人民为中心，真实、全面地展现国家的发展状况，反映人民的愿望与心声。新闻工作者要深入基层一线，深入群众，多与百姓交流谈心，了解百姓的生活，挖掘有价值的新闻内容，才能写出沾泥土、带露珠、冒热气的优秀新闻作品。

2021 年 2 月 25 日，习近平总书记在全国脱贫攻坚总结表彰大会上庄严宣告：我国脱贫攻坚战取得了全面胜利！乡村振兴全面推进，中华大地上，一幅幅产业兴、乡村美、农民富的壮美画卷正不断铺展。新闻工作要继续做好巩固拓展脱贫攻坚成果、全面推进乡村振兴的宣传报道，谱写向第二个百年目标奋进的新篇章。

（撰文／李劲强）

微信扫码看详情

17 《我和我的家乡 @ 最美乡愁》 大型融媒体报道

●○ **案例回顾：**

　　乡愁,对于许多人来说是背井离乡的愁绪。在外漂泊的人们,总会与乡愁不期而遇,家乡永远是那个心底里充满回忆、充满幸福感的温暖港湾。对于身处乡村的人们来说,乡愁更多地来源于孕育他们的那片土壤。近年来,随着乡村振兴战略的提出与发展,故土乡村也逐渐焕发出了新的生机。

　　在天津,乡村振兴战略进行得如火如荼。生态宜居型大美乡村、现代都市型农业发展、文化内涵赋能产业扮靓乡村,天津在乡村振兴的道路上一步一个脚印走出一派美好图景。"聚人气,留乡愁",天津的乡村成了城市居民"来了不想走、走了还想来"的好地方。

　　为展现天津乡村振兴美丽新画卷,由天津市委网信办、天津海河传媒中心指导,津云新媒体 2020 年 10 月起策划推出了《我和我的家乡 @ 最美乡愁》大型融媒体报道。该报道充分发挥媒体融合优势,完美描绘了天津乡村振兴的图景。报道团队走访多个地方,寻找典型事例,完美展现出乡村振兴战略下天津村庄的新变化、新路子。报道通过图文、短视频、H5、手绘画卷等一系列报道形式,并加持 AR 技术赋能,全面展现天津的"最美乡愁"。

在这组报道中,团队为观众展现了天津各区乡村的独特风貌。在手绘画卷中,每个乡村都有自己的代名词,以图与观众对话,乡村的风貌在画面中展现得非常逼真。报道中突出了每个乡村不一样的发展重点,各村庄扬地区之长,立足不同乡村的特色,制定创新且独特的乡村振兴策略。宝坻有"玫瑰村",村民用自己的双手开创一条鲜花之路;宁河有七里海镇,稻田与肥蟹的丰收之歌与七里海湿地交织在一起;武清有"地毯之乡"崔黄口,助力乡村电商的发展,闯出了地毯之乡的一片天;静海有音乐小村四党口中村,从代加工乐器零件,到自主研发生产工艺、做大做强自主品牌,把西洋乐器做成了全村致富的大生意……

每一个村庄都有独特的故事,每一个村庄都在为乡村振兴努力着,他们为乡村建设添砖加瓦,乡村振兴战略为他们保驾护航。生态化、电商致富、产业创新、高科技赋能……报道团队将这些关键词通过多种报道形式生动地展现出来。在报道中,我们看到了一个个从无到有、白手起家的乡村奋斗历史进程。在连续 3 个月的采访中,报道团队深入天津 10 个涉农区的村庄、社区、农田、工厂等,在采访中听村民们讲述一路以来的奋斗故事,故事中的欢笑、泪水与感动被一一呈现出来,勾勒出一幅幅"最美乡愁"画卷。

在报道展现的外国友人视角中,不乏对天津新时代农民发自内心的感触。农民对技术的探索、对事业的追求和对生活的热爱,也让外国友人明白了乡村振兴的意义所在。由于采访的外国友人来自多个国家,他们要克服语言难关,随时做好双语切换的准备,同时一些视频中村民还努力与外国友人对话,这给视频增加了更多趣味性和温馨感。报道中每位看似朴素的农民身上都充满着对祖国的热爱,他们努力奋斗,生活越变越好,这种"平凡中的伟大",恰恰折射出中国实施乡村振兴战略的显著成效。

《我和我的家乡@最美乡愁》一经推出便收获了无数网友的点赞。同时在各个视频网站上收获了较为不错的播放量,单在好看视频上就收获了 26.1 万次的阅读量。在网络全球村的冲击下,本土报道同样肩负着对外宣传的责任,报道在国际传播方面也取得了较大成就,欧洲新闻网、《美国亚省时报》等 23 家海外华文媒体纷纷转载,多个海外平台跟进发布,热度迅速上涨,在国外获得了良好的反响与评价。

《我和我的家乡@最美乡愁》是一次极具媒体借鉴意义的报道,在内容上展现出天津乡村实施乡村振兴战略后的实际样貌,报道形式上充分利用全媒体播报手段,为媒体融合报道实践交出了一份满意的答卷。

（撰文 / 谢萌）

● 创作者说:

一次融媒体的"破圈"之旅

——访津云新媒体记者沙莎

为了展示天津新农村的整体样貌以响应乡村振兴的时政话题,津云新媒体策划推出了《我和我的家乡@最美乡愁》大型融媒体报道。这是一次极具学习意义的大型融媒体报道,为深度剖析报道所带来的价值,笔者采访了津云新媒体记者沙莎。作为本次报道的参与者之一,她向笔者介绍了该报道的相关情况。

想要做好农村振兴报道,必须要选好切入点,打造出能"共鸣、共情、共振"的新媒体产品,这就要求创作团队去选择更加有典型意义的素材。沙莎在讲述如何寻找新农村典型素材时谈道："为了能挖掘更加有代表性的典型,我们团队深入走访了天津的 10 个涉农区,进行'地毯式'的摸排调研,践行四力的过程虽然艰辛,但是我们的收获是非常大的,最终经过多番商讨才选定了现在所呈现的 10 个故事。"报道团队经过这番努力,给我们呈现出充满活力的新时代农民与乡村生活的形象。

为了丰富报道内容,增加报道的特色,《我和我的家乡＠最美乡愁》除了在典型素材上下了苦功夫外,对于报道形式、主讲人选择等都进行了一番精心的策划。在视频讲述过程中,创作团队选择用外国人的视角,以 Vlog 形式进行拍摄,创新了叙说乡村振兴的表达形式。在报道页面中创新了呈现方式——一幅精美的手绘画卷,画卷中大道和河流贯穿天津的 10 个涉农区。沙莎谈起了创作的灵感思路,画卷能够表达很多种含义,既能体现"九河下梢天津卫"的特点,还能寓意乡村振兴引领小康之路越走越宽广。同时在宣发过程中,报道成功利用"动画＋图文＋视频＋互动"的传播表达方式,达成了网络传播与圈层传播兼顾的目的,达到了媒体融合最终的效果。

媒体融合要形"合"更要神"融",人员思想上也要有融合的意识。《我和我的家乡＠最美乡愁》从创作之初到宣发过程都充分体现了媒体融合中的神"融"。报道的创作团队是由报纸、电视、新媒体人员组建的,在谈到创作过程时,笔者对团队成员有着不同工作习惯是否会产生分歧进行了询问,对此沙莎表示："创作上思想的确会出现不一致的情况,不过创作过程其实也是思想统一的过程。创作前,团队需要召开数次头脑风暴会,不仅要明确选题,更要明确未来的产品方向,新媒体与传统媒体通过实战不断融合,心往一处想,劲往一处使,一起向新高度挑战,将'一专多能'发挥到极致。"

《我和我的家乡＠最美乡愁》作为媒体融合实践,除了带来社会效益外,也给被报道农村带来了经济效益。在这次报道的影响下,10 个故事中涉及的产业项目收入大幅增长。如,在报道宝坻区大口屯镇西刘举人庄村的玫瑰产品后,网络订单额立即增加了 20 万元。据不完全统计,10 个故事中涉及的产业项目收入,由于报道增加超过 5000 万元。说起如此可观的经济效益,沙莎感到十分欣喜:"这是一次非常有意义的实践,不光增加了媒体融合工作的经验,还对天津乃至全国的乡村振兴都起到了振奋士气的作用。"

《我和我的家乡 @ 最美乡愁》是媒体融合道路中的一次颇具价值的实践,沙莎告诉笔者,她认为通过这次报道,天津海河传媒中心各媒体的融合变得更加紧密了,经验也更加丰富。她说,在这之后推出了更多有特色的媒体融合报道,最大限度体现出融合报道的社会价值和经济价值。

（撰文 / 谢萌）

● **专家点评:**

创新报道手法讲出"最美乡愁"

2016 年 4 月 25 日,习近平在安徽凤阳县小岗村召开农村改革座谈会时强调:"建设社会主义新农村,要规划先行,遵循乡村自身发展规律,补农村短板,扬农村长处,注意乡土味道,保留乡村风貌,留住田园乡愁。"① 近年来,天津全面实施乡村振兴战略,取得累累硕果,一幅产业兴旺、生态宜居、乡风文明、治理有效、生活富

---

① 《习近平在农村改革座谈会上强调　加大推进新形势下农村改革力度　促进农业基础稳固农民安居乐业》,《人民日报》2016 年 4 月 29 日第 1 版。

裕的美丽乡村新画卷正在徐徐展开。

2020年10月,津云新媒体策划推出《我和我的家乡@最美乡愁》大型融媒体报道,以外国友人的视角,采用Vlog、脱口秀、访谈等形式,通过中英文双语讲述天津新时代农民在乡村振兴路上追求幸福美好生活的奋斗故事。报道充分发挥了媒体融合优势,浸润感和传播力很强。

第一,手绘画卷特色鲜明。10个涉农区依据在天津市地图上的分布依次排列,通衢的大道和蜿蜒的河流贯穿其中,从左上角至右下角,体现了"九河下梢天津卫"的特点,寓意着乡村振兴引领小康之路越走越宽广。创作团队从10个涉农区中挑选了特色乡村的特色场景,将其拼接成一幅画卷,作为天津乡村振兴的代表。画面既真实直观,又生动形象,兼顾新闻性的同时,也充满了艺术性。高饱和度配色既呼应了年画风格的创作理念,也突显了村民生活的温暖充实。

第二,H5产品创新叙事表达。H5以制作"最美乡愁"明信片作为创意点,采用"3D动画+手绘+视频+文字+道具收集+生成明信片分享"的逻辑模式,带给受众有参与感的沉浸式体验。用一镜到底的方式将津城山水、乡村美景巧妙串联,让受众观之便有身临其境之感,受众跟着画面指引便可进入互动环节。浏览过程中,每个乡村都以一幅明信片的形式展现,读者可以在其中找寻点击标志物,生成一张邮票收集起来。每张明信片页面均配有视频及文字报道,方便用户了解乡村振兴的天津故事。另外,受众可以选择最打动自己的一个故事,贴上"邮票",将这张明信片收藏、分享和二次传播。

第三,"破圈"传播,彰显融合优势。《我和我的家乡@最美乡愁》大型融媒体报道的刊播,体现出移动优先、报网互动、双屏融合的特点。2020年10月18日起,10部短视频率先在津云客户端、北方网等平台发布,同时在天津海河传媒中心卫视频道、电视新闻频道播出,《天津新闻》每天对该系列短视频进行推广。在新媒体平台,此作品的相关短视频通过标题创新和拆条传播获得极高关注。2020

年 10 月 29 日,《天津日报》利用 4 个版面进行了全景展现,设计了特色封面并配发编者按,将短视频的内容以图文的形式展现出来,并设计了以"画轴"展现 10 个乡村的图片。经过津云客户端与《天津日报》的 AR "嫁接"后,穿透了圈层的壁垒,引发受众反响。"动画＋图文＋视频＋互动"的融媒体传播表达方式在受众中有很高的接受度,达成了媒体融合传播的效果。

第四,视角独特具有新鲜感。这组报道以外国友人的视角来报道天津乡村的发展,视角有别于以往作品,让人感觉耳目一新。让外国人参与到报道中,能够吸引更多国际友人关注,可以赋能对外传播效果。例如,在《宝葫芦!巴西艾茉莉就爱"天津嘴儿"》这一作品中,来自巴西的留学生艾茉莉抱着这份好奇心,来到了这个小乡村寻找传说中的"宝葫芦"。在村子里,艾茉莉见到了很多热情的村民,第一次听村民讲了葫芦的种植,和村民孙大姐一起做了有趣的直播,还亲自体验了葫芦的绘画加工。通过她的视角分享当地故事,非常具有感染力。

(撰文 / 王来华)

思考与启示:

利用融媒体优势做好主题报道

主题报道是我国主流媒体进行正面宣传的重要方式,对于凝心聚力、建构共识发挥着不可替代的作用。在中国特色社会主义新时代,不缺少好的主题和精彩故事,缺少的是发现生动故事的判断力和讲述故事的技巧。津云新媒体策划推出的《我和我的家乡＠最美乡愁》大型融媒体报道,对主流媒体做好主题报道具有

大流量澎湃正能量
——天津网络传播实践的创新与启示

一定启示。

一、主题报道的手段要与时俱进，必须重视全觉传播。互联网环境下，主流媒体必须更新主题报道的形式和手段，才能够赢得受众的认可。

对主流媒体来说，提升表现"逼真的在场"的能力，充分调动用户的各种感官，是必须具备的能力。中国人民大学的杨保军教授于2015年提出一个概念"全觉传收"，主要指信息传播界面向全觉化转变，即视觉、听觉、触觉的融合。他认为，全觉传收更符合人类交往的自然状态。主流媒体要想提升传播力，必须重视全觉传播，根据传播终端的差异、内容的不同和用户的特点进行内容生产。

二、选好新闻角度，以小见大反映时代主题。同样的题材，有的报道能够刷屏，有的却乏人问津，这往往和新闻角度的选择有直接关系。当代著名记者艾丰把选择新闻角度比喻为"挖矿"。他说："新闻价值在事实内蕴藏是不均匀的，有各种不同的矿床，选择更好的角度，就是为了便于记者更迅速、更顺利地开采这些价值。"[①] 只有选好新闻角度，才有利于将新闻价值尽早、尽多地挖掘出来。《我和我的家乡 @最美乡愁》从外国友人的视角讲述天津乡村振兴的故事，在新闻角度的选择上就独具特色。

此外，这组作品采用了小处着手、大处着眼的表现手法。作品讲述的是一个个乡村故事，反映的却是我国乡村振兴的大主题。宏大叙事虽然看起来大气磅礴，但并非处处适用。在进行主题报道时，深入人民群众的生活，发掘生动鲜活的故事，采用个体化叙事，能以小见大反映当前时代。

（撰文 / 张洪伟）

---

① 艾丰：《新闻采访方法论》，北京：人民日报出版社，1996年版，第128页。

微信扫码看详情

18　系列访谈《老乡,你好!》

● **案例回顾:**

　　在我国脱贫攻坚战取得全面胜利和 2021 全国两会召开之际,在中国记协、天津市委宣传部、天津市委网信办、天津市合作交流办、天津海河传媒中心的指导下,津云新媒体联合甘肃、新疆、西藏、青海等天津结对帮扶地区的传统媒体和新媒体共同策划推出《老乡,你好!》系列访谈节目,聚焦在东西部扶贫协作和对口支援工作中展现的"天津作为",瞄准对口支援地区脱贫摘帽后的新生活和新变化,向老乡们问候一声:你好!

"老乡,你好!"访谈录制现场(照片为津云新媒体提供)

　　《老乡,你好!》系列

访谈共分为 5 期,分别为甘肃篇、新疆篇、甘肃陇南篇、西藏篇以及青海篇。播出平台不仅有天津传统媒体和新媒体,还包括相应被帮扶地区的传统媒体和新媒体。这种联播的形式能够实现节目的核心预设:对话。这是一种从天津出发,而落地到被帮扶地区的连接。这不仅是内容上的连接,也是传播上的连接,使得传播效果真正触达双方。同时,从节目本身的形式来看,利用视频节目采取"云上"连线方式,在每期大概 30 分钟的时长中,达到帮扶与脱贫内容的"双战双赢"。这一系列节目达到了良好的传播效果。

《老乡,你好!》这一系列节目在其内容上的创新有以下三个亮点:

第一,"大"与"小"的交汇:小切入点与大关注点、小人物与大主题、小故事与大时代。系列访谈以问好老乡的方式切入,从脱贫中最基本的个体出发,以"老乡"这一虽小但最切实际的切入点出发,反映脱贫攻坚这一大主题。同时从每一个老乡的小人物故事,讲到我们党的奋斗、中华民族几千年以来的发展,这些都收纳在实现中华民族伟大复兴的中国梦的大时代中。

第二,对话:政策与成果的对话、党与人民的对话、帮扶与脱贫的对话。从主题《老乡,你好!》就能看出对话的重要性,不仅是和老乡的对话,也是政策与成果的对话、党与人民的对话、帮扶与脱贫的对话。在系列访谈中,开篇都会以一个老乡的 Vlog 入

"老乡,你好!"访谈录制现场与外省份视频连线(照片为津云新媒体提供)

手,以老乡的视角去看他们的生活和脱贫的成果。新疆篇中用 Vlog 讲述了新疆和田地区于田县的村民们养殖澳湖羊的故事,还讲述了买买提艾萨·阿吾拉一家养羊后日子过得越来越好的故事。这是观众与老乡的对话。此外,节目邀请天津的扶贫干部对话被帮扶地区的干部,两个人以分享、沟通的形式,讲述着脱贫攻坚期间的奋斗和成果。这是政策和成果、帮扶和脱贫的对话。

第三,区域特色的结合:从脱贫到焕发独特之美。从节目选取的这几个天津帮扶的地区,都是极具地域色彩的。甘肃篇的《"犇"小康的路上,日子如何才更"牛"?》,展现的是甘肃的脱贫攻坚和独有的西北文化,迎来的是更红火的日子。新疆篇的《让沙漠玫瑰在乡村振兴中"越开越香"》,将新疆独有的沙漠风情嵌入乡村振兴之中,面对的是更美好的明天。西藏篇的《让"阿旺"奔跑在雪域高原的乡村振兴路上》,更是将从脱贫走向富足的"天路"展现在人们面前。青海篇的《"德吉经验"绘就乡村振兴新画卷》,则将美丽乡村映入眼帘。这便是节目的独特之处,焕发区域特色,展望更美好的未来。

（撰文／杨少华）

● 创作者说:

用心勾勒乡村振兴画卷

——访津云新媒体视频中心副主任闫征

《老乡,你好!》系列访谈节目瞄准老乡们的新生活、新变化,围绕"巩固拓展脱贫攻坚成果同乡村振兴有效衔接"这个时代命题,展示成果、总结经验、探索招法,勾勒出一幅幅壮美的乡村振兴画卷。为了解全国两会系列访谈节目《老乡,你好!》,笔者采访了津云新媒体视频中心副主任闫征,她参与了该系列节目创作的全过程。她向笔者介绍了该系列访谈的创作体会。

主持人闫征(左)与嘉宾合影(照片为津云新媒体提供)

2021年是"十四五"开局之年,又逢中国共产党建党100周年,在我国脱贫攻坚战取得全面胜利的大背景下,该系列访谈节目的推出恰逢其时。闫征在介绍创作背景时说:"5期节目内容紧紧围绕'脱贫摘帽不是终点,而是新生活、新奋斗的起点'这一中心思想,着力反映在习近平新时代中国特色社会主义思想指引下,东西部扶贫协作和对口支援工作中展现的'天津作为'。节目聚焦产业扶贫、消费扶贫、教育扶贫、医疗扶贫等多个领域,总结脱贫攻坚宝贵经验和做法,为巩固拓展脱贫攻坚成果同乡村振兴有效衔接提想法、找办法、寻章法。"

对于节目创作,闫征认为该系列访谈节目充分体现了媒体融合,一方面由津云新媒体联合甘肃、新疆、西藏、青海四地媒体共同邀约、联合采访,依托津云中央厨房,建立素材共享平台;另一方面利用津云新媒体与天津市各区融媒体中心资源互通、信息共享的优势,深挖受援地区在脱贫攻坚战中涌现的"天津故事"。

《老乡,你好!》系列访谈共分为5期,创作过程中需要统筹各方各面。闫征介绍说:"在前期准备中,各媒体进行合理有效的分工,津云新媒体提供总体策划思路,四地媒体分赴基层一线深入采访,深入老乡家里,问候一声:老乡你好! 通过镜头记录老乡生活的喜人变化,并用轻松活泼的 Vlog 形式呈现。四地幅员辽阔、地形复杂,媒体记者更是践行'四力'精神,让报道出新出彩。该系列访谈节目设在云端,全国人大代表、天津扶贫干部、政府负责同志、被帮扶群众代表等异地同屏、分享交流,展现成果、总结经验、分享未来。在整体创作中,津云新媒体与四地的传统媒体、新媒体和天津市各区融媒体中心的编辑记者组建报道团队,跨地区、跨媒体,践行'四力'提升'内力',创作出反映新时代、记录新时代的好作品。"

节目要做得好,就一定要深入基层,真正地去倾听群众的故事。在谈到创作的背后故事时,闫征说制作团队为了反映出真实的乡村故事,经历了很多的艰辛:"在甘肃,报道团队先后奔赴平凉市和陇南市,行程超过 1000 千米,历时 4 天时间,完成了两地的采访录制任务;在青海,报道团队遭遇大雪天气,道路凝冻,通行困难,团队克服不利因素,深入老乡家中,探访让老乡实现'小病不出村'的新生活;在新疆,报道团队充分发挥县级融媒体中心的协同优势,在脚本策划、视频录制、后期剪辑等方面积极联动,激发内容生产和传播路径新活力;在西藏,受访对象身体抱恙需每天往返医院,报道团队不断协调采访时间,在采访过程中深度接触,慢聊细听,挖掘鲜为人知的细节,以'接地气'的采访创作出'冒热气'的新闻。"

（撰文 / 杨少华）

● 专家点评:

助力脱贫攻坚的一次优质媒体实践

    津云新媒体联合天津结对帮扶地区的媒体推出的《老乡,你好!》系列访谈节目,聚焦东西部扶贫协作和对口支援工作中展现的"天津作为"。在我国脱贫攻坚取得全面胜利和2021年全国两会召开的背景之下,这一节目别具意义。

    第一,题目选得好。访谈节目的名称用了习近平总书记的话。习近平总书记曾说:"小康不小康,关键看老乡!"他提出,大力促进农民增加收入,不要平均数掩盖了大多数,要看大多数农民收入水平是否得到提高。节目标题为"老乡,你好!",向老乡们问候一声,显得很亲切、接地气,体现了东西部人民的兄弟情。

    第二,多角度发声。节目有天津人讲"天津作为",有扶贫当地人讲"天津作为",还有眼见为实的画面证实"天津作为",互相补充。视频短片以当地的媒体人为向导,带受众走进当地人的生活。"甘肃篇"以村民唐全生为个案,讲述他家生活的变化,建牛棚,全家年收入3万元;"新疆篇"由当地的媒体人阿曼古丽引导受众观看新疆于田县的变化;"青海篇"中的视频通过当地人骑着摩托车,边走边看边感叹:"我眼中的家乡再也不是过去的样子,德吉,寓意幸福,风景如画,人们的生活也变得富裕起来"。报道中,我们可以看到西部地区有东部城市人向往的"诗与远方",自然风光令人神往,也可以看到援建的工程和人们生活的变化,感叹西部社会发展的巨变。

    第三,有人物有故事。"青海篇"中,全国人大代表夏吾卓玛就从自己女儿学校接受天津援建后发生的变化谈起。卓玛还讲述了自己对人大代表的认识,在被主持人夸赞普通话进步很快时，她说自己从小说藏语，为了把青海故事讲给全国人民听，坚持练习普通话，每天读报纸。这样的小故事有人情味儿，突出了人物个性。"西藏篇"讲述了天津医生为 64 岁的藏族老人成功实施脑外科手术，老人康复后为医生献上黄色哈达。

第四，**升华扶贫工作精神**。节目通过小故事表现了帮扶干部的奉献、干事精神，如"甘肃篇"中天津市合作交流办一个干部说，前几年感觉扶贫工作太难了。这种话语表达真实，在"太难"的工作上实现突破，更能彰显我国脱贫攻坚取得全面胜利的不易，激励我们巩固成果，进一步促进乡村振兴。这些故事也表现了西部地区人民的淳朴善良、自立自强。

《老乡，你好！》系列访谈节目是一次优质的媒体实践。"大"与"小"的融合，"对话"的概念，以及对于脱贫攻坚真正落到实处的报道实践，都是媒体可学习与借鉴的。在脱贫攻坚的胜利之下、在中国共产党成立 100 年时，在全国两会进行中时，此次报道完美契合了多条线索，真正地承担了媒体的责任。

（撰文／王来华）

● 思考与启示：

技术与内容要实现"双驱动"

在媒体发展中，技术的驱动作用非常关键。英国传播学家丹尼斯·麦奎尔认为："真正的'传播革命'所要求的，不只是讯息传播方式的改变，或者受众注意力在不同媒介之间分布上的变迁,其最直接的驱动力,一如以往,是技术。"①2014 年 8 月 18 日,由中央全面深化改革领导小组审议通过的《关于推动传统媒体和新兴媒体融合发展的指导意见》,明确提出"推动媒体融合发展,要将技术建设和内容建设摆在同等重要的位置",技术对媒体发展的推动力被提到和内容并重的地位。在《老乡,你好!》系列访谈中,技术的作用体现得非常突出。

该节目的制作成功与突出的传播效果都与技术加持有关。由于疫情的影响,当时很难将所有嘉宾邀请到一处,节目组借助先进信息技术,实现了远程连线、云端访谈。处于不同地区的嘉宾同时出现在屏幕上,他们有全国人大代表、扶贫干部、政府干部、群众代表等,运用 5G 等新技术实现多屏同步在线,保证了节目的效果。该节目在互联网技术的助力下,在津云客户端、北方网、新甘肃客户端、每日甘肃网、长城网、昌都电视台、新疆日报客户端、天山网等同步播出,实现了传播效果的倍增。可以说,没有技术的支持就没有这档优秀的节目。

过去,传统媒体一直信奉内容逻辑,认为"好酒不怕巷子深",只要能生产出优质内容,就能够赢得读者和市场。随着互联网和其他新媒体技术的成熟和普及,仅靠"内容为王"已经难以应对当前的媒体形势,内容逻辑受到挑战。这是因为,在内容、技术、渠道、用户四个指标中,如果其他三个是常量,只有内容是变量,自然是内容越好越能占据优势地位。但现在,技术、渠道、用户都可能是变量,而且各媒体之间差距很大,内容逻辑有时难免失灵。

网络传播在重视内容建设的同时,必须加强技术建设。在移动互联背景下,用户对内容的需求与传统媒体时代不同,碎片化、可视化、娱乐化、体验性强的内容更易传播,这就需要媒体利用好先进技术,实现技术与内容的"双驱动"。

(撰文/张洪伟)

---

① [英]丹尼斯·麦奎尔:《受众分析》,刘燕南、李颖、杨振荣等译,北京:中国人民大学出版社,2006 年版,第 156 页。

微信扫码看详情

19　"行走自贸区"主题宣传活动

 案例回顾：

2020年是天津自贸试验区挂牌成立五周年，8月25日"行走自贸区"网络主题宣传活动正式启动，这次活动由中央网信办主办，天津、海南等18省区市委网信办承办，中国经济网具体实施，有12家中央新闻网站和多家地方新闻网站参与。天津市委网

四位受邀嘉宾在滨海新区融媒体中心一号演播厅进行云上直播（照片为天津滨海新区融媒体中心提供）

信办精心组织，周密部署，全媒体统筹策划，实现全方位报道展现、全平台传播辐射，唱响天津自贸区高质量发展强音。

在这次活动中，《天津日报》、天津广播电视台等传统媒体，津云、"天津广播"

大流量澎湃正能量
——天津网络传播实践的创新与启示

公众号、支部生活网等新媒体、网络媒体，人民网、新华网、央广网、中国日报网、中国小康网等中央新闻网站天津频道以及滨海融媒体中心，共同组成全媒体报道矩阵，与中国经济网及各央网总部有效联动，实现了良好的传播效果。

活动期间，围绕主题共推出《走进天津自贸区》《"穿越"天津自贸区，瞧点不一样！》《云游天津自贸区》《天津自贸区：创新领航扬帆向前》《从数据看天津自贸区改革创新成就》等新媒体融合产品。此外，中国日报网天津频道采写发布中英文稿件12篇，积极面向海外讲好天津自贸区改革开放创新发展故事。境内境外协同发声，全平台集群式倍增传播，形成了网上舆论的强势。津云《走进天津自贸区》"云直播"，突出"行进式"报道，从滨海高铁站看京津冀辐射带动，从环球购看优质营商环境，一小时串联6点位，在线观看人数近10万；H5《"穿越"天津自贸区，瞧点不一样！》，将各片区拟人化表达，用AI语音播报带领网友在互动中观览天津自贸区蓬勃发展新面貌，一经推出阅读量即突破百万；VR《云游天津自贸区》，拍摄670多个场景，让人身临其境。

截至2020年9月9日，全网涉及天津"行走自贸区"网络主题活动累计传播覆盖1.2亿人次。

参与云直播的嘉宾和现场工作人员在融媒体中心一号演播厅合影留念（照片为天津滨海新区融媒体中心提供）

此次活动充分发挥了主流媒体在主流价值观引导上的中流砥柱作用，通过聚焦天津自贸区发展优势大主题，围绕"线下采访""云直播""云访谈"等主要活动，有点有面有针对性地展现出天津自贸区的发展优势。

"行走自贸区"网络主题活动，不仅深入贯彻落实了习近平总书记关于建设自由贸易试验区系列重要指示精神，全方位反映了我国通过分批次逐步设立自贸试验区、进行差别化探索、激发高质量发展内生动力的经验举措和取得的成效，也是主流媒体在新的网络环境和网络主体"年轻化"背景下提升公信力和影响力的一次创新。

（撰文／段玉双）

● 创作者说：

运用信息技术展现自贸区亮点
——访滨海新区融媒体中心电视编辑部主任宋艺

设立天津自由贸易试验区，是国家在新形势下深化改革、扩大开放的战略举措，是适应我国经济发展新常态、加快构建开放型经济新体制的重大决策，在推动天津改革开放和落实"一基地三区"功能定位的历史进程中具有里程碑意义。为了能够深入了解"行走自贸区"主题宣传活动中的亮点和幕后故事，笔者采访了滨海新区融媒体中心电视编辑部主任宋艺，她是本次活动的重要参与者。

宋艺介绍，此次活动立足于国内国际双循环发展新格局和京津冀协同发展国家战略大背景，聚焦天津自贸区发展优势大主题，围绕"线下采访""云直播""云访谈"等新的采访方式，挖掘到了有价值的新闻。

大流量澎湃正能量
——天津网络传播实践的创新与启示

宋艺说,这次活动除了策划精心、报道精彩外,还有一个因素印象特别深,就是对于信息技术的运用。在活动的多个环节,都是因为先进技术的支撑,才取得了良好的效果。

关于访谈部分,她对记者说:"活动的一个很大亮点,就是云采访这个'云'字。以往的访谈节目,我们都要面对面直接沟通,采访记者一个一个来,嘉宾一个一个来,大家点对点,一对一,很多问题都会重复,无形中多用了一些时间。云采访把所有相关的人、采访者、被采访者聚拢到同一个空间,大家之间的交流是一点对多点,多人对多人,每个记者可以听到别的同行关心的问题和对应的答案,每个被采访人也可以了解同行业同领域人的所思所做。每个人获得的信息量都是翻倍的。"

在疫情的大背景下,"云采访"是在无法实现线下见面的情况下获得采访信息的主要采访模式,这次"云采访"通过技术手段实现了"同屏"访谈。虽然报道模式大变,但仍旧精彩纷呈,内容丰富。宋艺还分享了她在活动采访中的经历:"被采访者对这种云采访的形式也很新奇,开始他们总想找一个对应的听众来说,但是慢慢地,大家都适应了面对屏幕,也自然了,后来谈得很痛快,甚至意犹未尽。"

宋艺认为,在"行走自贸区"主题宣传活动中,正是由于技术的加持,天津自贸区的亮点、特色才通过媒体很好地传播出去,这也印证了互联网时代,技术对于传播效果发挥着越来越重要的作用。

在采访的最后,宋艺表示:"科学技术的发展、网络的发达让我们完成了很多以前无法想象的事情。作为媒体人,必须要与时俱进,对于这些先进采访模式和做法,不能是被动接受、适应,而是要积极地探索与发展相适应的新策划、新表现形式。身处全媒体时代,如果因循守旧,路势必越走越窄,慢慢失去核心观众群,甚至面临被淘汰的风险。"

（撰文／段玉双）

● 专家点评：

让主流的声音居高声远

全媒体不断发展，出现了全程媒体、全息媒体、全员媒体、全效媒体，信息无处不在、无所不及、无人不用，舆论生态、媒体格局、传播方式发生深刻变化，新闻舆论工作面临新的挑战。推动媒体融合发展，建设全媒体是主流媒体面临的一项紧迫课题。2019 年 1 月 25 日，中共中央政治局就全媒体时代和媒体融合发展举行第十二次集体学习时，习近平总书记强调，要运用信息革命成果，推动媒体融合向纵深发展，做大做强主流舆论，巩固全党全国人民团结奋斗的共同思想基础，为实现"两个一百年"奋斗目标、实现中华民族伟大复兴的中国梦提供强大精神力量和舆论支持。

建设自由贸易试验区是党中央在新时代推进改革开放的一项重要战略举措，在我国改革开放进程中具有里程碑的意义。开展以"行走自贸区"为主题的网络主题宣传，对展示我国高质量发展的内生动力的经验举措和取得的成果成效，引领中国更高水平的开放具有重要意义，是主流媒体引导主流舆论，发挥主流媒体价值的一次典范。

第一，"前台""后台"同框，故事更真实更具体。美国社会学家戈夫曼曾提出了"前台"和"后台"的概念，所谓"前台"是让观众看到并且从中获得特定意义的表演场所，"后台"则是为前台表演所做出的准备、掩饰在前台不能表演的东西的场合。自从直播、Vlog 等传播形式出现以后，观众逐渐不满足于观看媒体想让他们看到的"前台",而是对不能展示的"后台"更加好奇。主流媒体在传播宣传中,应该及时地发现这种转变,讲述"前台"故事的同时,也穿插"后台"故事的讲述。在此次活动中,媒体向观众展示的不仅是符合自贸区发展优势大主题的重点报道,也有关于自贸区的"云直播""云访谈"等幕后故事,将"行走自贸区"的"前台"和"后台"都向观众展示,拉近了主流媒体与观众的距离,使天津故事更加真实、具体。

第二,利用多种表达方式,打造年轻化产品。年轻人是网络的原住居民,主流媒体的受众群体正在逐渐老龄化,这就要求主流媒体要紧随时代的变化,把握媒体环境变化的方向,创造出融合新时代因素的作品。在本次活动中,各媒体综合运用图文、短视频、VR、图解、直播、海报等多种表达呈现方式,打造一批创意独特、带入感强、科技现代的融媒体作品。在"Z世代"为主体的网络中,主流媒体用新的方式进行传播,增强了主流媒体的影响力和公信力。

第三,遵守传播规律,讲好精彩故事。主流媒体要顺势而为、识势而变,发挥品牌优势,牢牢占据移动互联网的传播制高点。顺应移动互联网的传播特点,结合碎片化的时间和移动传播场景,遵循移动互联网传播规律,才能把握舆论场的主动权。例如在本次活动中,就充分利用了主流媒体的技术、人才优势,采用网民喜欢的方式,构建全媒体

北方网报道截图

传播渠道,打造了立体、多元的全媒体传播体系。

一个时代有一个时代的故事,新时代的精彩故事就要精彩表达。对于主流媒体来说,激发媒体深度融合的力量,才能让正能量更强劲、主旋律更高昂,扩大主流价值影响力版图,让党的声音传得更开、传得更广、传得更深入。

（撰文／段玉双 荣荣）

● 思考与启示:

重大主题宣传要有效果导向

重大主题宣传是新闻媒体围绕重大主题所进行的宣传力度大、投入时间长和参与人员多的新闻宣传活动,主要通过新闻报道和评论来达到宣传目的。重大主题宣传因其重要性高、政治性强等特征,要想报道进入公众视野引发强烈反响,需要一定的技巧,必须精准策划、聚焦重点。

"行走自贸区"重大主题宣传活动取得了良好的传播效果,同时也为主流媒体如何做好重大主题宣传工作提供了经验借鉴,对于完善坚持正确舆论引导的工作机制具有一定启示作用。

在信息爆炸的时代下,每一个用户都有可能是生产者、传播者,内容生产主体呈现出前所未有的多元化格局,与之俱来的是人们的阅读时间呈碎片化的趋势,受众的阅读偏好也向娱乐化、个性化改变。体量庞大,兼具深度和浓厚宣传色彩的重大主题宣传,在舆论格局和舆论生态都发生变化的时代,吸引读者、留住读者的难度也在增加。

重大主题宣传的核心问题是如何提升传播效果,这关系着重大主题能否深入人心。

一是要为宏大主题寻找精准具体的切入点。重大主题宣传要兼顾贴近性、重要性和地域性。这是能否引起观众共鸣,能否受到观众认可,能否让宏大主题在受众心中落地生根的关键。

二是要平衡好统一性和多样性。对于重大主题来说,主旨点题是主题宣传的灵魂,主题系列报道也要将主旨蕴藏在单个报道之中,保证报道的调性和统一性,才能赢得受众认可。

三是要丰富表现手法。要避免僵化、制式的运作方式,结合新媒体的用户思维和新的方式手段,创造出符合青年人审美的作品,同时在主题报道中要做到"形散神聚",使受众在多样化的节目当中,能够收获全方位的收听体验,感受共通的主旨。

（撰文 / 段玉双）

讲好天津故事网上传播

习近平总书记多次强调,要讲好中国故事。天津故事是中国故事的有机构成,通过互联网讲好天津故事,对于天津的城市宣传至关重要。天津在网络传播中,高度重视故事的讲述,不仅内容丰富多彩,讲述方法也多种多样,既有宏观叙事,又有个体叙事。在这些故事中,让人们看到了天津的快速发展和魅力四射,让人们看到了天津城市精神中的爱国诚信、务实创新、开放包容,让人们看到了天津城市性格中的乐观幽默、古道热肠。在网上呈现出来的一个个场景,一个个细节,一张张面孔,使这座城市的形象如此逼真,如此动人。

 **20 "中国有约 你好天津"
国际媒体主题采访活动**

● **案例回顾：**

"中国有约 你好天津"2021年国际媒体主题采访活动启动（摄影：姜晓龙）

在中央网信办的大力支持和悉心指导下，中国日报网联合各地网信部门创新推出"中国有约"国际媒体主题采访活动。2021年4月开始，采访团足迹遍布陕西、湖北、贵州、广西、福建、新疆等地百余个采访点，推出各类报道数千篇，传播量超过9亿次。来自十余个国家的在华网络大V，用融通中外的独特视角进行生动讲述，与中外主流媒体一同从多个侧面勾勒出中国全面建成小康社会的壮丽图景。

2021年10月21日至23日，"中国有约 你好天津"国际媒体主题采访活动在天津完成。本次活动围绕"改革开放 美好生活"主题，邀请外国媒体驻华记者、在华外籍网络名人与我国中央重点新闻网站、地方新闻网站记者以及部分商业网站代表组成采访团,以"边走访、边研讨、边报道"的形式,深入改革开放前沿阵地天津进行采访报道,了解和探寻天津在对外开放、创新创业、文化生活等方面取得的成就,感受人民丰富多彩的美好生活景象,用镜头和文字向世界讲述天津故事。

3 天时间,16 个点位,国际媒体采访团足迹遍布津沽大地。2021 年 10 月 21 日,国际媒体采访团随着讲解人绘声绘色地讲述开始了对天津的了解。采访团一行漫步在午后静谧的润园之内,仔细观摩西班牙乡村别墅式建筑风格,间或驻足和拍照。他们登上曾经作为休息望远之地的院落西南角的高台,感受岁月的流逝给这座城市留下的痕迹。接着又探访了坐落于和平区民园广场二层的非物质文化遗产展览博物馆,狗不理包子、中国古彩戏法、老美华鞋、桂顺斋等 48 项非物质文化遗产保护项目牢牢地吸引了中外友人的注意力。之后他们登上"老牌黄电车"感受时光交错,博物馆运用现代化的声光电技术和独立展览馆布局,将一幅幅新老照片展现在采访团的面前,让大家领略天津的变化。

2021 年 10 月 22 日,采访团出发前往西青区杨柳青古镇,欣赏了建党百年剪纸艺术,体验年画制作过程,感受着这里"家家会点染,户户善丹青"的人文气息,感受着这里传承百年的年画文化、运河文化、民俗文化、大院文化。随后,到了多名外国友人最期待的行程——采访霍元甲文武学校。霍元甲文武学校坐落于天津西青区精武镇,这里是中国近代爱国武术家霍元甲的故乡。

天津之行的最后一天,采访团来到了津南区,感受"绿色"的天津。他们走进绿屏·八里湾,登台远眺,一览天蓝地绿、水清云翔、稻浪千重的绿屏美景。

采访团陆续刊发中英文原创报道 60 余篇,在微博、抖音、快手、今日头条、百度等平台同步落地,用图片、文字和短视频的形式,多层次、立体化宣传天津历史文化底蕴、现代化大都市的魅力以及天津人津津有味的幸福生活。中国日报网刊发的《天津绿色生态屏障 "两山"理论的生动实践》、人民网刊发的《海河沿岸:

见证历史,面向未来》、新华网刊发的《可观摩可赏味的"天津'非遗'"》、中国青年网刊发的《传承精武文化 用"功夫"讲中国故事》、国际在线刊发的《外国博主初学太极拳就逢 PK 赛》、中国新闻网刊发的《津南生态示范区,筑起城市可持续发展的绿色屏障》等作品,都取得很好的反响。

（撰文 / 古晏祎卓）

● 创作者说:

中外媒体网红汇聚讲好天津故事

——访天津市大数据管理中心党委委员、副主任李川与天津市委网信办重大专项推进处处长常昊

由中央网信办网络传播局指导,天津市委网信办、中国日报网主办的"中国有约 你好天津"2021 年国际媒体主题采访活动,于 2021 年 10 月 21 日至 23 日在天津成功举行。

中外媒体记者登上津南八里湾观景台（摄影:姜晓龙）

为了深入了解此次活动,笔者采访了活动的两位策划者——天津市大数据管理中

心党委委员、副主任李川与天津市委网信办重大专项推进处处长常昊。他们详细介绍了"中国有约 你好天津"国际媒体主题采访活动的相关情况。

一次成功的活动离不开前期的精心策划,对于此次活动的点位选择,李川说:"为做好此次网络主题活动,市委网信办围绕'红色传承''绿色生态''津城滨城'等主题,精选周恩来邓颖超纪念馆、绿色生态屏障、杨柳青古镇、五大道、中新药业、中新天津生态城智慧社区、零能耗小屋、国家海洋博物馆、海河、天塔等 16 个点位,制定个性化采访方案,做到见人、见事、见温度。启动仪式选在杨柳青古镇,让外国友人沉浸式感受中华优秀传统文化。"

"中国有约 你好天津"的目的是用融通中外的独特视角进行生动讲述,通过中外媒体从多个侧面勾勒出中国全面小康社会的壮丽图景。采访活动期间,在各中央新闻网站海外平台账号进行个性化推送。新华网日籍外国专家的稿件分别落地新华网日文频道、MSN 和 livedoor,央视网、中国青年网在 Twitter 和 Facebook 平台,以视频、帖文等形式展现了天津独特历史文化和城市建设无穷魅力;"感知天津"英文网、"天津有约"Facebook 账号进行全球传播。李川分享了一组新建"天津有约"Facebook 账号的数据:粉丝几天内增加 9897 人,刊播的启动仪式短视频、帖文点击量达到 10 万+。参与本次活动的多位"洋网红"也分别在抖音和 Twitter、Facebook、LinkedIn、Tiktok 等平台发布图片、文章和视频。

此次采访活动的顺利举行取得了可观的传播效果,14 家中央新闻网站和外国媒体,来自英国、美国、德国、俄罗斯、爱尔兰、日本、哥伦比亚等 11 个国家的在华学习和工作的外籍记者和"洋网红"深入天津走访,体验文化底蕴、感悟发展脉动、领略美好生活,以天津的生动案例展现中国精神、中国价值、中国力量。常昊列出了一些相关的数据:截至 2021 年 10 月 29 日,国内全网相关稿件 1.2 万篇,累计阅读量超 1.1 亿;海外推广媒体 234 家,送达全球目标受众超过 1.7 亿人次;海外社交媒体发文 70 条,总覆盖量超 287 万,总互动量超 17 万。

对于后续的宣传工作,常昊说:"今后网信办将继续运用多语种跨平台做好网络国际传播工作,用好境外社交平台阵地,叫响'你好天津'活动品牌,借船出海、组船出海、造船出海,进一步提高国际传播影响力、中华文化感召力、中国形象亲和力、中国话语说服力、国际舆论引导力。"

（撰文／古晏祎卓）

● **专家点评：**

内外联动讲好中国故事

"讲好中国故事,传播好中国声音,展示真实、立体、全面的中国,是加强我国国际传播能力建设的重要任务。"2021 年 5 月 31 日,中共中央政治局就加强我国国际传播能力建设进行第三十次集体学习,习近平总书记主持学习时提出加强和改进国际传播工作。

2021 年 4 月,中国日报网联合各地的网信部门推出"中国有约"国际媒体主题采访活动。10 月,"中国有约　你好天津"国际媒体主题采访活动在天津正式启动。在为期 3 天的活动中,国际媒体的记者团在讲解人的带领下,奔赴了一场与魅力之都的"约会",他们用镜头和文字向世界推介中国、推介天津。"中国有约"依托融媒体平台,和国外记者合作共同讲好中国故事,打造了新媒体时代内外宣联动国际报道的典范。

第一,中外媒体"合塑"中国形象。中国在世界上的形象很大程度上是"他塑"

外国友人现场体验杨柳青民俗活动（摄影：姜晓龙）

而非"自塑"，有时还面临有理说不出、说了传不开的被动境地。而光靠中国媒体的自说自话往往不能完全打动国际受众，甚至还会使其产生"跨文化传播逆反心理"，这就要重视国外媒体在国际传播中的重要作用，国外媒体记者也能是中国故事的讲述者。在此次活动中，国外记者作为意见领袖，代替国外观众深入中国、体验中国，从独具特色的城市夜景，再到叹为观止的非物质文化遗产，国外记者不再扮演中国故事的转述者，而作为讲述者直接将自己的所见、所闻、所感讲述给各国观众。中国故事依托国外的传播体系讲述，更能够被国外受众接受。

第二，"可视化""沉浸式"的传播。传播体系当中有一个重要的环节就是打通双方的共通意义空间，对于对外传播而言，由于国家间往往存在语言、文化等差异，相较于文字、声音等介质，视觉传播和体验式传播对于有效降低"文化折扣"所起到的作用更为显著。在此次活动中，乡村别墅的建筑风格在中外媒体的驻足中拍照定格，狗不理包子、中国古彩戏法、老美华鞋等这些传统的非物质文化遗产也在外国友人的体验实践中展示出中国文化的魅力。外国记者从参观者变成了文化的体验者，感受时光的交错，体悟百年的文化历史，这都比定格的文字更有渲染力。

第三，依托媒体融合形成报道合力。在活动中，网信办和各大主流媒体强强联合，扩宽国内外发布渠道，充分地利用抖音、微博、快手等流量密集平台，用短视频、图片等创新形式，多方位、多层次、立体地宣传天津历史文化底蕴、展示现代化大都市的魅力。文字和图片结合的报道形式使活动的内涵有所升华，短视频、中视频的报道形式又能够引起观众的共情。

作为一个历史悠久的文明古国,我们的故事经久不衰,但讲好中国故事不仅在于故事本身,还在于讲故事的方式。"中国有约"活动的顺利进行提供了一个新的思路,那就是要更多地"借船出海""造船出海",拓宽传播渠道,让中国的声音越来越嘹亮,中国的故事越传越远。

（撰文/段玉双　韩文婷）

● 思考与启示:

对外传播要寻找共情

共情是一个心理学上的概念,它指的是个体准确地理解他人的感情,并在特定情景下作出准确情感反应的一种能力。万物皆可共情,人类普遍共情,共情是人类与生俱来的能力,共情传播始终贯穿于新闻舆论的传播过程中。"中国有约 你好天津"国际媒体主题采访活动,为共情打造了一个平台,是中外友人对中国文化的共情。

近些年来,讲好中国故事、修正国际社会对我国的"刻板印象"已经成为传播活动的重要任务。习近平总书记强调,要善于运用各种生动感人的事例,说明中国发展本身就是对世界的最大贡献、为解决人类问题贡献了智慧。可爱中国的塑造离不开"生动感人"的事例和灵活轻松的方式,也离不开共情传播。

一、加强区域传播中的共情传播。近些年来,中国在对外传播方面取得了积极的进展,向海外投放宣传片,开设社交媒体账号等,在区域共情方面大有作为,例如本次主题采访活动,就是沿着改革开放的前沿阵地天津、苏州、深圳等进行采访报道,在"边走访、边研讨、边报道"中实现区域共情。

二、加强国际传播中的共情传播。改革开放以来,中国国力快速提升,人民生活水平快速改善,中国的国际地位也大大提高,越来越多的中国民众更加理性、成熟、平和。在国际传播中,要认识到"Z世代"的到来,将表达方式向个性化、趣味化、感性化转变,从传播方式上增强与国外友人,尤其是年轻的国外友人的共鸣。

三、用好共情传播要重视场景和细节。传者与受者要实现共情,必须有各适的中介物,作品中的场景和细节,便是非常重要的中介。无论是文字还是视频,如果能再现出传受双方都能被触动的场景,共情就会发生。而有些细节,哪怕是一个手势、一件物品、一句话或是一个眼神,都有可能成为共情的触发点。中外文化不同,心理上也有差异,但很多时候感情是共通的,国际传播同样要用好共情,以达到事半功倍的传播效果。

在互动传播中寻找共情,展示可信、可爱、可敬的中国形象;讲感情才能感染人,以情动人才能"润物细无声"。在未来的对外传播中,要用情用力讲好中国故事,让中国故事在国际上得到更广泛的传播。

(撰文/段玉双)

21 "2020·指尖城市"网络主题活动

 案例回顾：

"指尖城市"即智慧城市，将技术融入城市化，以改善市民生活质量，促进城市可持续发展。"2020·指尖城市"网络主题活动意在展现城市的智慧化建设成果，为持续推动城市治理现

无接触测温通道，可以自动检测体温，一旦发现疑似发热人员，设备会自动进行报警并记录相关数据（摄影：戴涛）

代化，加快推进国家治理体系和治理能力现代化营造良好网上舆论氛围。

该活动由中央网信办网络新闻信息传播局、天津市委网信办、浙江省委网信办、安徽省委网信办、湖北省委网信办、重庆市委网信办主办，中国新闻网承办。人民网、新华网、中国新闻网等15家中央新闻网站以及20余家相关省市主要网络媒体参与此次报道。2020年10月21日至29日，媒体赴天津、浙江、安徽、湖北和重庆五个省市采访拍摄,以图文、短视频等形式触摸城市脉搏,展示中国智慧、反映民众美好生活,收获一片好评。

"十三五"以来,天津市紧紧围绕网络强国、数字中国、智慧社会等战略部署,在基础设施建设、政务服务、城市治理、智慧应用、产业转型等方面取得了良好成效。在"2020·指尖城市"网络主题活动中,媒体对天津市智慧城市建设成果进行宣传报道,用优秀的网络新媒体产品,全景展现市民在天津智慧城市建设中各方面受益,增强市民对于城市建设与治理的认同感。

津云新媒体、北方网以及各级政务媒体,尤其是各级网信办政务号积极参与,发布活动相关内容,展现天津智慧城市建设成就。围绕基础设施建设、政务服务、城市治理、智慧应用和产业转型等方面,媒体选取小场景表现大主题、以小角度诠释大治理。在基础设施方面,媒体报道了中新天津生态城智慧能源小镇,小镇修建了零能耗智慧建筑,融合了"被动式"建筑与"主动式"能源供应技术,实现建筑能源 100% 自给自足和零能耗运行,能耗水平较国家标准降低 85% 以上,具有智能、节能、舒适等多种运行控制模式,实现全部能量自给;在政务服务方面,记者进入滨海新区政务服务办"智慧客厅",亲身感受精准服务、智慧服务、高效服务、体验式服务等现代服务方式;在城市治理方面,记者走访基层,看"津治通"是如何辅助网格员、指挥长进行日常工作;在智慧应用方面,媒体报道了天津职业大学的智慧食堂、天津医科大学总医院的互联网诊疗和宁园街的智慧养老平台等;在产业转型方面,记者观摩天津港新一代无人自动化集装箱码头,感受智慧赋能带来的"华丽蜕变"。网友评论道,技术让生活更便利,让城市更美好。

"2020·指尖城市"网络主题活动利用全媒体矩阵进行广泛传播,全景展现智慧城市建设,增强市民对于城市建设与治理的认同感。相比图文报道,发布在媒体网站及抖音、快手等平台的短视频拥有更高的浏览量,互动性更好。"津云微视"发布时长为 4 分 38 秒的活动视频,对智慧港口、智慧政务和智慧社区等进行全景展现。"中新视频""天津党政通""微观安徽"等发布的视频更加短小、活泼。镜头跟随工作人员进入"零能耗小屋",第一视角体验家电智能控制;记者亲身体验智慧食堂,近距离感受科技的力量;视频展示天津港的无人化操作,更加直观、震撼……视频好评不断,点赞过万,增强了网友对于智慧城市建设的认同感。

2020年新冠肺炎疫情暴发后,社会治理面临重大考验。"2020·指尖城市"网络主题活动展示社会治理的积极面,对于重塑民众信心、提振城市建设士气具有重要作用。媒体对于天津智慧港口、智慧小区、智慧政务等的报道深入人心,让民众实实在在感受到城市发展的脚步、社会治理的进步,感受到技术带给生活的巨大便利,从而对天津智慧城市建设与发展充满信心,这也有利于"十四五"期间天津智慧城市建设更上一层楼。

（撰文／张紫薇）

● 创作者说:

实地采访全景呈现绘出天津智慧画卷
——访天津市委网信办干部高雪纯

2020年10月27日至29日,"2020·指尖城市"主题活动采访团走进天津,18家中央和天津市新闻网站、新媒体采编骨干深入实地采访采风,全景展现天津智慧城市建设亮点特色。为了深入了解这一主题活动,笔者采访了天津市委网信办干部高雪纯。她见证了该网络主题活动的策划、实施与呈现,对笔者的问题娓娓道来。

"2020·指尖城市"网络主题活动议题由天津市委网信办策划。"采访团走进天津,多家媒体深入实地采访采风,全景展现天津加快推进智慧城市建设,通过精细化社会管理改变百姓生活的典型案例、经验做法和生动故事",高雪纯说。截至2020年11月5日,各媒体刊发原创报道150余篇,各网站转载推送1.09万次,累计阅读量破1.74亿。

生态城智慧城市平台,赋能小区智慧化管理(摄影:戴涛)

这次活动有多家媒体参与,央媒与属地媒体协同发声,传播力增强。人民网、新华网、央广网、中国青年网、中国经济网、中国新闻网、国际在线等15家中央重点新闻网站总部记者来津实地采访,从央媒视角采写原创报道50余篇,如人民网《智慧港口看天津》、中国网《天津港智慧化改造亮点多 多款无人"黑科技"助力节能降耗》等。高雪纯表示,为了使宣传拉开梯度、形成声势,天津市委网信办组织津云、天津广播新媒体、支部生活网和各中央新闻网站天津频道,以及16个区融媒体中心参与采访报道。滨海、南开等区融媒体中心分别对区内"智慧养老"守护夕阳红、互联网+健康、"云动"课堂等智慧亮点进行报道;支部生活网、"网信滨海"等推出系列抖音短视频作品。"这些作品进一步丰富天津智慧维度,多方面展现了'指尖城市'建设成果。"高雪纯表示。

此次活动不仅收获网友好评,而且获得了央媒认可。中国新闻网记者张楷欣表示："科技是为了让人们的生活变得更好，天津之行让我们感受到这个城市朝气蓬勃。"央视网记者田宏表示，天津大力整合"津心办""津治通"，从社会基层治理层面关注市民生活方方面面，切实打通"城市末梢"，让百姓生活更有获得感。高雪纯说，通过三天集中采访，央媒记者对天津智慧城市建设发展的创新做法和积极成效给予了高度评价。活动展现了"天津智港"成果，让大家感受到智慧城市脉动，取得了良好传播效果。

（撰文 / 张紫薇）

● **专家点评：**

以科技传播加强网络内容建设

新媒体时代是一个凸显技术生产力的数字智慧时代，各类与政务办公、商务来往、居民生活等社会场景相关的技术应用软件不断推陈出新，数字社会已经形成。不掌握这些数字技术应用，不熟悉数字

天津港的无人驾驶车（津云新媒体提供）

社会的特征与运行，将会在数字时代落伍。故而，主流媒体应以科技传播加强网络内容建设，用新媒体技术手段推出导向正确、形式丰富、服务性强的新闻产品，满足

人民群众对新闻日益增长的需求,提高人民科学文化素质,促进人民的全面发展。

"2020·指尖城市"网络主题活动就是这样的一次成功尝试,通过文字、图片、视频等将数字时代的智慧城市建设呈现给受众,拓宽了人们的科技视野,提高了人民对于数字社会的适应能力。

第一,打造网络传播力强的新概念、新范畴、新表述。习近平总书记强调,着力打造融通中外的新概念、新范畴、新表述,讲好中国故事,传播好中国声音。这一理论创新应用在主流媒体加强新闻传播的工作场域,就是打造网络传播力强的新概念、新范畴、新表述,讲好中国的科技故事,传播好中国的科技声音,提高中国的科技文化软实力。"2020·指尖城市"主题活动聚焦智慧城市建设,打造了一系列新概念、新范畴、新表述,向网民传播新媒体时代城市建设日新月异的变化。在"指尖城市"这一新概念下,津云新媒体在报道时推出了"智慧治理、智慧政务、智慧民生、智慧法院、智慧产业"五大范畴,让"指尖城市"的抽象概念有了具体框架,框架要素围绕推进国家治理体系和治理能力现代化的中心任务,让"指尖城市"的报道主题集中,营造了科技赋能城市建设的正能量网上舆论氛围。在新表述中,"聪明"的国家会展中心、"云开庭""零耗能小屋""工业医院"等语言表述,或者用拟人的手法、或者用新技术时髦术语、或者突出新技术的高性能和用途,给读者耳目一新的阅读体验,加深了对于智慧城市的认知。

第二,发挥事实胜于雄辩的逻辑说服力。通过智慧城市的新闻传播,宣传推进国家治理体系和治理能力现代化的治国理政新理念,必须立足新闻传播规律,选择典型事实,用代表社会发展新趋势的新事物作为新闻眼,充分发挥事实胜于雄辩的逻辑说服力,在网络舆论场传播中国智慧,塑造崇尚科学创新、为人民服务的大国形象。"2020·指尖城市"网络主题活动在打造一系列新概念新范畴新表述之外,选择了在智慧城市建设中突出的新闻事实,以事实的力量说明智慧城市的优点和价值。比如,一篇报道中提到:"我们在小区出入口处安装了无接触测温通道,可以自动检测体温,一旦发现疑似发热人员,设备会自动进行报警并记录相关数据。"这一段关于"智慧小区"的细节事实生动说明了在应对新冠肺炎疫情危机中,智慧城市对于人民群众生命安全的突出作用,从而让网民在新闻阅读中认同智慧城市建设的国家战略。

第三,以切实的科技获得感增强新闻传播的共鸣。习近平总书记指出,要让人民群众有更多获得感。这一话语不仅是治国理政的指导思想,也是新闻传播工作应该遵循的准则。主流媒体反映人民群众对于美好生活的向往,报道党和政府通过科学决策和勇于创新给人民群众带来的新生活、新福利等获得感,增强新闻报道与社会心理的接近性,便能让人民群众产生共鸣。"2020·指尖城市"网络主题活动在科技获得感上下足了功夫,尤其是"智慧医疗"等惠民便民的民生新闻内容,在当下的新冠肺炎疫情世界性难题大背景下,凸显了强大的祖国对人民的关爱,突出了各地政府在新技术浪潮中提升政务创新能力、更好服务人民群众的崇高追求。主流媒体基于党和政府给人民群众带来更多科技获得感的新鲜事实,在网络舆论场进行主动引导,能够引发赞同式共鸣的舆论效应。

（撰文 / 刘祥平）

● 思考与启示:

主流媒体应重视报道的有用性

把满足需求同提高素养结合起来,这是网络舆论引导应遵循的方针。主流媒体应突出新闻报道的有用性,使人民群众在接受新闻信息后,能够获得对世界新变化的认识,更新自身的知识结构,增益生活问题的解决。"2020·指尖城市"网络主题活动给今后主流媒体新闻宣传工作的启示就是,要把满足人民需求同提高科学素养进行有机结合。

一是增强关于科技进步和城市发展的新闻敏感性。媒体记者要关注数字技术在政治、经济、文化等领域的新应用进展,挖掘互联网时代社会的形态重构和对人民群众生活的改变机制,第一时间发现代表数字社会新发展成就的新鲜事实,向读者展示科技进步和城市发展的良性互动,充分实现新闻报道监测环境的基本功能。

二是通过舆论引导把公众培养为数字人。在当下的互联网时代,缺乏基本的数字技术知识和应用能力,会给工作和生活带来很大的干扰。主流媒体应通过科技新闻向公众传播数字社会的运行机制、数字技术的重要性和数字技术应用技巧,满足公众对于数字科技新闻的需求,让公众树立数字社会理念,增强运用数字技术改善生活、创新工作的意识和能力。

三是加大全社会科学文化精神的培育和实践。科技强则国家强,让科学文化精神在全社会得以弘扬,对于抑制娱乐至死的萎靡之音、振兴崇尚真理与创新的正能量舆论有着重大意义。提高讲好科学故事、传播科学声音的质量和水平,讲好充满力度、具有深度、散发温度的中国故事,吸引人民群众进入情境,接受科技与社会发展的逻辑力量,有助于形成学好科技、用好科技、创新科技的正确信念。

（撰文／刘祥平）

微信扫码看详情

22 短评《"硬刚"奥密克戎，天津感谢有你！》

 短评原文：

很多人可能没有注意到，2022 年 1 月 8 日是津城新增本土阳性病例最多的一天——单日新增 20 例，超过了国内疫情最猛烈时期的 2020 年的春天。更让人难以释怀的是，这 20 例阳性病例中，有 15 例是孩子……

8 日夜，基因测序显示，此轮疫情为奥密克戎！虽然不是奥密克戎引发的境内首个病例，但起步如此凶猛，发现时已出现社区传播——诚如网友所说，天津在不觉中成为了全国乃至全世界，首个要"硬刚"奥密克戎的城市！

市委、市政府深夜开会作出部署，并决定立即启动全市全员核酸检测。而这距离 9 日晨 7 时在津南、西青、东丽、南开 4 个区拉开检测帷幕已不足 4 小时……

这是一场突然发起、许胜不许败的战斗！这是一场需要

长海报（设计：王聪、董琳晶；摄影：马成、蒲永河、戴涛、吴涛）

全市父老乡亲勠力同心、咬碎牙也要拿下的战斗！

感谢你，所有闻令而动、星夜出征的人。你们中，有的已经在自己的岗位上连续奋战了十几个甚至几十个小时，接到电话要求在一小时内转战数十千米外的"友区"，二话不说打点行囊；有的是在深夜一家多口先后接到战斗指令，甚至来不及将咿呀学语的孩子送到父母家，简单托付给邻居，夫妻俩毅然出门各自开车奔赴战场……

长海报（设计：王聪、董琳晶；摄影：马成、蒲永河、戴涛、吴涛）

感谢你，所有辛勤工作、默默坚守的人。在津南封控区，已在基层一线奔波了40多个小时的你，不断往嘴里塞着降压药，揣着速效也不肯有半步撤退；在河西体院北检测现场，在寒风细雪中一站就是9个小时的你，精心工作耐心解释，最后却因为体力不支突然晕倒，被送到医院输了两瓶液就拔掉针头偷偷重回岗位……

感谢你，所有密切配合、守望相助的人。因为有的社区组织略显仓促，因为运送检测样本的车出了小事故试剂不能及时抵达现场，我看到你在寒风中扶老携幼、互相鼓劲，有的甚至为了检测排队等候9小时没有半句怨言；夜11时，因为登记系统临时出现故障，体育中心街排队的市民一边跺脚取暖，一边打开手机全场合唱起《我和我的祖国》，昂扬的正能量在寒风中流淌……

苦，可能是一阵子；不苦，一辈子。从来就没有什么"躺赢"。感谢你，也感谢我，感谢所有在凛凛寒冬玩命坚守、勇毅前行的人，你们是最动人、最美丽的音符，你们是天津"硬刚"奥密克戎，最大的底气！

检测仍在继续，流调仍在继续，恰如爱与拼搏，仍在继续。感觉累了，你就想想封控区内，那些孩子，那些孩子们期盼的眼睛⋯⋯

兵来将挡水来土掩，战斗吧，管它什么德尔塔，什么奥密克戎！胜利，一定属于我们，属于天津！

感谢！致敬！！

（津云2022年1月10日刊发；作者罗骏）

● 创作者说：

凝聚抗疫的津城力量
——访津云新媒体副总编辑罗骏

短评《"硬刚"奥密克戎，天津感谢有你！》生动展现了面对奥密克戎来袭，天津这座城市的市民齐心协力对抗病毒的力量。为了了解该作品的创作过程，笔者采访了执笔者津云新媒体副总编辑罗骏，试图从创作背景、创作历程以及创作感受几个方面，再现疫情发生后，他是如何构思和写作的。

新冠肺炎席卷全球的这两年多来，党中央和国务院一直把人民群众的身体健康放在首位，我国一直在践行"动态清零"的科学防疫总方针，在很大程度上维护了社会和经济的正常运行，但同样面临"外来输入"的风险。2022年1月8日是天津新增病例较多的一天，同晚病毒基因序列检测显示是奥密克戎毒株，天津因此成为全国首个"硬刚"奥密克戎的城市。

谈及创作背景，罗骏说，每次病毒变异，都是对政府防疫工作和医疗救助的一个极大考验,更是对一个城市提出的难题,奥密克戎的传染性很强,但我们抗击疫情的决心更强,这需要整个城市的居民和政府之间相互理解和配合,在最短时间内阻断病毒传播。《"硬刚"奥密克戎,天津感谢有你!》想通过一些真实的细节,向所有参与疫情防控工作和配合的人们致敬,展现出疾风扫秋叶的津城力量。

生命重于泰山,疫情就是命令,防控就是责任。罗骏说:"面对突发疫情,医务工作者的首要责任是诊疗救治,而媒体则应该做好信息传递的桥梁,人民群众有困难,我们要为其发声,政府有指令,我们积极传达,任何时刻都不能忘记身上的责任。媒体的及时反应和行动,为全市步调一致、众志成城抗击疫情创造了良好的舆论氛围。"

长海报(设计:王聪、董琳晶;摄影:马成、蒲永河、戴涛、吴涛)

新闻是历史的底稿,百姓是历史的见证者。谈到《"硬刚"奥密克戎,天津感谢有你!》的创作历程,罗骏说,当时挖掘了一些现实生活中的素材,征集了抗击奥密克戎的许多新闻线索,这些为写作打下了基础。作为媒体工作者书写下一篇篇报道,放到几年后,甚至几十年后,当我们回望时,相信仍然心潮澎湃,文字背后是全市人民英勇气概的见证,同样也是津云新媒体的爱与责任。

看到这篇文章微信阅读量超 20 万次、点赞超 2800 次后,罗骏感到很开心。针对短评的意义,他讲到:"其实,这篇短评并不是独立出现的,在本轮疫情报道期间,津云新媒体积极策划、主动作为,充分发挥津云短评的网评品牌优势,适时撰写、刊发评论文章。相比于其他形式的作品,评论更能健康积极地引领疫情期间的网络舆论,有效占领互联网舆论宣传高地,给全市疫情防控工作提气。"

津云系列网评品牌,在应对舆情、宣传引导上的专业化操作流程,逐渐形成了可以借鉴的模式。从与罗骏对话当中笔者能深切感受到一位富有责任感、正义感的媒体工作者的初心和使命。针对今后媒体的报道方向,他语重心长地说道:"当前疫情防控工作进入常态化阶段,国内部分地区仍然会有零星散发病例,我们不能掉以轻心,在坚决贯彻'外防输入、内防反弹'的总体防治战略下持续关注疫情最新情况,同时要以更加积极主动的报道方式促使社会秩序恢复正常、经济发展回暖回春。媒体工作者要下到基层去,主动帮助人民群众发现问题、解决问题。在这一环节中,津云新媒体不会缺位。"

(撰文 / 邵常林)

● 专家点评:

用喜闻乐见的方式创新舆论引导

　　网络时代人人都有麦克风的技术赋权,这让网络舆论场充斥议程设置话语权的竞争,用网络热词、故事化叙事、情感呼吁等网民喜闻乐见的方式创新话语表达,吸引网民的关注、点击、阅读、点赞、评论、转发,是增强网络主流意识形态传播效果的必然选择。

　　津云的短评《"硬刚"奥密克

漫画(绘制:陈楚)

戎,天津感谢有你!》就是一篇这样的精品之作。

第一,以网络语言凸显扣人心弦的故事。网络舆论引导,要使用网言网语进行信息传播,增强信息传播的网络性,才能拉近与网民的距离,增进感情,引发共鸣。特别是网络热词,具有传播上的流行效应,容易吸引网民的关注。故而,媒体使用网络语言凸显扣人心弦的故事,能够给有料的内容为王传播加上吸睛的网络表达形式,增加信息传播的人气,形成网络舆论的集聚效应。《"硬刚"奥密克戎,天津感谢有你!》在标题使用了网络热词"硬刚",表明天津全力以赴的决心、勇气和自信,"'硬刚'奥密克戎"描绘出一个矛盾冲突的画面,即天津与感染力强的"奥密克戎"要打一场硬仗,这一网络话语构建了一个悬念和张力十足的故事,增加了标题的吸引力。在文本内容中,首尾呼应的漫画是一大亮点,文本开头部分的漫画把奥密克戎处理为一个卡通人物形象,来势汹汹,却被阻隔在一双双紧握的手连接成的保护圈之外,只得露出尴尬无奈的表情,文本结尾的漫画配发的文字"我们一定能打败奥密克戎这个大坏蛋!",由于使用了"大坏蛋"这一动画片里常出现的贬义词,让文本的情感性、趣味性得以凸显,丰富了文本内容的可读性。

第二,以多层次互动进行社会整合。媒体肩负一个重要的使命,就是通过新闻传播让社会各个阶层进行有效沟通,消除隔阂,相互理解,达成共识,从而凝心聚力,实现社会整合,集中社会资源应对风险,高效解决问题,维护社会安定发展。在奥密克戎来袭的危急时刻,《"硬刚"奥密克戎,天津感谢有你!》努力以多层次互动进行社会整合,凸显了媒体主动担负使命,以舆论引导的力量激发社会正能量。标题中的"天津感谢有你!"采用对话体,"你"是一个不特定人称,代指每一个天津市民,从而实现宏观层次的互动,呼吁每一个天津市民来"硬刚"奥密克戎。在正文中,作者通过三个主题句"感谢你,所有闻令而动、星夜出征的人";"感谢你,所有辛勤工作、默默坚守的人";"感谢你,所有密切配合、守望相助的人",叠加上下文语境和图片的人物故事,让"你"的指称得以具象化。第一个"你"指连续奋战了十几个甚至几十个小时的医生,第二个"你"指坚守基层一线的政府人员和志愿者,第三个"你"指配合工作、同舟共济的市民,这样的多层次人物互动,集中突出了团结一心抗击疫情的主题思想,起到了危急时刻社会动员的舆论力量。

第三,以孩子危机进行情感动员。经典新闻著作《〈华尔街日报〉是如何讲故事的》指出一条增加读者喜好的新闻写作规律:在新闻中写儿童。儿童既是需要成人呵护的弱势群体,又承载着人类未来的希望,所以是具有高度新闻价值的群体。在奥密克戎变异毒株造成的公共卫生事件中,孩子的安危牵动人心,因此以孩子危机进行情感动员,能够在舆论引导中形成众志成城的传播效果。《"硬刚"奥密克戎,天津感谢有你!》在开篇段落用红色字体强调,"更让人难以释怀的是,这20例阳性病例中,有15例是孩子……",在结尾指出,"感觉累了,你就想想封控区内,那些孩子,那些孩子们期盼的眼睛……"在首尾呼应中突出孩子,激发所有人为了保护孩子而抗击奥密克戎变异毒株的激情,成为凝聚网民、宣传主流价值的有效手段。

（撰文 / 刘祥平）

思考与启示:

以主动引导消除社会恐慌

奥密克戎变异毒株感染力强,有可能导致大面积人群的快速传播,这样的突发性公共卫生事件可能引发社会恐慌,一些不明真相者可能凭借对事实的揣测或者出于其他动机,在网上传播谣言,加重社会恐慌的蔓延,给党和政府的防控工作造成障碍。主流媒体必须在第一时间进行新媒体报道,引领网络舆论,用健康向上的舆论配合政府防控工作的开展。

一是落实第一时间法则的及时引导。突发性公共卫生事件从新闻价值角度而言,具有关系人民生命安全的重要性,一旦在网上传播相关信息,极易形成网络舆情,因此主流媒体必须高度关注此类事件,务必在第一时间公开事实真相、政府的有力措施等重要信息,以期消除谣言滋生的空间,迅速稳定人心。

漫画:李博婷 陈楚 海报:王聪 董琳晶

二是用高质量的新媒体报道主动引导。新媒体报道要提高质量和水平,关键在于如何创新性地运用网络传播规律,比如,从网络情绪感染机制入手,运用人类关爱孩子、尊重老人、同情并帮助陷入困境的人们等饱含爱与奉献的情感传播正能量,引领高尚的道德风尚。再如,充满矛盾冲突的故事在网络传播中容易获取高流量,主流媒体就要留心提炼新闻事实中的矛盾冲突情节,从而有效地宣传主流价值。

三是用网络语言拉近心理距离促进社会整合。网络热词能够鲜明地表达网民对于新闻人物、事实的褒贬扬抑和喜怒爱憎,主流媒体适当地运用网络热词,能够有效地唤起网民关于网络热词的情感经验,引发情感共鸣,在此基础上进行社会各阶层之间的协调沟通会事半功倍,进而实现主流媒体在重大新闻事件发生时有效进行社会整合,完成社会动员,应对社会风险,维护社会发展。

（撰文／刘祥平）

23 6000 部, 11.5 亿, 感谢您的战疫"暖力量"

 案例回顾：

2022 年初,天津成为了全国首个要"硬刚"奥密克戎的城市。疫情发生后,全市人民众志成城,防疫人员日夜坚守。冬季的天津寒风刺骨,无数医护人员、志愿者、警察 24 小时轮班制坚守。市民看在眼里疼在心里,一杯热水一句鼓励,成就了许多暖心时刻。大家心向阳光无惧疫情,携手共渡难关。

为展现全市攻坚克难迎战奥密克戎,天津市委宣传部、市委网信办、津云新媒体、市网络社会组织联合会、市短视频协会,于 2022 年 1 月 11 日起在抖音、快手短视频平台和新浪微博平台同步发起话题 # 天津"硬刚"奥密克戎 #,让生动的战疫短视频作品广泛传播。该活动充分发挥了媒体融合优势,体现了跨

微博截图

平台同频共振,通过各平台话题发布,收集作品并进行主题分类,涵盖了政务新媒体、城市自媒体、网络红人、网民发布,形成多元主体、一个主题的有爱图景。

话题一上线即登上抖音、快手、微博同城热搜首位,时常入驻全国热榜前十,引发广泛讨论。截至 2022 年 1 月 26 日,抖音话题共集纳 4000 余部作品,总点击量超 6 亿;快手话题共集纳 2000 余部作品,总点击量 3.7 亿;微博话题讨论量 3.9 万,阅读量 1.8 亿,合计有 6000 余部短视频作品,点击量、阅读量达到 11.5 亿。超级话题实现了跨平台的同频共振,为疫情防控持续注入暖"津"力量。

快手截图

这组报道还原了天津抗疫的全貌。在致敬"最可爱的人"主题中,一线人员各司其职无惧严寒与艰苦。2022 年第一场雪来临时,站得笔直的交警、跪地为小孩做核酸的医务工作者……他们的身影以作品形式再次呈现时,无不透露出海河儿女披甲而战的决心与毅力。

在"暖心时刻""以艺战役"与"隔离不隔爱"主题中体现出疫情无情人有情。历经疫情大考,任何人都非置身事外的特殊存在。各司其职、勇于奉献是一线工作者守护城市守护居民的态度,乐观、自信是广大市民隔离期间对天津"硬刚"奥密克戎最好的配合。在这三大主题勾勒了众志成城、用爱抗疫、双向奔赴的天津抗疫画卷。

而"科普时刻"主题中,报道不仅凸显了广大科普工作者灵活多样地坚定人民群众的抗疫决心,也体现出在大考面前越来越多个体参与其中,以己为中心对外传递正确抗疫观。星星之火,可以燎原,从个体到群体再到大众,坚定的信心与正确的认知是对谣言、流言最好的回击,也为抗疫形成牢不可破的保护层。

在报道展现的外国友人视角中,网络国际传播阵地第一时间集结知华友华力量。天津抗疫的决心、速度与团结让外国友人认识到天津"硬刚"奥密克戎的力量。在视频中,外国友人克服语言关用中文为天津加油,在华的外国留学生志愿者为抗疫出力等内容折射出天津对外传播声量持续壮大。

这是一次具有媒体借鉴意义的融合性报道。在内容上汇总各类主题作品,将文字、视频、动图、图片进行多元结合与高度概括,展示出天津坚毅有爱"硬刚"奥密克戎的形象。在报道形式上,充分运用了跨媒体传播优势,以内容为基础的同时饱含新意。

（撰文／康茜仪）

抖音截图

● 创作者说:

传播奇迹背后是一座城市的精神

——访天津市委网信办干部王子瑞、王韶云、仝济源

在天津,抗击奥密克戎的话题,在短短半个月之内,就有 6000 余部作品,总点击量、阅读量达 11.5 亿,这样的传播奇迹是如何发生的? 带着这样的疑问,笔者采访了参与这次活动的天津市委网信办干部王子瑞、王韶云、仝济源,他们对有关问

题进行了解答。他们认为,这次活动的成功,是因为话题契合了特殊环境下人们的心理,反映的是天津这座城市的精神。

王子瑞介绍说,"天津'硬刚'奥密克戎"发起后,无论是作品数量、质量,还是整体的传播效果,都远远超出预期,在全国都引起关注,无数媒体争相报道,其中一个重要原因是这一话题契合了天津的城市精神。

王子瑞进一步解释说,天津是我国首座出现奥密克戎疫情的特大型城市,虽有准备但各方压力都很大。为了发挥舆论宣传的力量服务抗疫,天津多部门联合,发起话题＃天津"硬刚"奥密克戎＃,这相当于搭建了一个平台,吸引广大媒体和个人在此展现自己的作品和发表看法。天津的城市精神中具有顽强不屈、乐观幽默的宝贵品质,＃天津"硬刚"奥密克戎＃这一话题,能够引起很多人的共鸣,不仅官方媒体、商业化新媒体积极参与,自媒体也上传了很多佳作。

王韶云说,天津人有一种面对困难不服输,压力越大越能拧成一股绳往前奔的劲头。在奥密克戎来袭的特殊环境下,大家处于同一环境之中,面对同样的威胁,更容易团结一心,众志成城,共克时艰。＃天津"硬刚"奥密克戎＃这一话题,为媒体和个人进行上述精神的表达提供了一个平台,而且在危机情况下,很多带有共情的感人素材和个性化表达,更容易引起人们的共鸣,这是这一话题传播速度快、传播范围广的一个重要原因。

与其他城市相比,天津的抗疫宣传有一个明显的不同之处,就是作品中拥有更多的乐观幽默。2022年1月14日,中央广播电视总台播发稿件《天津抗疫:总是带着相声味儿》,对天津市民面对疫情的幽默乐观进行了总结,文中提到"天津人用天津话在硬核抗疫中赢得'满堂彩'""天津抗疫犹如语言艺术大会"。有网友留言:"天津人都会说相声,这事儿瞒不住了。"对此,中青网、凤凰网、上观新闻等很多媒体都进行了报道。王韶云解释说:"这体现出天津城市精神的另一个方面,就是乐观幽默。"

全济源介绍说,天津是我国的曲艺之乡,曲艺、戏曲、口技、评书、杂技等历史悠久,相声、评书、单弦、梅花大鼓、西河大鼓等都是在天津兴盛发展的,很多知名艺人生于天津、长于天津、成名于天津。"在这样一座传统文化深厚的城市中,天津人的性格天然带有幽默乐观的基因,这种特质在抗疫中有所体现一点都不奇怪。"仝济源补充道。

仝济源说,面对严峻的疫情形势,天津人在奋力前行的同时,能够依旧保持着一份幽默,这是一种难得的品质。这种"津味"幽默背后,是天津人的乐观豁达。也正因为如此,当很多幽默的作品在网上传播时,才获得了外地网友的喜欢。

（撰文 / 李晨曦 谢萌）

● 专家点评:

充分发挥媒体的舆论引导功能

2022 年 1 月 8 日,抗击奥密克戎的战役首先在天津打响。突发公共卫生事件本身具有不可预测性、破坏性,极易导致群体极化、社会恐慌,给政府的社会治理带来风险和挑战。因此,准确把握新冠肺炎疫情危机传播中主流媒体的角色定位,能够化解风险舆情议题,做大做强主流舆论,让正能量更强劲、主旋律更高昂。

2022 年 1 月 11 日,天津市委宣传部、市委网信办、津云新媒体等,通过各新媒体平台账号同步发起抗击疫情专属话题,引领社会群体层面的多元互动,从而进行议程设置,及时、正确地引导网络舆论,在社交媒体平台有力增强了主流舆论的覆盖力度。

大流量澎湃正能量
——天津网络传播实践的创新与启示

　　第一,推动媒体深度融合,做大做强主流舆论。当下的舆论生态、媒体格局在互联网影响下发生了深刻变化,尤其当整个社会处于病毒侵袭的风险中,新闻舆论工作面临新的挑战和机遇。要使主流媒体具有强大的引导力和公信力,形成网上网下同心圆,就必须统筹处理好传统媒体和新兴媒体的关系,形成全媒体传播体系。由天津宣传部门和主流媒体发起的话题＃天津"硬刚"奥密克戎＃,通过抖音、快手、微博等进行跨平台互动,实现议题同频共振,充分发挥媒体融合优势,增强了主流舆论的覆盖面和宣传力。在该议题的影响下,天津抗击疫情系列报道涌现了丰富的共情内容,形成了政务新媒体、自媒体、网络红人等多元主体的联合互动,实现了个体在群体层面高频的情绪共鸣,为疫情防控提供了强大精神力量和舆论支持。

　　第二,凝合群像力量,汇聚同城气魄。媒体围绕抗疫的共同考验进行报道,对特定场景的特定人物进行集中刻画,能够为受众提供丰富的感性认知,使处于同一情境的不同个体自发地与他人产生情绪上的唤醒,形成强大的内核以凝聚抗疫力量。一方面,在疫情大考面前,医务工作者、社区工作者、公安民警、基层干部、下沉干部、志愿者这些不同的群体于星夜集结,火速出动,他们严防死守,被称为"最可爱的天津力量"。另一方面,媒体不仅用镜头语言记录抗疫工作的各类真实场景,还讲述了居民身体力行、助力一线人员防疫工作的暖心故事,这些鲜活案例建构起全力奋战、甘于奉献、守望相助的群体形象,营造了"全员披战衣"的社会舆论氛围,为凝聚津城共识添砖加瓦。

　　第三,适时调整语态,遵循"破壁思维"和"网感表达"。2020 年 2 月,习近平总书记在中央政治局常委会会议研究应对新型冠状病毒肺炎疫情工作时指出:"要加强舆情跟踪研判,主动发声、正面引导,强化融合传播和交流互动,让正能量始终充盈网络空间。"[①]天津媒体在信息发布和核心价值观宣传中,摆脱了以往说教

---

① 习近平:《论党的宣传思想工作》,北京:中央文献出版社,2020 年版,第 417 页。

式的灌输,将"天津抗疫犹如语言艺术大会""天津相声味儿抗疫太哏儿了"等趣味性话题纳入报道框架,使抗疫报道融合曲艺、街舞、流行音乐这些潮流元素,迎合青年群体的话语体系,成功建构了乐观抗疫的城市形象。由此可见,面对新的传播矩阵,主流媒体必须努力打通各个用户圈层,采用更接地气的表达形式,注重通过鲜活的案例、个性化的形态传递信息,激发青年群体以自己的方式响应宣传,形成全网合力,强化媒体的影响力、引导力。

突发公共卫生事件的网络舆情话题庞杂,新媒体平台成为抗疫工作的重要舆论阵地,主流媒体要"多管齐下",打造立体化传播格局,率先抢占舆论阵地。在内容生产逻辑上,媒体必须在主流与市场之间寻找平衡,将年轻化话语纳入议程设置,重视网络用户的价值诉求,其中基于个体叙事、群体画像的原创报道与贴近人心的特色内容产品,是凝聚人心、引导舆情的核心着力点,它们对引导公共舆论、提高正面宣传质量和水平,具有极大的启示意义。

(撰文／李思敏　韩文婷)

● 思考与启示:

筑牢抗疫力量同心圆

在突发公共卫生事件中,媒体应坚守责任,发挥疫情防控的舆论引导功能,坚持正面宣传、传递人间大爱、汇聚强大能量。疫情面前,需要宣传工作者充分认识到舆论引导对于疫情防控总体战的重要性,充分认识到疫情防控工作的艰巨性和复杂性,构建政府和社会公众的理性对话机制,增强主流声音的覆盖力,牢牢掌握舆论主动权,统合线上线下抗疫力量。

一、要敢于引导、善于引导,建立"贴近人心"的理性对话机制。中国人民大学教授胡百精认为,在危机事件中,无论是事实层面的事态应对与损害控制,还是价值层面的道德救赎与意义重构,皆仰赖于多元主体的对话、讨论和协商。要使积极、正确的思想舆论不断发展壮大,就必须用一种鲜活的方式为更多年轻用户提供真实客观、观点鲜明的内容。因此,媒体不仅要关注舆情热点,积极回应社会关切,使多元主体共同聚焦于摆脱危机的建设性话语,还要建立"贴近人心"的对话机制,将更多青年话语与诉求纳入议程设置,打通各个用户圈层,助力线上宣传,以形成线上线下的抗疫共同体。

二、要借助媒体融合之势,打造舆论引导的"强磁场"。一方面要使多个媒体密切配合,着力打造全媒体传播矩阵,率先抢占舆论阵地,使疫情新闻既有速度,更有温度;既有高屋建瓴,更有真切朴实。另一方面要建立多元话语体系,采用更接地气的表达形式,找准舆论引导的着力点,注重通过鲜活案例、个性化语态,激发青年群体以自己的方式响应宣传,营造全民抗疫的舆论氛围,为疫情防控做好舆论引导。

三、要聚焦典型宣传,生产有温度的共情内容。漫画、图文、音视频等多元化信息使抗疫报道更立体,其中的原创新闻、特色内容产品,是凝聚人心、引导舆情的核心着力点。这些融媒产品聚焦典型宣传,既寻求硬新闻的软着陆,又积极构建热点内容的传播路径,有助于凝心聚魂,将讴歌抗疫英雄、礼赞抗疫事迹的报道转化为人民群众抗击疫情的强大精神力量。

（撰文/李思敏）

微信扫码看详情

24 "千问千寻大运河"（天津段）网络主题活动

● **案例回顾：**

为进一步促进天津地区大运河文化保护传承,展示天津经济社会发展成果,天津市委网信办、市发展改革委在中央网信办网络传播局的指导下,主办了"千问千寻大运河"（天津段）网络主题报道活动,从 2021 年 12 月 23 日起用连续 1 周的时间,在津云新媒体平台上推出了相关专题报道。该专题报道主要围绕着运河沿岸的文化、生态和旅游三个主要方面展开,灵活运用文字、视频、图片以及手绘长图等丰富的融媒体表现形式,发布了共 30 余篇深度报道与独家原创融媒体产品,立体化、全景式地呈现了丰富多彩且具有天津特色的运河文化。

如今的三岔河口（摄影：劳韵菲）

"九河下梢天津卫,三道

浮桥两道关。"作为一座依水而兴的城市,大运河之于天津有着极为重要的意义。千年运河水在津沽大地上穿行而过,流经静海、西青、武清等 7 个区,沿岸运河儿女繁衍生息,数辈英雄人物在此出生成长,更有数不胜数的优秀文化遗产代代积淀传承,形成了天津独特的运河文化与地域特色。专题报道记者奔赴运河在天津市流经的七个区,深入挖掘呈现了当地的特色运河文化以及运河故事,也带领读者领略了运河美景。

小切口,大图景,是这一主题活动的突出特色。报道用切实可感的具体事物与故事,生动鲜活地表达出宏大的主题。如在《行走运河两岸,看天津市静海"非遗""惊艳满满"》《运河畔的南开"非遗":手艺道上的传承人》等 5 篇报道中,选取像独流老醋、静安高跷、"泥人张"等极具天津地方特色的代表性"非遗"项目作为报道的切入点,全面呈现出天津运河两岸地区的"非遗"传承发展与文化振兴取得的硕果。而立足于运河两岸的历史人文故事,则为报道平添了浓厚的历史文化底蕴。从三岔河口、觉悟社、意风街到霍元甲、杨连弟;从三条石、福聚兴再到静海站……报道中对运河两岸历史记忆的追溯,折射出了大运河见证的时代变迁。除此之外,《运河畔的乡村振兴之问 小高庄村这样回答》《300 年前来到天津 运河馈赠的"致富经"》等 4 篇报道则呈现出了如今运河两岸的经济发展,乡村振兴、高新产业发展为千年大运河畔注入了新的活力。

在这一专题报道中,既可以看到静海区令人惊艳的"非遗"保护成果与乡村振兴的华丽转型,也可以感受到西青区古往今来与运河深深的关系以及如今卓著的经济发展成果;既能看到红桥区深厚的天津市民文化与近代天津的发展成长史,也能触摸到河北区百年中西文化碰撞交汇的激荡脉搏;既能看到北辰区乡土情谊与英雄本色的精神赓续,也能领略武清区"竹马会"与静安高跷的技艺传承……以故事讲述文化,以文化承载故事,报道内容将天津儿女与运河之间难分难舍的血脉联系展现得淋漓尽致。

优秀的文化不仅需要传承,更需要持续地发扬与创新。从曾经的经济动脉到如今的文化血脉,千年大运河目睹城市的兴衰浮沉,如今运河两岸也焕发出全新的生机。在专题报道的"聚焦"一栏中,津云联合各区融媒体制作短视频与长图,以可视化的方式生动真实地描绘出运河两岸的绿色生态,展现了新时代高质量发展的天津答卷。如《一起来看,这幅运河画卷》以手绘长图的方式,向读者描画了美丽运河的静海风情;《大运河边的四季》《美翻了!这里是北运河》则运用视频,带读者领略运河两岸美丽的自然风光。

另外,专题报道中记者手记的内容也让报道更加完整深入,富有人情味儿。一线采访记者在报道过程中心路历程与真实感受的袒露,很好地帮助读者从个人化视角感受运河文化,感知天津运河两岸的发展变化,这无疑是正式报道部分的有益补充。

（撰文／吴潇）

● 创作者说:

讲好千年大运河的津门故事

——访天津市委网信办干部柳青、李鑫录

"千问千寻大运河"(天津段)网络主题活动的成功离不开背后的组织策划与报道团队的通力合作。为了全面了解此次报道活动,笔者采访了参与此次报道活动策划组织的天津市委网信办干部柳青和李鑫录。在采访过程中,她们就此次网络主

题活动的策划组织过程、宣传重点以及产品创新三个方面向笔者进行了介绍。

北辰区运河乡情馆（照片为津云新媒体提供）

千年运河水在津沽大地上穿行而过，流经静海、西青、武清等七个区，同时也形成了天津独特的运河文化与地域特色。利用好各区的资源优势，进而讲好千年大运河的津门故事，就变得至关重要。柳青介绍，此次网络主题活动采用了"津云＋运河沿线七区融媒体中心"的合作模式，并依托这一模式设计出"1＋7"的宣传方案。在后期的宣传发布阶段，则强调了活动专题专栏呈现以及稿件发布等工作，同时结合媒体矩阵进行多渠道宣推，在活动进程中注重与读者用户的互动。

除此之外，在报道整体内容选择上，天津市委网信办也下足了功夫。柳青说，这一次的报道内容聚焦于"情"字，主要选择了大运河文化带建设成就、大运河两岸生态保护、大运河跨区域高质量合作发展，以及大运河历史人物和人物故事四个方面内容作为此次活动的宣传重点。柳青说："我们希望能够通过这四个角度以及相应小切口的故事讲述，对运河文化进行全面、深度的挖掘，多维度、多侧面地彰显出天津地区的运河文化精神传承，给人们带来更多思想上的共鸣与启迪，以强大的精神情感力量打动人心。"值得一提的是，考虑到普通报道视角相对单一化的问题，这次活动也增加了"记者手记"的内容。柳青表示，亲临现场者的角度能帮助大家深入幕后，让报道整体更加鲜活有个性，更好展示问寻大运河后的思考，生动阐释出大运河文化如何历经千年依旧魅力不减。

随着传播的渠道方法越来越丰富，主流媒体的宣传工作面临着新挑战。李鑫录说，天津市委网信办将媒体融合这一思路贯穿此次活动始终，引导媒体综合运用图文、图解、视频、短视频、航拍、VR 等多种形式,有计划有重点地开展采访报道。各级融媒体中心都制作了视频产品,着重强调短、实、新,以风格突出的优质内容为网友们带来良好视觉体验,使大家可以领略运河的自然风光和历史人文底蕴。"除了视频,我们在活动刚开始时还推出了由津云和静海融媒体中心联合制作的《一起来看,这幅运河画卷》漫画长图产品,西南运河两岸的古与今在画中相遇交织,更加生动直观。另外,交互性、实时性更强的直播我们也进行了运用,像红桥区、北辰区融媒体中心的网络直播,就直观地展示了运河沿线人文、生态和发展之美,直播过程中与网友们的直接互动,取得了不错的传播效果。"李鑫录说。

"千问千寻大运河"(天津段)网络主题活动不仅提供了一个成功的融媒体报道的案例,也是一个值得借鉴的大型网络宣传活动组织模板。在看到活动上线取得良好社会反响后,李鑫录说:"千问千寻只是一个开始,希望这次活动能够成为一个契机,让大运河的文化血脉得到延续,助力运河两岸的繁荣发展。"

(撰文/吴潇)

● 专家点评:

在影像光彩中实现自然与人文的交融

2021 年 12 月,"千问千寻大运河"(天津段)网络主题活动燃情上线。此次主题活动是为了深入贯彻落实习近平总书记关于大运河保护重要指示精神,聚焦大运河历史文化保护和传承,展现新时代大运河的新风貌。活动采用视频、图文采访的报道形式,深入基层和文化遗产保护一线,讲述了大运河生态治理和运河两岸乡村振兴的奋斗故事。

第一,镜头与心灵的同频共振。 视听语言的传播效果在于镜头与心灵产生同频共振,让人们在视觉的冲击和享受中产生心灵的共鸣和思想的感悟。例如,在津云新媒体与静海融媒制作的作品中,使用了现代智能化的拍摄方式,专题报道中的航拍视频画幅宽阔、场景壮观、镜头动感,以全景视角带领观众"走进"现场观赏了静海生态文明建设的全貌,在沉浸感十足的场景中让运河景观、生态走廊尽收眼底,给观众以震撼心灵的视觉感受。专题报道中团泊湿地,百鸟云集,天光云影等镜头成为展现人与自然和谐相处的最佳视角,配以对相关负责人的深度访谈,形象而深刻地阐释了在落实中央和天津要求中的静海作为。镜头的出彩点还体现在它贴近群众和生活,一张朴实的肖像,不一定拥有过多的技法和渲染,却将记录的初心深刻在里面。从更广义的视角看,记者的眼睛也是观察的镜头,用脚采访、用笔还原,文字中流淌出的乡村振兴和生态建设道路上的动人细节最有价值。报道中,图文安排巧妙,文字逻辑、视频长短、图片大小都恰到好处,在激发读者阅读兴趣的同时,也将读者的心带回到那个运河波涛泛起的场面。

第二,宏大与细微的热情拥抱。 民生无小事,枝叶总关情。民生就是最大的政治,大运河承载的不只是时间河流中驶过的千舟百舸,更是两岸数以万计的居民生计与历久弥新的运河文化。在宏观层面,专题报道聚焦大运河的历史变迁与生态文明,于大时代、大时空的格局下提升报道的规格,力求高屋建瓴;在微观层面,专题报道将目光聚焦到运河边居民生活的变化与改善,聚焦到基层一线的治理实践与普通百姓生活的一点一滴,力求具体鲜活。在宏大叙述与微观视角的结合中,报道于运河沿岸寻找最佳对象与切入角度。在此报道理念下,乡村振兴的小高庄村答案,百年车站和千年古城的邂逅,两岸亮眼的"非遗"项目,在传统文化与当代潮流之间找到了平衡。报道展开过程中,记者带着炽热情感去采访、去创作,在宏观与微观的结合上,在人与自然的和谐上,找到了天津答卷。这是历史与现代的融合,也是人与自然的融合。

第三,人文与自然的交相辉映。一条大河流不出文明,千年民生才能塑造文脉。专题报道始终将"人"作为表达的重点与核心,将大运河的自然风光放在人文的底色上进行呈现,使运河两岸的自然景观与运河文化、运河文明交相辉映、熠熠闪光。报道中,整个专题始终是两条线并行:既要让观众看到大运河的治理成效显著,向人们生动展示"九曲运河傍杨柳"的新时代运河沿岸风貌;又要讲述大运河边的故事与人,解读悠久而又簇新的运河文化,解读习近平总书记关于大运河治理的指示精神。大运河的风景如画是因为生态文明才更加壮美,大运河的生态文明集中体现在人民幸福感的获得上。人文与自然的贯通交融,是此次报道取得巨大反响的重要因素。

(撰文 / 李劲强)

● 思考与启示:

书写"大时代"里的"小史诗"

2019年1月25日,中共中央政治局把第十二次集体学习的"课堂"设在了媒体融合发展的第一线,习近平总书记指出,要运用信息革命成果,推动媒体融合向纵深发展,做大做强主流舆论,巩固全党全国人民团结奋斗的共同思想基础,为实现"两个一百年"奋斗目标、实现中华民族伟大复兴的中国梦提供强大精神力量和舆论支持。"千问千寻大运河"（天津段）专题报道是利用互联网报道传统文化新时代内涵的一次成功探索，有很大的启示意义。

一、**当代记者需要熟练运用新媒体工具进行报道。**视频制作、后期特效、融媒体视觉呈现等都已经成为常规技能，只有掌握这些能力，报道的传播效果才能迅速地从点扩展至面，从传统媒体扩展到移动互联空间。只有依托新媒体工具，报道才能满足新时代受众的需求，兼具及时性、视觉化和互动性的优势，获得更多关注。从场景传播的理论看，在互联网报道中需要通过视频、图片、影视特效等手段，尽可能地还原现实场景，让观众在场景传播带来的沉浸感中获得最真实的体验。而新媒介技术就是场景传播的技术架构。

二、**在报道选材上，要弘扬正确的价值观和正能量。**互联网报道应按照习近平总书记指示的"做大做强主流舆论"，根据社会主义核心价值观选择报道目标。在专题报道中，记者们以拥有千年历史的大运河文化为报道主体，选取多个侧面来展示新时代背景下的大运河两岸民生风貌、文化现象、治理思路，绘制了一幅和谐、美丽的自然画卷与壮美篇章。

三、**对于专题报道来说，挖掘本质内涵是考验记者报道能力的核心环节。**吸引人、产生重大影响的报道大都是秉持"在大时代里写小史诗"的创作思路，从顶层设计出发，把握中心任务，贴近泥土，贴近生活，报道最鲜活的对象。记者需要具有宏观视角，明确题材背后的宏大叙事，通过作品反映这个伟大的时代，同时又需要具有民生视角，把人作为新闻的核心，挖掘、讲好主题背后的故事，从故事中提取时代精神和价值，从细微处讲好生动的小史诗。

（撰文/李劲强）

微信扫码看详情

"津典城市故事"网络主题活动
暨《遇见天津》融媒体城市推介书

● **案例回顾：**

　　为庆祝天津 617 岁生日，2021 年 12 月 23 日，"津典城市故事"网络主题宣传成果展示暨《遇见天津》融媒体城市推介书首发式在天津市委网信办举行。这一活动是由天津市委网信办指导，天津市短视频协会主办，天津出版传媒集团支持的。

　　作为生动展现天津深厚历史文化底蕴和日新月异城市发展成果的重点网络主题宣传活动，"津典城市故事"由 50 集短视频和一本融媒体城市推介书组成。从海棠依旧的周恩来邓颖超纪念馆到流淌红色血脉的中共中央北方局旧址，从"十年饮冰，难凉热血"的梁启超饮冰室到百年沧桑的北洋学堂，从不老风景的杨柳青年画到"非遗"传承的古彩戏法，从委婉华丽动人心的京韵大鼓到"熠熠生金"的天津金融博物馆，从体现万国风情的五大道小洋楼到全球会展新高地的国家（天津）会展中心……"津典城市故事"的拍摄足迹遍布天津 16 个行政区的 50 个具有代表性的地标点位，拍摄了超过 3000 个创意镜头，最终制作出 50 部精品短视频，展现出不同故事情节里的城市样貌。

此次活动突出创新融媒表达形式,一本可听、可看、可感的《遇见天津》融媒体城市推介书献礼津城,编著单位天津市委网信办会同文化领域专家、学者,以内设二维码可观看短视频结合图文阅读的形式,记载了历史遗存与现代经典——津门之景间看遗迹,民族之光中看奋起,科教之声里看积淀,商埠之韵内看繁华,"非遗"之花上看民风……50部作品用独特的视角、新颖的组合、优美的文字、传神的图片将天津历史的厚重感生动直观地呈现给读者,同时也凸显了天津开放、多元、包容的品格与胸怀。

在津城生日当天,在天津市委网信办指导下,新浪天津携手全国各地微博知名博主,发起#讲津典故事为天津庆生#微博话题,倾心助力系列短视频爆发式传播,阅读量突破"1500万+",讨论量突破"4000+",同时登上微博同城热搜榜,位居第四。自2021年5月23日首播以来,经百度、抖音、新浪微博、快手、今日头条、知乎、网易新闻、搜狐新闻等网络平台连续展播后,年底累计播放量已达600万次。

天津市委网信办还设置了"云"上庆生环节,身在世界各地的天津人通过网上连线为家乡送上"云祝福"。身处德国、加拿大、美国学习工作生活的天津人,通过现场大屏寄托远隔万里的思乡之情,讲述着他们邂逅"津典城市故事"的温暖,传递着悠悠乡愁。相声大师马三

项目简介

2021年天津市短视频协会在市委网信办、市教育两委、团市委指导下,打造"津典城市故事"IP,推出系列短视频作品、融媒体推介书,组织开展主题活动,做好网络

◆ **4月-11月** 主题短视频拍摄

◆ **12月23日** 致敬天津建卫筑城617岁 融媒体推介书《遇见天津》

2022 项目

天津短视频协会网页截图

立的嫡孙马小川和京韵大鼓表演艺术家骆玉笙的嫡孙女骆巍巍,分别以"津典城市故事"讲述人和参演嘉宾的身份,创新表演了京韵大鼓说唱版《虎年"唱"虎》,让现场观众感受到曲艺世家的风采底蕴,营造出带有极强天津元素的庆生氛围。

津典城市的故事将会被一直记录和传承下去。2022年津典城市故事第二季即将启动,拟策划推出2022系列短视频作品,并推出继2021年《遇见天津》后的第二本融媒体城市推介书《感知天津》,开设"津典好片""津典好戏""津典好景""津典好食""津典好物"5项内容展示专区,统筹组织新浪微博、今日头条、抖音、快手、知乎等新媒体平台设立活动专题,进一步提升城市魅力的有效性和精准度,打造"占屏、占声、占网、占量"城市级的网宣品牌,呈现一个有深度、有内涵,可玩、可感的融媒体城市推介书。

(撰文 / 初艳莉)

● 创作者说:

对天津城市魅力的真实讲述
——天津市短视频协会秘书长刘薇、干部周得华

"津典城市故事"由50集短视频和一本融媒体城市推介书组成。为了深入细致地了解"津典城市故事"网络主题活动以及《遇见天津》融媒体城市推介书,笔者采访了天津市短视频协会秘书长刘薇、干部周得华,他们热情地向笔者介绍了"津典城市故事"以及《遇见天津》的策划和创作情况。

《遇见天津》融媒体城市推介书将短视频中的精华进行了延展叙述,每篇文字都配有图片和二维码,扫描二维码即可看到精彩的短视频。针对推介书的创作构思及传播策略,刘薇分享了她的想法。

她说道:"出书一定要保证书的文字和内容好看、耐看,可读性强,要主题鲜明,具有社会教育意义。该书注重创新创意,内容上强化故事思维,努力用细节抓人,用情感人,以提升网上宣传的亲和力、感染力。然后要强化精准发力,主打可视化、互动化,在嵌入式、融入式、渗入式上下功夫,在传播上广泛引入新平台新技术,注重发挥商业网站平台优势。"

"津典城市故事"的拍摄足迹遍布天津 16 个行政区的 50 个具有代表性的地标点位,拍摄了超过 3000 个创意镜头,真实有效地将津城文化与中华传统文化深入挖掘。提及拍摄地点,周得华说:"本次拍摄的点位选址,目的在于回味经典、谱写新篇。以叙事聚焦、内容暖心、文案走心、剪辑用心为创作宗旨,展现天津的文化底蕴、温度与情怀,打造'津味'短视频新爆款。"

周得华介绍说,点位拍摄的第一部分内容为中华传统文化,在天津京剧院、天津评剧院、天津曲艺团、天津杨柳青画社等地进行拍摄。摄制团队拍摄出了历史悠久、仪式感十足的传统文化场面。点位拍摄的第二部分内容为革命文化,在周邓纪念馆、天津觉悟社、李叔同故居、中共北方局旧址等地展开拍摄。摄制团队紧扣建党 100 周年这一重大节点,倾情讴歌中华民族实现伟大复兴的奋斗历程,颂扬中国共产党人在天津的红色革命故事。点位拍摄的第三部分为社会主义先进文化,这也是该活动中极具特色、重点策划、突破创新的重要篇章。从曾经的北洋学堂到当代的天津立体教育体系,从过去的北洋海军到如今的东疆港邮轮母港,从当年的新中国第一台电视机到今天的蛟龙号监视器,都得到一一展现。摄制团队通过技术手段,使相声大师马三立的原声重现,通过隔空对话形式邀请杨少华、杨议、冯巩、孟广禄、胡可瑜等知名艺人,讲述天津的"前世"与"今生",将天津的百年沧桑以短视频故事的形式娓娓道来。

（撰文／初艳莉）

● 专家点评：

以融媒体形式展现天津城市记忆

"津典城市故事"网络主题活动开展后，在网络上掀起"天津热"，关于天津的很多话题都成为焦点，引发广大网民的热烈讨论，这对于宣传天津的城市形象、展现天津的城市魅力发挥了积极作用。融媒体城市推介书《遇见天津》的出版，更是将活动推向高潮，这样的一本具有创新特点的推介书，让人耳目一新，成为给天津这座城市庆生的珍贵礼物。"津典城市故事"是一次具有创新性、传播效果佳的网络主题活动。

首先，采用短视频进行报道，具有可视化和社交化的优势。可视化的产品更容易赢得受众青睐。随着网络媒体的发展，现在的受众逐渐形成新的接受信息习惯——简单说，就是有照

2021年12月23日，《遇见天津》融媒体城市推介书发布
（照片为天津市委网信办提供）

片不看文字，有视频不看照片。由于具有可视化特征的信息产品，能够更直观地表

现信息内容，让受众一目了然，可视化已经成为信息传播的一个重要趋势。"津典城市故事"网络主题活动拍摄了50集短视频，展现了天津的城市魅力。

社交化是当前信息传播的重要特点。随着社交媒体的逐步成熟，受众在接受信息时呈现出明显的社交化特点。很多人获取信息的途径不是通过专业媒体，而是通过微信朋友圈、微博、QQ等社交工具。而且，当受众看到他们认为有价值的信息后，不再像过去那样向他人转述，而是通过评论和转发来表达自己的意见。此次主题活动通过短视频进行报道，很多产品产生多次传播，把效能发挥到最大化。

其次，形式新颖，体现出碎片化和系统化的结合。融媒体城市推介书《遇见天津》深耕内容与形式创新、塑造城市网络文化品牌，做到了媒体融合向纵深发展的有效展示，是打造"网红"津城的生动实践。此次网络主题活动取得非常好的传播效果，其中一个重要原因就是短长结合，即采用短视频进行网络传播，同时又将相关报道转化成文字、图片和二维码结集出版。这种方式能够覆盖更多受众，有利于将天津的城市魅力、城市记忆广泛传播。

"津典城市故事"在网络传播中适应了碎片化的传播趋势。随着生活节奏的加快，零散时间增多，接受信息倾向于碎片化，在等人、等车时，都可能观看碎片化信息。"津典故事 为城庆生"拍摄的短视频一般只有几分钟，但内容丰富，非常适应现代人的媒体偏好，可以"见缝插针"，有效提升传播效果。

城市推介书《遇见天津》还具有系统化的特点。这部书经过严格挑选，将天津的精彩故事分为"津门之景""民族之光""科教之声""商埠之韵""'非遗'之花"五部分，有助于读者对天津有整体的了解。

最后，利用多种传播渠道，实现立体化传播。这部推介书是根据短视频的相关内容编写，以文字图片和二维码为主要内容，实现了线上和线下结合。只要扫描二维码，就能观看相关短视频，听天津故事，看故事中的天津样貌。文字图片与短视频的结合,能够适合更多受众的需求,比较适合当前信息的碎片化传播,但书籍更适合深度阅读,二者结合能够满足多种用户需求。

在传播上广泛引入新平台新技术,注重发挥商业网站平台优势,和抖音、快手短视频平台,知乎问答社区,微博、微信社交平台等合作,进一步提升了传播有效性和精准度。而且,该活动着力加强网上国际传播,提升网络空间话语权,借助"未来电视"等平台,让好内容成功"出海",以庆祝中国共产党成立100周年为契机,用国际化叙事风格,向国际社会讲述了天津故事,传播了中国声音。

(撰文 / 张洪伟)

● 思考与启示:

主题宣传要善于讲故事

"津典城市故事"网络主题活动之所以取得很好的传播效果,除了作品形式、传播渠道等方面的优势外,还有一个重要特点,那就是擅长讲故事。央视主持人白岩松在《白说》一书中曾说:"大家平时一听到'主旋律'这三个字就头疼,话题太大! 如果把大话题转化成故事、再引入一些细节呢?"[1]讲故事是主题宣传提升传播效果的一个重要手段。

一、主题宣传讲故事要讲出价值观。价值观是新闻作品的"精气神",是讲故

---

① 白岩松:《白说》,长沙:长江文艺出版社,2015年版,第124页。

事不可或缺的要素。有人一听到价值观就认为是思想灌输，其实这是误解。习近平总书记说："不要为讲故事而讲故事，要把'道'贯通于故事之中"①，价值观就属于"道"的范畴。让人一看就是思想灌输，是讲述水平不够高。优秀的新闻作品，明明是在讲价值观，但让人感到很自然，在不知不觉中受到影响。"津典城市故事"网络主题活动特别注意讲故事，很多短视频都是以故事作为重要内容，让人看完之后印象深刻。

二、主题宣传讲故事要讲出时代感。此次网络主题活动，讲的是天津的故事，但是联系党和国家的路线方针政策，具有时代精神，是在这些大背景下选择的故事内容。该活动深入落实习近平总书记"四个自信"中关于"文化自信"的重要论述，聚焦中华优秀传统文化、革命文化、社会主义先进文化，结合天津城市的历史传承、区域文化、时代要求，使用短视频与名人隔空对话，再现了天津历史底蕴。

三、主题宣传讲故事要了解受众心理。现在，受众获取信息的途径非常多，能够看到、听到的故事也非常多，因此，主题宣传讲故事，重要的不是想讲什么，而是受众想听什么。了解受众心理，按照受众的需求讲故事，才能够被接受和传播。"津典城市故事"对讲述内容严格要求，选择受众喜欢的故事来讲，体现出对受众心理的了解。

（撰文 / 张洪伟）

---

① 中共中央文献研究室：《习近平关于社会主义文化建设论述摘编》，北京：中央文献出版社，2017 年版，第 213 页。

26 "四海声评"网络评论大赛暨 2021 年"津玉良言"阳光跟帖行动

● **案例回顾：**

2021 年 2 月 22 日,由天津市委网信办主办、津云新媒体承办的第三届"四海声评"网络评论大赛和 2021 年"津玉良言"阳光跟帖行动正式启动。此次活动以贯彻落实习近平新时代中国特色社会主义思想特别是习近平总书记关于网络强国的重要思想为宗旨,以庆祝建党 100 周年为主线,以社会主义核心价值观为准则,深入推动"中国好网民"工程和互联网公益事业在天津落地生根、开花结果。

活动一经发布便吸引广大网评爱好者踊跃参与并贡献了众多视角独特、观点犀

北方网网页截图

利、文采斐然的网红作品。赛程历时 9 个月,共设置包括中国共产党成立 100 周年、十九届六中全会、党史学习教育、2021 年全国两会、抗美援朝、世界智能大会、国家网络安全宣传周、疫情防控等时政热点和重要时间节点的 23 个赛题,收到来自全国各地的千余名网民投稿近 4000 篇,刊发优秀作品 300 余篇。此次参赛作品形式多样、语种丰富,包括评论文章、H5、短视频、Vlog、长图、微动漫、情景剧、诗歌散文、歌曲等多种类型。活动立足天津,辐射全国乃至世界,并通过微信公众号等多种新媒体渠道广泛传播。大赛入选作品分别在天津市委网信办"网事津评"官方微信公众号的"四海声评"专栏和"津玉良言"专栏进行发布。

四海声音汇聚魅力天津,五湖良言引燃网络文明之光。此次活动科学引导广大网民舆论走向,形成具有天津特色的网络评论生态格局。在广大网评爱好者的踊跃参与下,不仅为网络文明建设营造了积极向上的舆论氛围,还整合了一批高质量、有网气、接地气的网评作品。活动吸引了五湖四海、各行各业、各个年龄段的评论爱好者用自己的丹青妙笔,将向上向善的力量汇聚天津。这些作品充分展现了广大网评爱好者对时事的关心、对生活的思考。大到"中国共产党成立100 周年"话题,小到日常生活的点点滴滴,有对历史的追忆,有对当下的感慨,有对国家未来的展望,无不体现当代社会广大网评爱好者对于家事国事天下事的关心。

大赛期间有 26 篇高质量原创网评文章引发全网关注、转发和热议。其中一篇《山河无恙,可缓缓归矣》,在中国人民抗日战争暨世界反法西斯战争胜利 76 周年到来之际,寄托了国人缅怀先烈的崇敬之情;另一篇《看,数字经济中国壮美画卷正展开!》,展现了"中国号"巨轮破浪前行,数字经济行稳致远的自信。

本次活动规模庞大,参赛作品数量和质量双丰收,社会效益显著。部分优秀作品被光明网、中国网、中国新闻网等多家权威媒体转发,另外,《发扬"三牛"精神,争做最牛基层干部》等 5 篇网评文章入选 2021 年前两季度《全国优秀网评选》(双月刊)，"南岸津声""清评网言"等各区网评品牌也应运而生。这些积极正面的评论文章帮助广大网友正确认识、理性分析热点事件，在网上营造出良好的舆论氛围，形成了具有天津特色的网络生态格局，真正做到了将习近平总书记关于网络强国的重要思想在天津落地生根。

（撰文 / 牛青文）

● 创作者说：

网聚正能量评点时代最强音

——访天津市委网信办干部王慧娇、杨成

2021年，由天津市委网信办主办的"四海声评"网评大赛和"津玉良言"阳光跟帖行动取得很好的效果。为了解第三届"四海声评"网络评论大赛和2021年"津玉良言"阳光跟帖行动从萌芽到发展，直至成长为天津网信品牌栏目的全过程，笔者采访了天津市委网信办干部王慧娇、杨成。作为这一活动的参与者和见证者，他们向笔者进行了介绍。

近年来，习近平总书记关于建设网络强国的思想深入人心。2019年开始，天津市委网信办便结合实际推出了"四海声评"网评大赛和"津玉良言"阳光跟帖行动。谈到2021年活动的策划背景时，王慧娇说："与往年有所不同的是，今年是中国共产党成立100周年，因此主创团队以庆祝建党100周年为主线、以社会主义核心价值观为准则，设置了共23个赛题。希望在今年这个特殊的时代背景下，广

大网评爱好者能够尽情地执笔芳华、记录心声。"

网络强国战略是以习近平同志为核心的党中央站在新的历史方位下制定的，它把握时代大趋势，回答实践新要求，顺应人民新期待。对此，王慧娇有着深刻体会："活动的初衷就是践行网络强国战略，整合一批高质量、有网气、接地气的网评作品为网络文明建设营造积极向上的舆论氛围。活动报名没有任何身份、年龄、地域的限制，只要你热爱网络评论，愿意对社会热点事件发表自己的见解，都可以参与并获得相应的荣誉奖励和展示舞台。"不难看出，从赛题设置到文章发布，每一步都希望能最大程度地发挥人民群众的主体作用，打造一个真正的让人民吐露心声、表达感情的网络平台。

当谈到在活动策划中遇到的困难时，杨成说："如今互联网非常普及，短视频高速发展，人民的生活水平提高了，审美水平也有了很大的提升，我们有优秀的团队，充足的参赛人员，想收获好的作品并不难，但如何让这些作品在纷繁芜杂的网络环境中脱颖而出，吸引到大家的注意力资源，这是一个难题。为此，我们团队团结合作，认真学习了习近平总书记关于网络强国战略的重要论述，搜集了大量相关资料和案例。经过团队反复研讨，我们最终决定要让参赛作品形式丰富起来，不仅征集大家的文字作品，也鼓励大家创作包括 H5、短视频、Vlog、微动漫等其他形式的作品。"

习近平总书记曾指示，要提升通过互联网组织群众、宣传群众、引导群众、服务群众的能力。杨成表示："经过前两届网评大赛的铺垫造势、成功举办，本届大赛参赛作品来源更加丰富，有北京、广东、河南等兄弟省份的党政机关、企事业单位及个人参赛，也有退休干部职工、海外留学生群体、基层选调生等参与。"由此可见，第三届"四海声评"网评大赛和 2021 年"津玉良言"阳光跟帖行动真正做到了通过互联网组织群众、宣传群众、引导群众、服务群众。

（撰文／牛青文）

● **专家点评：**

在开放与共享中倾听群众声音

2021年2月22日，第三届"四海声评"网络评论大赛和2021年"津玉良言"阳光跟帖行动开展以来，参赛者踊跃投稿，形式包括评论文章、H5、短视频、长图、微动漫、诗歌散文等多种类型，用大众视角、原生态话语展现了一幅颇具中国特色的新时代新发展图卷。

第一，全民参与，全媒体优势突出。此次网络评论大赛和阳光跟帖行动能够取得热烈反响，归根结底是吸引了广大群众的热情参与。曾经受限于版面的大小，新闻报道必须使用精练的语言和精心挑选的少量图片，这就导致了传统媒体报道只能选择典型案例、榜样人物、核心事实，与移动互联时代群众的更广泛、全息化需求存在落差。而网络评论大赛的形式则弥补了这一不足：每一个热爱生活、热心评论的百姓都能以个体为单位参与进来，人人都可以成为记录者，进行社会新闻"面"的报道，这种带着强烈受众思维和网络意识的全媒体传播经验值得推广。

具体看，活动议题包括时政热点和重要时间点的周期性选题。优秀作品的作者既有基层工作者、基层党员，还有中小学生。互联网这一高维度媒介将各行各业、不同年龄段的人们连接起来，让原本处于"微粒化"社会的分散个体形成了规模宏大、具有聚合性的传播主体。

第二，立足自身，传播效果最大化。此次天津市网信办举办的网评大赛和跟帖行动，并没有选择"快餐式"的报道，而是更多关注民生话语与民生议题，利用UGC的生产扩大传播的开放性、参与性、互动性，使得活动能够深入持久，从而将"以人民为中心"的理念落实到传播实践中。

网信传播肩负特殊使命，利用互联网报道模式积极培育和践行社会主义核心价值观，推进网上宣传理念、内容、形式、方法、手段等创新，构建网上网下同心圆，才能更好凝聚社会共识。

第三，"度""效"兼备，内容运营设计合理。"四海声评"栏目内容来源广泛，紧扣时代议题。新媒体的运营与作品生产具有同等的重要性，面对网民纷至沓来的作品，"如何选？""怎么发？"成了新的问题。密集式、轰炸式的推送不但不能提升传播效果，相反会让读者被信息的飞沫化所淹没，并不利于传播效果的实现。适量、平衡、持续的优质作品输出，才能做到信息的精确供给，让越来越多的受众产生信息依赖，增加粉丝黏度。

在"人—技术"的格局中，如何让群众作为主体参与到信息生活中？如何让他们享受到互联网技术发展的红利？这次活动传播的策划与运营给出了答案。那就是充分尊重受众的主体角色，深入开掘受众的内在需求，从传播度与效的结合中，探索运营的科学性与人文性。

第四，有"料"有互动，网信传播独家"方法论"。从"看到了什么"到"我要干什么"，网民对信息的需求已经超越了单纯的消息获取，互动成为了全媒体时代的鲜明特点。此次网评的传播过程中，主办方在创新新闻互动的探索过程中，激活了"新闻"与"受众"的关系，让受众更好地了解新闻，使拥有全媒体性特质的互联网平台报道全民心声成为可能。此外，新时代传播媒介的及时性和互动性特点，相较于传统新闻领域的生产模式更具共享、开放的特点。

相比短视频平台碎片化的评论，此次网评大赛和网络跟帖活动拥有完整逻辑，缜密思维、精巧言语的评论显得更有"料"。不仅是传播内容，多点开花的传播形式如 H5、短视频、长图、微动漫更给作品宣传增添了色彩。而出色的版面语言也为受众提供了一种接受信息的全新体验,这次活动过程中对于可视化传播的探索,是网信传播领域一张亮眼名片。

（撰文 / 李劲强）

思考与启示:

全民参与践行好网上群众路线

习近平总书记指出,要用新时代中国特色社会主义思想和党的十九大精神团结、凝聚亿万网民,深入开展理想信念教育,深化新时代中国特色社会主义和中国梦宣传教育。互联网是一个社会信息大平台,亿万网民在互联网上获取、交流信息,求知途径、思维方式、价值观念都发生了巨大改变。新时代的传播者必须树立互联网群众观念,邀请群众参与信息传播与舆论引导,在网上群众路线的践行中构建网上网下"同心圆"。

在此背景下,网信传播应当科学利用互联网的发展规律,重新认识网民群体的特点和作用,精准研判网络舆情的发展趋势与演变规律,充分提高信息传播的透明度与信息平台的开放度,从网民中来、到网民中去,在网络民意中汲取群众智慧与发展动力,充分依靠网民、全面发展网民。面对复杂且瞬息万变的网络挑战,网信部门更应当分清网络舆情的主流和支流,讲舆论导向,讲正面宣传,以科学地、有力地引导和治理,占领舆论场的主阵地。

大流量澎湃正能量
——天津网络传播实践的创新与启示

在活动形式上，"四海声评"网络评论大赛和"津玉良言"阳光跟帖行动提供了网络传播的示范。此次活动采取网络投稿的方式，广泛征集来自全社会的民众投稿，且不规定主题、不限制形式，人们可以从心出发，选取契合社会主义核心价值观的选题并加上自己的理解，创作有态度有价值的评论。当个体的真实表达在活动提供的移动互联空间中从"微言"变成反映深层民意的舆论时，活动方也就成为了提升公共空间言论质量与舆论治理的组织者与引导者。活动充分体现了人民本位的意识，实现了传播主体与受众主体的融合与互动。

网络平台是互动的载体与工具，真正推动网信工作的动力是新时代的网上群众路线。在移动互联的传播下，必须充分调动群众参与的主动性，倾听群众的内心声音，关注群众的内在诉求，解决群众的实际问题，在开放与双向的网络空间中，实现网信传播的价值认同与情感共振。唯有让全民执笔，传播内容和形式进一步贴近群众、服务群众，方能回答好新时代网上群众路线的新命题。

（撰文／李劲强）

微信扫码看详情

27 "津云·云上系列"
"点赞新时代的奋斗者"主题活动

● **案例回顾:**

"幸福是奋斗出来的",习近平总书记在2018年春节团拜会上发表的重要讲话,点燃了亿万人民的奋斗激情。在奋进的新时代,奋斗者的身影是一道壮丽的风景线,他们以奋斗为桨,驰骋于人生的大海之中,在惊涛拍岸中仍逆流而上,敢为人先、勇于奋斗。为寻找天津市最美奋斗者,2018年3月6日,在天津市委网信办指导下,"津云·云上系列"启动"点赞新时代的奋斗者"主题活动。

该活动依托"津云·云上系列"的177家成员单位,围绕"我奋斗、我幸福""奋斗者的幸福""幸福的奋斗者"等关键词,向各成员单位征集一线工作人员奋发拼搏的感人故事。立足"奋力拼搏、攻坚克难、战胜自己"和"锐意进取、改革创新、大胆争先"两个主题,寻找在攻坚克难和改革创新领域的新时代奋斗者。活动于2018年3月5日至6月10日间征集作品,并于当年4月1日推出专题展示各单位的重点故事及作品。专题展示持续至2018年6月20日,面向全体网民并接受网友点赞,活动最终情况汇总计入"津云·云上系列活动影响力排行榜"报告。

奋斗者为时代建功立业,时代呼唤更多的奋斗者涌现。"点赞新时代的奋斗者"的主题活动掀起了天津市民的奋斗"潮流",截至 2018 年 6 月 20 日,此次活动共征集到来自天津市各区委办局、国企、医院等"津云·云上系列"入驻单位,涉及医疗、司法、教育、农业、科技等行业领域奋斗故事 288 条。一个个扎根基层,在平凡岗位上做出不平凡成绩的奋斗者,用生动的故事一次又一次诠释着"幸福是奋斗出来的"这颠扑不破的真理。在"奋力拼搏"活动主题下,津云新媒体挖掘到这样一群奋斗者,他们用坚守岗位来铭记初心,以热情服务来践行使命:咸水沽二中教师卞庆芬以"痴心一片终不悔,只为桃李竞相开"为自己的工作准则,用辛勤和汗水谱写无悔教育之歌;女排姑娘们用一场场不可思议的胜利生动诠释了顽强拼搏、迎难而上的奋斗精神;"草帽村官"杨宝玲始终将脱贫致富放在肩上,勤政为民、廉洁从政……同样,在"改革创新"的主题下,收集到一些敢为人先的奋斗者故事,他们除了在工作中尽职尽责外,还敢想、敢干、勇于突破,在自己从事的行业领域内不断创新、创造奇迹:全力打造智慧公交,推进公交向村镇发展的天津公交驾驶员王艳;利用科技"金钥匙"打开农民致富之门的刘棕;创新栽培方式,使花卉作坊大变身的杨铁顺……

同时,津云新媒体结合重要节日节点集中推出典型人物的文字及微视频宣传报道。每一篇报道都生动地叙述了奋斗者们在工作中兢兢业业、无私奉献的励志故事,大量的语言描写与细节描写将奋斗者在工作岗位奋力拼搏的场景重现于受众眼前。通过津云新媒体平台推送的文章,累计访问人次超过 100 万,取得了良好的宣传效果。津云新媒体平台微视频的制作也极大地丰富了此次活动的展现形式。视频中镜头跟随奋斗者的足迹回顾了其奋斗历程,以更为直观的视角让受众了解到奋斗者们是如何用脚步推动着蓝图变为现实的,配之解说词的讲解,进一步肯定了奋斗者在新时代的新担当、新作为。

此次"点赞新时代的奋斗者"主题活动使奋斗精神鼓舞着各行各业的工作者投入本行业工作。平台用最朴实无华的点赞方式,秉承公正公开的原则,把人民心中的美丽奋斗者刻画得淋漓尽致,一笔一墨书写了奋斗者的不易,一词一句透露着对奋斗者的无限敬仰。津云新媒体平台用无声的故事展现了天津在新时代推动发展的磅礴力量,为激发全市人民的奋斗精神,推动天津进一步解放思想,实现高质量发展注入源源动力。

（撰文 / 陈美琦）

● 创作者说:

精心挖掘新时代奋斗者的拼搏故事
——访津云新媒体用户互动中心主任、津抖云短视频平台总监寇庆春

"点赞新时代的奋斗者"主题活动,展现了天津市民的奋斗精神,掀起了全市人民的奋斗热情。为了解"点赞新时代的奋斗者"主题活动的开展过程,笔者采访了津云新媒体用户互动中心主任、津抖云短视频平台总监寇庆春。他向笔者介绍了"点赞新时代的奋斗者"主题活动的相关情况。

谈到活动开展目的,他说,开展此次活动,就是想通过各基层单位的推荐和征集,去报道和反映更多扎根基层的奋斗者,进行正面引导,用他们的故事激励更多网民。

　　"点赞新时代的奋斗者"主题活动立足"奋力拼搏、攻坚克难、战胜自己"和"锐意进取、改革创新、大胆争先"两个主题,寻找在攻坚克难和改革创新领域的

主题活动宣传截图

新时代奋斗者。当问到为何会选择这两个主题时,寇庆春说:"在策划和报道基层'奋斗者'的时候,我们就想到,奋斗者也分为不同的类型,有的奋斗者通过自身的努力达到了非凡的成就,为社会、为国家做出了巨大的贡献,这样的奋斗者诚然可敬,但同样,还有更多的基层奋斗者,他们默默奉献,服务于社会运转的各个环节,他们同样可敬可佩。于是对于奋斗者的故事,我们分为这两个主题,既歌颂平凡的英雄,也赞颂伟大创新者。"

　　为讲好新时代奋斗者故事,寇庆春及其团队齐心协力破解难题。当回想起活动开展过程时,他说道,在协调全市各单位积极参与、报送奋斗者的人物故事时遇到了一些困难。比如,各单位其实都存在着大量的基层奋斗者,但是大家不知道该如何展现他们的故事,或者找不到奋斗者身上的亮点。于是他和团队重点联系了卫健委、国资委等单位,深入医院、国企等单位,帮助他们梳理人物,整理人物故事,形成文字报道,最终才呈现了一个个精彩、感人的奋斗故事。

　　谈到报道对象的选取,寇庆春说:"在征集到的作品中,我们主要根据奋斗者的故事去遴选报道对象。从共性的角度来说,他们的身上都具备着扎根基层、默默奉献、舍己为人等特性和精神,但其中,各单位报送的人物故事里,有的人物身上更有故事性,我们会选取一些能从小切口反映大主题的故事去进行深入挖掘,进行二次加工和深入报道,以此达到推动示范作用。"

"点赞新时代的奋斗者"主题活动在天津市唱响了礼赞新时代、奋斗新中国的主旋律。对于寇庆春来说，此次活动成功开展的背后有着难忘的记忆点。寇庆春说，在整个活动中，让他印象深刻的有两个方面，一个是大家对"奋斗"的认同感，在深入基层采访的过程中，说到总书记那句"幸福是奋斗出来的"，大家都很认同；第二个是这种奋斗的精神能够传染。在采访一线奋斗者的时候，奋斗者们也深深感染着他，这也坚定了他作为一名新闻工作者，把这些好故事传递出去的决心。

"点赞新时代的奋斗者"主题活动的开展取得了优异的成绩，对此寇庆春非常开心，他说："通过津云新媒体的客户端'云上平台'、微信公众号、官方微博等平台将这些故事传播出去，能让更多网民看到身边的奋斗者故事，相信这种奋斗的精神，可以传递给更多人。"

（撰文／陈美琦）

● 专家点评：

让更多的奋斗者被记住被学习

2018年6月，天津市委网信办指导津云新媒体策划发起的"点赞新时代的奋斗者"主题活动开展三个月后，共征集到近300条津城各领域奋斗者的故事。每一位人物、每一段故事，都像一面旗帜、一座灯塔，诉说着新时代奋斗者的精神。"点赞新时代的奋斗者"主题活动依托融媒体平台，以全媒体传播的矩阵模式聚焦平凡的"小人物"，展现了新时代典型报道的价值取向。

第一，立足"大时代"，聚焦"小人物"。在征集到的奋斗故事中，主人公既有每个天津人都耳熟能详的天津女排，也有如"菜苗守护者"张艳玲、"城市美容师"徐文华、援疆医生汪玮琳、"草帽村官"杨宝玲等默默无闻的人。这些奋斗者以及他们的故事贴近生活、承接地气、真实可信、可供效仿。以"小人物"的真实故事彰显"大时代"的蓬勃伟力，一改传统模式典型报道中过分追求人物形象的"高大全"，让高高在上的偶像明星"落入"凡间，成为你我身边可敬可爱可学的普通人，为典型报道的当代转型探索了可行之道。

第二，借势媒介融合创新传播形式。在"点赞新时代的奋斗者"主题活动中，天津市委网信办与津云新媒体平台强强联合，以津云平台的媒介融合之力拓展传播方式，将读者受众较为熟悉的文字报道形式与适应新媒体时代传播规律的短视频、微视频传播方式相结合，以文字＋影音的形式报道这些来自人们身边的奋斗者。借助隽永的文字，这些奋斗者的事迹在语言描写与细节描写中再现于读者面前；而通过短视频、微视频等形式，奋斗者的质朴和坚韧又以最为直观的形式让网民看在眼中、记在脑中、印在心中。这些承载着奋斗者精神的新闻产品，通过津云新媒体平台的推送，获得了累计访问人次超过 100 万、点赞量超过 50 万的佳绩。

第三，众人拾柴，聚沙成塔。在"点赞新时代的奋斗者"的主题活动中，来自天津市各区委办局、国企、医院等单位共报送了涉及医疗、司法、教育、农业、科技等行业和领域内的奋斗者故事 288 条。值得注意的是，在这 288 位奋斗者的事迹被报道宣传的背后，是"津云·云上系列"的 177 家成员单位，围绕"我奋斗、我幸福""奋斗者的幸福""幸福的奋斗者"等关键词所自主报送的。从传统新闻采写的记者编辑主导，到借助"云上"成员实现新闻线索的自下而上反哺式采集，"点赞新时代的奋斗者"的主题活动将来自基层、来自群众的声音广泛汇聚了起来，真正实现了人民榜样人民选，充分保证了新闻报道的真实性、客观性和贴近性。

崇尚英雄才会产生英雄，争做英雄才能英雄辈出。"点赞新时代的奋斗者"

主题活动的顺利开展,让一个个扎根本职,在平凡岗位上做出不平凡成绩的奋斗者和他们的故事得以广泛传播,一次又一次诠释着"幸福是奋斗出来的"这一真理。而新闻媒介借助典型人物报道引领社会价值观的重要功能,再一次得到了印证。

(撰文 / 冯帆)

● 思考与启示:

用典型报道讲好天津故事

典型报道是我国特有的一种新闻报道方式,也是在长期的新闻宣传实践中得到了检验、符合我国新闻传播的具体国情的一种报道方式。它是指对在一定时期内出现的具有先进性与代表性的人物,展开全面与深度的报道。

典型报道在我国新闻实践中的历史,向前可以

天津医科大学代谢病医院药师赵振宇解释药品特性(照片为津云新媒体提供)

追溯到抗日战争时期。在此之后,特别是新中国成立后,典型报道作为一种重要的正面报道形式,在不同的时代都为宣传工作做出了突出贡献。

大流量澎湃正能量
——天津网络传播实践的创新与启示

每个时代有每个时代的特征,典型报道也必须与时俱进,如果固守不变就难以赢得认可和接受,无法取得理想的传播效果。"点赞新时代的奋斗者"主题活动,通过典型报道讲述天津故事,赢得了网民喜爱。

党的十八大以来,以习近平同志为核心的党中央应对世界百年未有之大变局和媒介融合发展的新环境、新挑战,提出了进一步加强和提升典型报道内涵和外延的创新理论。在 2013 年召开的全国宣传思想工作会议上,习近平总书记提出,"把服务群众同教育引导群众结合起来,把满足需求同提高素养结合起来,多宣传报道人民群众的伟大奋斗和火热生活,多宣传报道人民群众中涌现出来的先进典型和感人事迹,丰富人民精神世界,增强人民精神力量,满足人民精神需求"①。在这朴素的话语中,我们看到了典型报道在新时代的转向。从几十年前的高大全形象,到今天的平民取向,典型报道在不同历史时期中根据我国新闻价值观念和社会价值取向的不断发展演变,呈现出了鲜明的时代流变特点。"点赞新时代的奋斗者"主题活动,正是通过创新传播的方式方法,取得了弘扬主流价值观的作用。

在媒介融合的新时代中,典型报道既要满足受众的需求,同时还要注重报道效果和报道质量,这就要求新闻生产者应主动适应崭新的全媒体环境,以开放包容、与时俱进的观念报道好新时代的奋斗者,传播好新时代的典型形象。

(撰文 / 冯帆)

---

① 习近平:《习近平谈治国理政》第一卷,北京:外文出版社,2014 年版,第 154 页。

微信扫码看详情

28 南水北调润泽津城"水到渠成共发展"网络主题活动

 案例回顾：

2018年5月,"水到渠成共发展"网络主题活动启动,这次活动是中央网信办网络新闻信息传播局和国务院原南水北调办综合司、建设管理司联合主办的,由北京、天津、河北、河南四省（市）网信办和南水北调中线建管局承办。该活动是为探访在优化水资源配置、改善城市生态环境、提高居民生活质量以及促进社会经济发展等方面,南水北调重点节点工程是如何发挥重要作用的。

2018年6月,来自全国34家知名媒体的36位编辑记者,和天津本地的媒体记者组成了50余人的采访团,走进南水北调天津工程水源区、居民家庭等点位,实地考察南水北调工程给天津这座城市带来了哪些变化。

北方网报道栏板

大流量澎湃正能量
——天津网络传播实践的创新与启示

此次活动参与媒体由中央新闻网站、地方新闻网站、商业网站组成。人民网、央视网、中国经济网、津云新媒体等通过开设"水到渠成共发展"网上专题，采用文字、视频、图片、直播、短视频、H5等多种形式，深度挖掘南水北调中线天津段工程运行与管理、经济与民生、生态环境与保护等多方面内容。

天津主要新闻网站、中央网站驻津频道、主要商业网站开设PC端和移动端专题专栏14个，发稿400余篇。栏目设置上，在"水到渠成共发展"网络专题中开设要闻区、最新报道等常规报道专区，并有根据采访路线开设的"沿途采访"专区，以不同形式多样及时刊发记者原创稿件。

这一活动从不同角度进行了报道，包括南水北调如何给天津人民"解渴"，如何让天津提高综合效益，如何让天津发展更有后劲。津云记者还报道了天津特色工艺——"保水堰"中的玄机，让人们了解了南水北调工程天津段藏有的"绝活"。

活动使人们真真切切感受到了南水北调工程的重要性。记者采访了天津市水务局、天津水务集团有限公司、天津津能热电有限公司等相关工作人员，力图客观完整地呈现南水北调给天津带来的好处，比如，改善了水质，降低了成本，为经济结构调整创造了机会和空间等；报道中也呈现了水务处管理人员的工作内容，不仅使人们对南水北调工程运行机制有了简单了解，也展现了这一惠民工程的背后，工程师和相关工作人员的操劳与付出。

此次活动不仅展现了南水北调工程对天津的重要性、群众的获益，同时也使居民提高了节水意识，引发对饮水思源的深刻思考。多家媒体的报道中均呈现天津居民家中用水情况以及现在人们如何一水多用。

这一系列报道不仅使人们看见南水北调工程给沿线城市补充了良好的水资源，给缺水城市带来了多方面的效益，也使人们了解到水资源优化配置的意义，反思生态环境对家园的重要，感叹国家战略性工程的伟大。

"水到渠成共发展"网络主题活动是全国几十家网络媒体与天津本地记者一

起组成进行采访,其传播范围已不限于天津本地。各大媒体的记者也看到了天津未来发展的重点方向,尤其是公共服务共享、产业转型升级、城市体系改造等方面的前景。

（撰文／刘暖）

● 创作者说:

精心策划准备充分采访"水到渠成"

——访天津市委网信办网络法治处处长王晖

2018年6月,天津市委网信办参与承办了"水到渠成共发展"网络主题活动,该单位网络法治处处长王晖是这一活动天津站的组织者之一。他向笔者介绍了"水到渠成共发展"网络主题活动的相关情况。

南水北调是我国跨流域跨区域配置水

北方网报道截图

资源的骨干工程,事关战略全局、事关长远发展、事关人民福祉。王晖结合天津本地水资源情况谈道:"水是生存之本、文明之源。要想使南水北调工程高质量发展,必须科学推进实施调水工程,加强和优化水资源供给,才能为国家建设提供有力支撑。天津这座城市,属于重度缺水地区,南水北调工程在津发挥了巨大作用,给天津注入了新的活力。"

当谈到此次活动的策划开展过程,他说道:"我们积极号召央媒和本地媒体参与。此次活动阵容很大,来自全国 34 家网络媒体的 36 位编辑记者和 8 家属地新闻网站的 15 位编辑记者组成了 50 余人的报道团队。北方网和津滨网派出两名网站骨干记者全程参加为期九天的主题宣传活动。"

对于采访方案的确定,他说:"2018 年 6 月此活动正式开始,但 4 月中旬的时候,天津市委网信办就开始沟通市水务局和南水北调办,两次召开专题采访策划会,围绕报道主题集思广益,广泛听取南水北调中线管理局等部门专业意见,为采访报道提供好服务。"

活动中采访报道的过程深深影响着活动的传播效果。他说:"本市网站及其两微一端在首屏首页开设专题专栏。最终本市主要新闻网站、中央网站驻津频道、主要商业网站开设 PC 端和移动端专题专栏 14 个,发稿 400 余篇。其中,北方网、津云客户端在首页首屏显著位置同步推出'水到渠成共发展'网络主题宣传活动专题,及时集纳各媒体相关稿件。"

王晖认为,刊发原创报道给网民带来原汁原味的现场新闻至关重要。对于此次活动原创稿件的刊发,他说,我们刊发原创报道有两种形式。一是天津媒体参与全程活动报道沿线各省情况。北方网、津云客户端、津滨网等及时刊发记者前方发回的原创稿件,累计刊发稿件《一泓清水送北京 探访南水北调中线"水龙头"》《南水北调中线上别样的"六一"儿童节》《南水北调天津段藏绝活儿"保水堰"里有玄机》等原创稿件 35 篇。二是全国采访团来津报道"天津之特"。全国媒体报道的稿件有《饮水思源京津冀豫 四地人民喝的"南水"来自这》《"远水也能解近渴"南水北调让天津发展更有后劲》等 20 余篇。很多媒体进行了转载。这些稿件刊播后人们对南水北调工程关注度显著上升,这些原创报道获得了很好的传播效果。

(撰文/刘暖)

● 专家点评:

矩阵传播谱写新时代"引水故事"

天津是一座缺水的城市。虽然地处渤海之滨,位于九河下梢,但居住在这里的人们却长期饱受吃水难的煎熬。从 20 世纪 80 年代的"引滦入津"到 21 世纪初的"引黄济津",水对于天津人的意义和价值非同寻常。2021 年 11 月 1 日零时,南水北调中线一期工程 2020—2021 年度调水任务结束,向河南、河北、北京、天津四省市调水超 90 亿立方米,甘甜的长江水滋润着天津人民。无论从历史意义还是现实意义来说,南水北调工程的宣传报道,都足以引发天津受众对于那段奋斗历史的记忆,足以引发天津民众对于那段激昂历史的回眸。

"水到渠成共发展"网络主题活动一经展开,就得到了天津市委网信办的高度重视。因为这不仅是一项重要的工作任务,更是凝聚着天津百姓长久以来吃水不忘挖井人的淳朴信念。

第一,中央及地方媒体集体动员组成新媒体矩阵。本次"水到渠成共发展"网络主题活动中的一大特色,便是汇聚中央级媒体和地方主流媒体,共同采写共同发布形成矩阵式传播链条。人民网、新华网、中央广播电视总台、央视网、央广网、中国日报、中国青年报、经济日报等中央级媒体和天津市委网信办组织的包括北方网、津云、津滨网等属地新闻网站,新浪天津、腾讯大燕网、今日头条、一点资讯等主要商业网站,以及天津市内各区县级融媒体平台的两微一端及自媒体大号集体出击,组成了强大的新闻报道矩阵。中央及地方媒体矩阵的组成,不仅体现了此次网络主题活动的重要性,同时也展现了不同类型媒体间整合互动,共同完成新闻生产的趋势。

第二,将新闻报道写在"田间地头"上。中央和地方媒体共同生产的矩阵式新闻传播链条彰显了本次活动在组织上的优势,而将笔触和镜头对准基层泵站和普通百姓,在供水一线和百姓家中采写最生动最鲜活的新闻故事则是本次活动的另一个亮点。新闻报道要贴近实际、贴近生活、贴近群众,这已成为我国新闻报道遵循的根本法则之一。此次报道中,面对着南水北调这样宏大的新闻报道对象,中央和地方媒体将目光聚焦在基层、聚焦在百姓,以基层的夜以继日和百姓的满满收获作为新闻报道的对象。在相关报道中,来自天津供水一线、也是最基层泵站的工作者成为新闻报道的主角,从他们嘴里脱口而出的调节容积、供水流量、供水规模虽然在普通网友看来专业性较强,但却让人听了心安。而另一方面,深入百姓家中,从百姓生活的改变中探寻南水北调的成绩,则成为了此次报道活动中的一抹亮色。从百姓口中说出的那一句"甜"就是对南水北调工程最好的评价。

第三,发挥平台优势实现高效传播。"水到渠成共发展"网络主题活动吸引了来自全国34家知名媒体的36位编辑记者,和天津本地的媒体记者组成了50余人的采访团,走进南水北调天津工程水源区、居民家庭等点位,实地考察了采访南水北调给天津市民带来的切身利益。除了在新闻生产环节发挥各级媒体的矩阵优势外,在传播的过程中,本次活动也充分依靠中央及天津众多平台,形成了别具特色的矩阵传播模式。经过全媒体矩阵式的传播,本次活动累计阅读量达2300万余次,仅今日头条在"了不起的天津"一个专题的展示数就达到 350 万,收获了良好的传播效果。

（撰文 / 冯帆）

思考与启示:

发挥新媒体矩阵优势促进新闻生产

2019 年 1 月 25 日,中共中央政治局在人民日报社就全媒体时代和媒体融合发展举行第十二次集体学习。习近平总书记在这次集体学习中指出:传统媒体和新兴媒体不是取代关系,而是迭代关系;不是谁主谁次,而是此长彼长;不是谁强谁弱,而是优势互补。[①] 从目前情况看,我国媒体融合发展整体优势还没有充分发挥出来。要坚持一体化发展方向,加快从相加阶段迈向相融阶段,通过流程优化、平台再造,实现各种媒介资源、生产要素有效整合,实现信息内容、技术应用、平台终端、管理手段共融互通,催化融合质变,放大一体效能,才能打造一批具有强大影响力、竞争力的新型主流媒体。

传统媒体时代一张报纸统领全局的局面已经一去不复返了,想要通过简单的传者思维去主导读者、主导受众的时代也不复存在了。当前的媒介环境错综复杂、传受交织,以受众思维、用户思维来解决新闻传播中的实际问题,将是每一位新闻

---

① 习近平:《论党的宣传思想工作》,北京:中央文献出版社,2020 年版,第 354 页。

大流量澎湃正能量
——天津网络传播实践的创新与启示

工作者必须要进行的改变。

　　在本次"水到渠成共发展"网络主题活动中,我们欣喜地看到新媒体已经在重要报道策划中独挑大梁。事实证明,没有了传统媒体"老大哥"的坐镇,新媒体依然能够很好地做好新形势下的新闻宣传工作,并且收获良好的反馈。与此同时,矩阵传播的优势在本次活动中显现得淋漓尽致,从中央级媒体到地方级媒体、从省市主流新媒体到区级融媒体平台、从党媒到商业媒体乃至自媒体,本次活动中动员起来的新媒体无论数量还是质量,都可以称得上是"百团大战"。相信经过本次活动的实践,新媒体矩阵传播的优势必将得到进一步深入认知和发挥。

(撰文 / 冯帆)

微信扫码看详情

29　*Redefining the rules of attraction*（重新定义魅力城市的新时代标准）

 案例回顾：

在中华人民共和国成立 70 周年之际,《中国日报》作为国内外具有较高影响力的中国英文媒体,通过报道让更多海外读者了解到了中国国内各个地区各个行业的发展。2019 年 8 月 19 日,中国日报网播发了 *Redefining the rules of attraction* 这篇报道。作品将焦点聚焦在了作为直辖市,同时也是环渤海地区经济中心、中国北方经济中心的天津,带领读者去了解天津是如何通过独特的地理位置优势和提供便利的政策,吸引企业和人才来到这片土地的。

2017 年 10 月 18 日,习近平总书记在中国共产党第十九次全国代表大会上提出：推进国际传

× Redefining the rules of att... ⋯

≡ **CHINADAILY** 中国日报网 中文

Home　China　Latest

Redefining the rules of attraction

By Yang Cheng in Tianjin | China Daily | Updated: 2019-08-19 09:54

An aerial view of coastal parts of Tianjin. Provided To China Daily

The coastal city's policies are luring businesses and talented workers away from

□　　□　　◁

中国日报网截图

播能力建设,讲好中国故事,展现真实、立体、全面的中国,提高国家文化软实力。《中国日报》承担了对外宣传的工作,通过英文报道起到了建立桥梁联通世界的作用,将更多的中国故事带给了广大的读者群体,更好地塑造了国家形象。

讲好中国故事,是开展国际传播的基本方法。《中国日报》的这则英文报道体现出了天津不容低估的经济潜力,并从相关政策、工业中心和商业环境这几个方面入手,采访了各个行业和领域的人士。通过受访者的客观评价和讲述他们在天津这片土地上的鲜活故事,让国外的读者了解到天津作为北方经济中心所具有的魅力,吸引更多的人了解天津这座城市。

在这篇报道当中穿插了海河的全景照片和五大道景区中身着各国特色服饰的模特照片。天津是一座历史和现代文明相结合的城市,这些照片的选用体现了天津作为一个国际都市对不同文化的包容性,在这样一篇面向海外读者的报道中,起到了良好的对外宣传作用。

该报道中采用了丰富的数据说明过去这些年来天津的发展,在文章的最后将这些相关数据编辑成了一幅可视化图表,帮助读者更加直观地了解天津的面积、GDP、年均收入等。文字信息的表达,受到篇幅大小等方面的局限性,可以展示的信息是非常有限的,采用可视化图表可以更加清晰地呈现这些数据的变化。可视化图表的使用展现了天津的经济发展和产业发展以肉眼可见的速度在增长,为我国经济发展做出重要贡献。

作为新中国成立70周年期间的一篇报道,该文反映了天津经济现状,解读了"海河英才"计划,再现了天津在各个产业中持续发力和为经济发展保驾护航的良好商业环境。同时展望未来,向国际上的读者介绍了天津经济建设未来的图景。

让中国走向国际,让世界了解中国,《中国日报》的报道正是起到了这样的一个桥梁作用。该篇报道通过融合采访、数据可视化等报道方式刻画出一个对文化具有包容性、着眼于经济发展的天津形象。这样的报道使外国读者在心中对天津留下了一个好的印象,也有利于提升我国在国际舆论环境中的影响力。

(撰文/里纳特·甫拉提)

创作者说:

向海外读者讲述好中国故事
——访《中国日报》天津记者站站长杨成

作为一篇英文报道,*Redefining the rules of attraction*(《重新定义魅力城市的新时代标准》)向海外的读者介绍了天津近年来经济发展的成果,使更多的海外读者了解了天津。为了深入了解这篇报道的创作,笔者采访了《中国日报》天津记者站站长杨成。她作为该报道的创作者,参与完成了整篇报道的构思与写作,并见证了这篇报道广泛传播的全过程。在本次采访当中,杨成从创作背景、创作思想以及可视化图表的运用等方面进行了介绍。

杨成在谈到如何面向外国读者讲好中国故事时说,要在报道中重视采纳来自各方声音,并在报道方式和呈现上符合外国读者的阅读习惯,这样才能更有效地让外国读者接收到信息。

这篇报道围绕天津经济发展展开。杨成表示,天津以优良的商业环境吸引到了很多外资企业,选择采访一些知名的外籍人士、企业家和专家,通过展现不同外籍人士对天津高质量发展的看法来与更多的外国读者产生共鸣,能够让外国读者更切实地了解和感受到天津经济的高质量发展。

　　"海河英才"计划为天津的发展吸引了大量中外人才。在该报道的开篇,记者采访到了"海河英才"计划第一位落户天津的人才、干细胞研究员和企业家卢泽平。通过对卢泽平的采访,向读者展现出了"海河英才"计划的优势与魅力。杨成说:"2018 年'海河英才'计划的推出在全国范围内受到了广泛关注,'海河英才'计划以最好的待遇吸引各地优秀人才来到天津就业,该计划的政策优势高于当时的其他同等城市。在后来的几年中,'海河英才'计划也不断升级,吸引到了更多海外留学回来的优秀人才。'海河英才'计划为天津引进不少国内外优秀的人才,帮助天津推动了经济高质量发展。"截至 2021 年底,天津"海河英才"计划已累计引进了 42 万人,为天津经济高质量发展积蓄了人才。

　　在该报道当中出现的一幅包含着天津面积、GDP 和年均收入信息的可视化图表使读者眼前一亮。杨成表示,《中国日报》近年来一直在致力于挖掘数据新闻、数字报道。《中国日报》作为面向国际读者的媒体,除了要在文字内容上贴合外国读者的阅读习惯,还要在呈现方式上具有一定的国际视野,引入国际上最新的创作理念,通过在报道中使用各类视觉元素,可以更好地向世界讲好中国故事。

　　这篇报道一经发布即被多家外媒转发,取得较好的国际传播效果,并获得天津新闻奖一等奖。杨成说:"这篇报道有中英文两个版本,通过中文版本的报道可以让国内的读者了解到外籍人士对中国的评价,以外宣反哺内宣。"这篇报道展现了《中国日报》及中国日报网中英双语报道的语言优势,也展现出对新闻可视化呈现的视觉传播优势,让国内外读者感受到了天津的独特魅力。

（撰文 / 里纳特·甫拉提）

● 专家点评:

以"内容为本"对外展示天津发展

近年来,天津在城市建设和宣传工作上,深入贯彻落实党中央要求,全面贯彻新发展理念,坚持不懈调结构、转方式、换动能,努力探索高质量发展的新路子。在城市形象宣传建构的过程中,需要站在新时代的高度,准确把握城市形象宣传功能,明晰宣传方向,守正创新,在思想上进一步提高政治站位、坚持正确导向,在行动上进一步推进改革创新,着力推进落实以内容建设为根本、先进技术为支撑的城市形象宣传方针。

在中华人民共和国 70 周年华诞之际,《中国日报》作为在国内外享有较高影响力的中国主流媒体,于 2019 年 8 月 19 日推出了天津的城市专题报道,报道了天津在推进高质量发展过程中所作出的不懈努力和所取得的不凡成就。文章重点指出天津"正在重新定义魅力城市的新时代标准",天津的城市政策强力吸引全球高端人才和高新科技企业进入,助力天津智慧城市转型发展。

第一,数据客观具有说服力。在天津城市形象宣传过程中,始终秉持着"尊重现实"的原则。所谓"尊重现实"就是城市媒介形象传播的信息要立足于城市现实,新闻报道内容建构和传播城市形象不能脱离城市现实凭空想象。从传播学视角而言,城市形象宣传的本质就是"再现"城市客观现实中包括政治、经济、文化、社会以及环境等事实信息。尊重现实的原则要求城市形象的传播者和建构者不能为了提升和优化城市形象而夸大,而是必须在尊重城市发展现实的基础上,积极挖掘有个性、有特色的资源进行宣传报道和策划推广。同时要积极面对自身不足，提升城市综合实力，塑造城市的良好形象。

尊重现实还有一层含义，即积极面对城市现状。作为城市社会系统构成部分，城市形象也是一个动态的、发展的系统，处于一个永续的发展变化状态，随着城市社会的发展变化，处于不断发展进阶的过程。因此，作为城市现实形象的"窗口"，城市形象宣传不仅须呈现出城市"与时俱进""与现实同步"的最新现实，而且还要有城市面向未来规划而引发的美好想象。可以说，城市形象既包含城市发展历程中历史文化的积淀，也包含着城市未来的追求和发展方向。

在天津的城市形象宣传报道中，不但引用大量第三方研究机构报告、数据等客观信息报道天津极具竞争力的人才引进政策、飞速发展的科技实力、不断改善的营商环境以及雄厚的工业经济实力，还采访到著名外籍中国问题专家、植根天津发展的世界五百强企业高管等，通过对这些人物的采访，突出他们对天津高质量发展的赞誉。除此之外，报道还采用了纵向对比的方式，用各种历史数据凸显天津在过去所扮演的角色，并引出了天津的智慧城市发展方向，为公众描绘了一幅生动形象的天津未来画卷。

第二，载体多样传播力强。报纸作为一种极具影响力的新闻媒体，是天津进行城市形象宣传的重要阵地。作为国家英文日报，《中国日报》自 1981 年创刊以来，不断开拓进取，已经发展有报纸、网站、移动客户端、微博、微信、电子报等十余种媒介平台，全媒体用户总数超过 2 亿，是中国走向世界、世界了解中国的重要窗口，也是国内外高端人士首选的中国英文媒体。

天津在报纸上的宣传主要集中在关于城市形象的新闻、软性报道及反映外来投资者、专家学者、政要名流对天津城市发展的感受、印象、评价等信息为主。除了在本篇专题报道中引用了专家学者、企业精英、政界高层对于天津高质量发展的重要观点和认识外，中国日报也通过中国日报网、中国日报海外社交媒体等对天津相关报道进行了全球转发。

（撰文／李佳　孙璐）

● 思考与启示：

城市宣传是一项系统工程

习近平总书记在全国宣传思想工作会议上指出："中国特色社会主义进入新时代，必须把统一思想、凝聚力量作为宣传思想工作的中心环节"①，"我们必须把人民对美好生活的向往作为我们的奋斗目标，既解决实际问题又解决思想问题，更好强信心、聚民心、暖人心、筑同心"。② 这些重要论述，为做好新时代宣传思想工作和新闻舆论工作提供了根本遵循。

从新中国成立之初的老工业基地，到如今的全国先进制造研发基地；从打盐、晒盐的盐碱荒滩，到开放创新之城滨海新区；从塘沽的渔村，到我国北方第一大人工港、"一带一路"重要节点……70 年间，天津风雨兼程、砥砺奋进。天津，如今已经是"津非昔比"了。那么，如何向中国、向世界展现出"津非昔比"的新面貌呢？这就需要做好城市形象宣传工作。

一、城市宣传要体现历史传统与地域特色。可以借助各种特色资源和城市名

---

① 求是网：《把统一思想、凝聚力量作为宣传思想工作的中心环节》，http://www.qstheory.cn/dukan/qs/2018−09/01/c_1123362576.htm，访问时间 2022 年 6 月 17 日。
② 中华人民共和国民政部网站：《人民对美好生活的向往就是我们的奋斗目标》，http://www.mca.gov.cn/article/xw/mzyw/202108/20210800035853.shtml，访问时间 2022 年 6 月 17 日。

片,塑造鲜明的城市个性形象,扩大城市影响力,提升城市文化内涵。例如,重庆一直以火锅之城作为自己的宣传特色,西安则以多朝古都和历史名城作为城市名片。

二、城市宣传要综合运用多种传播手段。在现代信息社会的大背景下,公众接收信息的渠道千差万别,对于不同信息源的信任度和认知心理反应也不尽相同。仅仅依靠单一的传播手段和传播平台,难以完成对目标受众的大规模覆盖。要根据城市形象宣传战略需要,整合利用电视媒体、互联网平台、报纸媒体、户外广告、城市宣传画册等传播手段,综合运用各种传播平台,生动形象、特色鲜明地宣传城市。

总之,城市形象宣传工作是一个长期的系统工程,不可能一蹴而就。必须在抓好城市品牌形象的内部规划建设的同时,正确把握传播方向、整合运用各种传播策略、合理使用传播平台,综合运用各种传播手段,才能事半功倍。

三、城市宣传要内外有别、内外联动。对内宣传与对外宣传受众不同、目的也有差异,因此有时宣传口径要有区别;对内宣传与对外宣传又是相互联系的,尤其是互联网时代,很难有清晰的传播界限,因此要注意二者相互配合。一座城市要想取得好的形象宣传效果,还需要综合考量,对内对外同时发力。

（撰文 / 李佳 孙璐）

微信扫码看详情

30 融媒体报道《这个"网红"社区，为居民幸福加码！》

 案例回顾：

　　社区志愿服务在我们的日常生活中发挥着重要作用，不仅可以推动社区文明建设，而且还能提升居民的生活品质。2019年1月17日，习近平总书记来到天津市和平区新兴街朝阳里社区视察，走进党群服务中心综合办事大厅，了解社区志愿工作者的基本工作内容，包括社区网格化管理、便民服务等情况。总书记还为社区志愿者们点赞。这使得朝阳里社区一跃成为"网红"社区，吸引了大量干部、党员、群众前来参观学习。

　　在习近平总书记视察天津一周年之际，为见证这个"网红"社区有了怎样的新变化，中共天津市委支部生活社

朝阳里社区党委书记苗苗（左）和居民谈心（摄影：高羽 王秉文）

记者深入朝阳里社区蹲点调研,采访朝阳里社区干部群众如何把总书记的叮咛转化为实际行动。2020 年 1 月 13 日,以视频和文字相结合的形式在"天津党务通"公众号推出融媒体报道,直观地反映了朝阳里社区志愿服务工作的开展情况。"天津党务通"公众号是支部生活社推出的新媒体发布平台。

该报道从变化入手,展现了不同时期朝阳里社区志愿服务工作。从最初的 1988 年新兴街朝阳里社区的 13 名党员、入党积极分子与 13 个困难家庭开展义务包户服务,到现在朝阳里社区开展一对一帮扶,向着全民公益不断演变,将志愿服务的概念转换成为具体的实践工作。从最初送煤、送菜、送炉具的"老三送",到送岗位、送知识、送健康的"新三送"。三十多年来,朝阳里社区志愿服务内容和形式不断地丰富,志愿服务理念不停地创新。

社区志愿服务的内容囊括社区居民日常生活和工作的方方面面。在报道中描绘了朝阳里社区志愿服务的具体工作,展现了朝阳里社区的为民理念。朝阳里社区志愿服务始终坚持从群众的需求出发,把志愿服务做成社会公益,带动辖区内企业单位积极参与,建立了多个社区共建单位,开展多项公益活动,把社区服务做进居民心里。为解决社区老年人吃饭难的问题,短短几个月建成老年食堂,在旁边还建了理疗室,免费提供泡脚按摩等理疗服务。一年来,根据居民们的新需求,朝阳里社区改造了小区内的花园,为老年人们提供了休闲健身的场所;开展"智能手机培训"等新项目,解决老年人出行难的问题。社区秉持着新志愿精神的三有理念"有爱心、有能力、有时间",构建了涵盖便民服务、文化娱乐等 8 大系列、20 余个服务项目。

朝阳里社区作为一个老旧小区,社区治理工作繁杂,个人矛盾突出。社区志愿者们作为一个年轻的团队,他们面对困难不畏缩,敢于担当,这份冲劲也赢得了居民的一致称赞。在报道视频中着重刻画了社区党委书记——苗苗,"85 后"的她是两个孩子的母亲,在担负起家庭责任的同时,更扛起了整个社区的管理和居民的期待。

社区志愿工作者是一份平凡的职业,却创造着不平凡的价值。报道中的每位社工都充满着工作的热情,积极地奋斗在社区建设的岗位中,用实际行动落实"奉献、友爱、互助、进步"的志愿服务精神。

《这个"网红"社区,为居民幸福加码!》在内容上充分展现了朝阳里社区志愿服务工作在社会治理中的积极作用,在形式上采用视频的方式直观地刻画了志愿者的形象。该作品一经播发便收获了无数网友的点赞。

（撰文／谷雪涵）

创作者说:

用细节刻画基层社区志愿服务

——访支部生活社主创团队

社工为居民解答问题（摄影:高羽 王秉文）

视频＋图文作品《这个"网红"社区,为居民幸福加码!》从细节入手,从小事出发,全方位展现朝阳里社区如何把习近平总书记的殷殷嘱托转化为实际行动。为了解《这个"网红"社区,为居民幸福加码!》的创作历程,笔者采访了该作品主创团队部分成员,他们都是中共天津市委支部生活社的记者。

大流量澎湃正能量
——天津网络传播实践的创新与启示

2020 年 1 月 13 日,"天津党务通"微信公众号推送了作品《这个"网红"社区,为居民幸福加码!》。在谈及作品的创作背景时,支部生活社记者高羽表示:"天津的朝阳里社区作为全国第一个社区志愿者组织发祥地,不仅是天津市的示范,也是全国的示范。为迎接习近平总书记视察朝阳里社区一周年这个重要节点,我们深入蹲点调研,采访朝阳里的社区工作和志愿服务的创新做法,见证这个'网红'社区的新变化。"

支部生活社是中共天津市委主管主办的党刊社。为贯彻落实习近平总书记关于媒体融合发展的一系列指示精神,该社近年来突破传统纸媒模式,大力发展新媒体。为了体现市委党刊的独特视角,拍摄团队多次深入社区进行预采,研究创作思路。

支部生活社记者王秉文说:"我们最开始打算以展现朝阳里社区志愿服务工作一年来的变化为主,曾多次实地调研走访。在和社区党委书记苗苗接触后,从她的身上发现了基层年轻干部身上的一些特质:敢闯敢干,工作既有思路方法,又能落到实处。最终我们决定,将创作思路确定为以朝阳里社区一年来如何深入贯彻落实总书记讲话精神为主线,以社区志愿者日常工作点滴为辅线,视频整体采用纪实+访谈的形式"。

从处理棘手矛盾问题到老年食堂的建立,从卫生清整、拆除违建到完善花园设施、义务为居民理发,为了精准体现朝阳里志愿服务的新理念和新亮点,主创团队力求捕捉每一个细节,全方位获取素材。在拍摄的过程中,支部生活社的记者经常被居民和社工的互动所感动,高羽说:"社工队伍整体非常年轻,但是很有耐心和亲和力,有老人来办事,她们都会拉着老人的手详细讲解,还不忘嘘寒问暖,唠唠家常。随机采访中,一位老大爷谈到苗苗的孩子生病住院,她还坚持来社区值班时,哽咽了……居民们真情流露的称赞,是对社区工作者的最大肯定。这些细节都被我们如实记录下来呈现在作品中。"

社区工作忙碌繁杂,在拍摄的过程中也有一些插曲发生。王秉文说:"在拍摄的过程中不断有居民来居委会咨询和解决问题,虽然拍摄经常因此被打断,但我们也从中抓到了一些非常鲜活的素材。为了完成作品,我们拍摄了两天时间,亲身体验了社区工作的辛苦和琐碎,也深受教育。居民们对于社区工作者的信任、对各项工作的积极配合、对志愿服务活动的踊跃参与,还有那种由衷的自豪感,无不体现着朝阳里社区落实总书记指示精神的具体成果。"

为了实现新媒体的立体化传播,在作品推出的同时,主创团队设置了"关于志愿服务事业的发展和创新"的话题,引导粉丝进入观点分享环节。在评论区留言并获得点赞数前五名的网友,可以获赠当时最新出版的《影像中国 70 年·天津卷》,充满正能量的话题和较高文化品位的奖品吸引了众多网友留言,达到了良好的互动效果。

（撰文／谷雪涵）

专家点评:

深入报道呈现社区服务新面貌

2019 年 1 月 17 日,习近平总书记来到天津市和平区新兴街朝阳里社区视察,为社区志愿者点赞,称赞他们是为社会做出贡献的前行者、引领者,并强调:"志愿者事业要同'两个一百年'奋斗目标、同建设社会主义现代化国家同行"①。

近年来,朝阳里社区全面深化志愿服务,把志愿服务做得更精准、更精细,不断

---

① 中国文明网:《着力健全青年志愿服务体系》,http://www.wenming.cn/zyfw/djt/201911/t
20191129_5334372.shtml,访问时间 2022 年 6 月 17 日。

提高群众幸福感、获得感、安全感,同时,作为习近平总书记曾经视察的"网红"社区,朝阳里社区承担起树立志愿服务榜样的责任,迎来各地党员干部群众参观学习。

2020年1月,天津党务通策划推出《这个"网红"社区,为居民幸福加码!》融媒体报道,通过蹲点调研,采访朝阳里社区干部群众,展现习近平总书记视察一周年以来这个"网红"社区的新变化。报道充分体现媒体融合的优势,真实反映朝阳里社区的"温度"与"深度",使朝阳里社区志愿服务给受众留下深刻印象。

第一,叙述表达具备连续性。《这个"网红"社区,为居民幸福加码!》融媒体报道在开篇回顾习近平总书记在2019年视察天津市和平区新兴街朝阳里社区的情景,以习近平总书记对朝阳里社区的认可与称赞为下文介绍社区这一年来发生的新变化定下基调。紧接着,通过简单交代本篇报道是采用深入社区蹲点调研、采访社区干部群众的形式,介绍朝阳里社区志愿服务的具体工作,展现了朝阳里社区突出为民的理念,反映了朝阳里社区干部群众如何把总书记的殷殷嘱托转化为实际行动。

第二,用事实说"变化"。实际上,朝阳区社区志愿服务理念"万变不离其宗"——切实摸清找准群众需求,为社区居民提供精准化、精细化服务。然而,志愿服务的种类却需要以"万变"应"不变"。该报道从变化入手,展现了不同时期朝阳里社区志愿服务工作,从最初送煤、送菜、送炉具这"老三送",到送岗位、送知识、送健康的"新三送",为受众展现出30多年来朝阳里社区志愿服务的变化与

创新。在此基础上,以深入的采访报道,进一步展示了朝阳里社区干部群众实际行动:根据居民们的新需求,增设了"爱心义务婚介""爱心助空巢""社区心目影院""智能手机培训"等新项目。

志愿者为老人义务理发(摄影:高羽 王秉文)

第三，切入角度充分体现人文关怀。比起宏观的叙事角度，以社工个体人物角度切入，除了使报道更具深度之外，更能体现出朝阳里社区的人文关怀。社区志愿工作是一份平凡的职业，却创造着不平凡的价值。在报道中的每位社工都充满着工作热情，他们积极奋斗，用行动说话，积极为社区居民提供更精准、精细的服务，打造和谐、友爱、温馨的社区氛围。作品对这些人物的刻画体现出浓厚的人文情怀。

第四，文字视频结合，增强内容表达效果。《这个"网红"社区，为居民幸福加码！》以视频和文章相结合的形式发表在天津党务通公众号中，直观地反映了朝阳里社区志愿服务工作的开展情况。天津党务通作为主流媒体，以多媒体融合报道使得叙事方式更具创新性，体现了对内容技术与叙事技巧的综合运用能力。报道视频时长共计 10 分钟，受访者有身为社区工作者的年轻人、社区志愿者的老年人以及社区内享受志愿服务的老居民，通过他们的具体描述，增强内容表达效果，深刻体现"网红"社区的幸福感重要来源之一是社区为居民们提供精细化、精准化的志愿服务工作。

（撰文／高咏轩　孙璐）

● 思考与启示：

主题报道在于内容与技术的平衡

近年来，融媒体报道逐步走出了表达形式花哨、叙事说理不充分的炫技阶段，技术与内容之间渐趋平衡。主流媒体形成了以新技术应用来支撑叙事方式创新的新常态,对内容技术与叙事技巧的综合运用能力逐步得到提升。天津党务通推出的《这个"网红"社区,为居民幸福加码!》融媒体报道,对主流媒体做出优质报道具有一定启示。

一、主题报道的内容需要结合时代背景,同时也要充分体现内容的吸引力。习近平总书记提出,"要让群众爱听爱看、产生共鸣,充分发挥正面宣传鼓舞人、激励人的作用"[①],这一论述对于做好主题报道具有重要指导意义。互联网环境下,主流媒体的内容不仅要展现其时效性、真实性,还要体现其独特性,才能与受众构建情感联结,吸引更多受众阅读。《这个"网红"社区,为居民幸福加码!》利用融媒体报道的优势,充分展示报道内容的温度,使受众产生情感共鸣,对本报道的内容留下深刻印象。

二、主题报道采用的技术在于"合适"而非"花哨"。一篇优质的主题报道,不仅在于报道选题的独特性与原创性,还需要当下的新媒体技术为报道创新赋能。因此,如今主流媒体在新媒体产品生产上不断发力,H5、视频已成为重大主题报道标配,VR、AR 技术的运用也越来越广泛。但是,针对不同的报道内容,如何选择合适的技术进行匹配,使得内容效果最大化,这是需要思考的问题。《这个"网红"社区,为居民幸福加码!》通过采访视频深化内容报道,聚焦社区志愿服务,呈现习近平总书记视察一周年以来社区的新变化,同时体现了社区的温情和工作人员的辛勤付出,报道实现了内容与技术的平衡。

《这个"网红"社区,为居民幸福加码!》通过采访社区志愿服务工作者、社区居民,展现了朝阳里社区志愿服务的变化与创新,报道灵活运用新媒体技术,实现内容、效果的最大化,充分体现了融媒体报道中内容与技术的协调。

(撰文 / 高咏轩 孙璐)

---

① 习近平:《习近平谈治国理政》第一卷,北京:外文出版社,2014 年版,第 155 页。

31　H5 作品《一根"红线"牵动你我》

● **案例回顾：**

为与"生态保护红线"这一国家战略同频共振，天津市人民政府在 2018 年 9 月初发布了《天津市生态保护红线划定方案》，规定天津市生态保护红线基本格局为"三区一带多点"。"三区"为北部蓟州的山地丘陵区、中部七里海－大黄堡湿地区和南部团泊洼－北大港湿地区；"一带"为海岸带区域生态保护红线，包括海洋生态红线区与滨海新区沿海区域的陆域生态保护红线；"多点"为市级及以上禁止开发区和其他各类保护地，主要包括青龙湾固沙林自然保护区、饮用水水源保护区一级区、

H5 产品截图

H5 产品截图

古海岸与湿地国家级自然保护区的贝壳堤区域等。

为了直观展现天津市生态保护具体方案,2018 年 9 月 6 日,津云新媒体推出《一根"红线"牵动你我》H5 作品,将生态保护这根"红线"动态化,随着红线滑动路径,勾勒出生态天津的轮廓。

在此 H5 作品中,描绘出三个数字:1195 平方千米,是天津的陆域生态区面积;219.79 平方千米是天津的海洋生态区面积;18.63 千米,是天津的自然岸线长度。随着作品中的红线描画方向,可以看到天津市地图贴士,有河滨岸带生态保护红线、水源涵养生态保护红线、生物多样性维护生态保护红线、地质遗迹 – 贝壳堤生态保护红线、防风固沙生态保护红线。在贴士上还可以看到每种红线所属行政区、总面积、保护地情况以及生态系统特征。同样,也可以了解到不同代表物种,像滨海新区的灰鹤、西青区的大小天鹅、武清区的丹顶鹤等。用户在明确天津市生态保护红线具体划定范围之时,也增长了对天津稀有物种的认识程度。

天津市每个区都有自己的特色,在 H5 作品展示中,用不同颜色贴士将生态保护红线区分表示,蓝色部分代表水源涵养生态系统,主要集中在蓟州区,是饮用水水源的关键保护区;绿色部分代表生态多样性维护生态保护红线,主要分布在武清区、滨海新区、西青区以及宁河区，由此发现珍稀物种在天津分布面广；橙色部分代表的是河滨岸带生态保护红线，基本上每个区的河滨岸线都有标识，这让我们直观地看到天津市的河滨岸线分布在哪里；紫色部分代表的是地质遗迹——贝壳堤生态保护红线，在 H5 地图上也能很直观地看到，紫色区域的分布并不是很多，主要集中在古海岸与湿地国家自然保护区。这些生态保护区的划分，在展现天津不同区特色的同时，也像是在给读者发出一个"求救"信号，保护生态资源刻不容缓。

H5 产品截图

《一根"红线"牵动你我》这一 H5 作品荣获了 2018 年天津市新闻奖媒体融合奖二等奖，"天津生态环境""天津发布"等官方媒体以及天津其他地方媒体纷纷转发，作品获得可观的浏览量。

《一根"红线"牵动你我》对于媒体报道是极具借鉴意义的，让读者有参与感和互动感。一根"红线"牵动的是千万民众对生态保护意识的觉醒之心。

（撰文 / 张雪莉）

● 创作者说：

创新表达手段做好政策解读

——访津云新媒体要闻中心编辑董琳晶

生态不仅是城市的问题，更是关系每位市民的生活，《一根"红线"牵动你我》以 H5 交互模式逐步拉出天津生态红线的全貌。为深入了解《一根"红线"牵动你我》的创作历程，笔者采访了津云新媒体要闻中心编辑董琳晶。她亲身经历了《一根"红线"牵动你我》由构思创作到成品的全过程，她向笔者介绍了关于《一根"红线"牵动你我》的创作情况。

为了做好政策解读，在《一根"红线"牵动你我》创作过程中大家进行了几轮头脑风暴。董琳晶说："我们希望让网友能够清晰地认识到《天津市生态保护红线划定方案》主要保护的是哪些区域，同时又能让网友用一种比较轻松和好理解的方式了解这些内容。当时 H5 是个非常流行的表现形式，我们希望能够将其充分地利用。"

H5 将生态红线进行了具象模拟化，作品中的"红线"犹如古代传说中的"月老"红线一般将生态保护与老百姓的生活牵连在了一起。对于此设计，董琳晶表示，就是考虑到"红线"这个词语的利用，以及蕴藏在"红线"背后的中国人传统文化意义的展现——月老牵引"红线"凑成了一段百年好合。在作品中的"红线"串起的是国家与人民在生态保护上的桥梁，它不仅是保护生态，更是对未来生态生活的一种建设。

为追求作品的精益求精，在技术上不断改进，该作品运用了"时间轴"的概念，让用户的视线随着红线的走向而前后移动,但由于表现天津生态的全貌地图很大,都集中在一个画面上无法看清,于是进行了全画幅可拖拽的展示方式。董琳晶说:"做互动 H5 首先就是要考虑'用户'的使用体验,所以制作者本身要站在用户角度进行观看。我们基本制作完后请几位同事进行测试,但凡发现问题,就再考虑。"

作品在内容设计上一丝不苟。H5 中不同的生态保护区用不同的颜色标注,珍稀物种和具体生态面积也标注得很清晰。对此董琳晶说:"我们有去一线的记者,新媒体的制作跟他们有很多内容上的沟通,通读了《天津市生态保护红线划定方案》,并且联系了环保局,要到了与方案对应的相关地图的内容。考虑到网友在阅读上可能有障碍,所以以颜色为标签划分。"

关于作品的内容创新和设计制作,董琳晶认为两者是相辅相成的,一定是建立在有新奇创意的前提下,再搭配与之匹配的制作能力,否则空有想法也做不出东西。当然,只有制作手艺,没有好的创意点,也无法吸引网友的眼光。

该 H5 推出后阅读量达到 1088 万。看到浏览量时,董琳晶说:"第一反应就是觉得团队的努力没有白费,这个作品选择的制作方式和展示方式是符合受众需求的。同时,也是一种压力,要不断地突破,制作出更好的作品。"

（撰文 / 张雪莉）

● 专家点评:

技术加持深入浅出画出生态保护红线

为与"生态保护红线"这一国家战略同频共振,天津市人民政府在 2018 年 9

月 6 日发布了天津市生态保护红线划定方案,规定天津市生态保护红线基本格局为"三区一带多点",进行市内有效的生态保护。在此同时,2018 年 9 月 6 日由津云新媒体出品的《一根"红线"牵动你我》H5 作品发布。该作品充分利用媒介融合技术,将不易理解的文字文件与新媒体的表达方式相结合,更加直观生动地展现了文字内容,让读者有参与感和互动感。

第一,巧用视听设计,带来沉浸式用户体验。以一条"红线"贯穿整个作品,采用动画、手绘、数据、文字、音频和地图相结合的模式,带给受众有参与感的沉浸式体验。该作品视觉界面设计美观简洁、风格一致,同时音画协调、气氛协调、动态配合等也符合一致性和整体性。在美工上,除黑白外主要使用了两个对比度很大的颜色——红和白,用于突出重点。在富有趣味性与吸引力的多媒介呈现中,作品让人直观地了解天津生态信息,同时还设计了配合用户点击红色线条的形式,提供可以被"发掘"的更多信息,带来了具有层次性的动态变化体验,这就使得受众并非简单被动地接受信息,而是在全身心的自主互动体验中直观地了解讯息内容,产生较强的传播效果。

第二,运用 H5 形式易于阅读和分享,传播范围广。H5 形式的展现让新闻内容更加符合新媒体时代的受众阅读习惯和接收方式,其重点强调的是对新闻完整事件的分解,将其中所蕴含的核心元素进行提取,与受众记忆特征进行结合,满足碎片化阅读需求。图画加文字的融合使新闻更易理解,以独特的方式吸引读者阅读严肃新闻内容,让受众对枯燥的文字新闻产生兴趣,吸引用户完成阅读。H5 是一种低准入门槛的传播形式,没有文化层次、自身客观条件的约束,在文化层面不局限于思辨能力较高的知识分子,在年龄层面不局限于占据网民结构绝对优势的青年人,因而易感知、易阅读、易接受,同时易分享。

第三,善用情境交互,线性结构保持用户注意力。通过点击滑动等引导用户阅读,逐层递进深入浏览,操作简便且容易参与,这个过程也正是线性层级逐渐展开的过程。作品在保持用户注意力的同时，完整地呈现新闻内容，有效地调动用户的积极性，让用户沉浸在内容场景之中。此 H5 作品取得了良好的传播效果，从媒介融合方面来说也有了新进展。

（撰文 / 冯帆）

● 思考与启示：

把握受众习惯才能做出新闻精品

网络新闻因其媒介特性往往带有多媒体融合的特点，同时移动终端用户表现出明显的碎片化阅读习惯，因此优秀的移动端网络新闻作品，在创作设计时必然要切中其独特的媒介与受众特点，不仅在传统的新闻选择与内容选择方面直击社会热点，而且在针对特定的移动端网络平台时，把握其平台特殊的受众习惯也是提高传播效果的重要手段。

一是要契合时事热点，生产优质内容。要提升受众的视听体验，如本作品采用 H5 形式赋予受众场景化，使受众成为媒介的一部分，与媒介实现深度融合。同时需要保证传播内容质量上乘，拒绝形式大于内容情况的发生，能够结合热点话题、根据用户群的特点与喜好来定制内容与功能。

二是善用交互元素，强化感官体验。在移动互联网时代的传播中，除了满足受众自身的信息需求，也应充分考虑参与互动，给予受众足够的自我满足，提高传播的到达率和实效性，以场景化为背景，使受众群体在交互体验环节直接参与。目前的 H5 作品中只运用一两种互动方式,多为"点击＋滑动"的结合,互动方式的单一化可能会使受众的注意力随叙事内容的增多而不断流失,因此在制作时应当注意丰富互动方式,除了传统的点击拖动,还可以增加"摇一摇""扫描""拖拽"等方式,不断引发受众兴趣。

三是善用融媒体技术,扩大受众群体。在多元发展的大数据时代,H5 技术与新闻信息的协同发展,轻松地展现了新闻内容。利用多种新媒体形式的展现,会更加具体形象,让用户身临其境,得到前所未有的新闻沉浸式体验,进一步地促进大量用户展开传播式的互动与交流。在设计融媒体作品时,新闻工作者需要注重新媒体新闻内容生产思维,不断挖掘创新模式,不禁锢于大众传播时代的单向传播,做到让受众主动地参与到信息传播之中并产生互动,从而在读者用户之间形成转发的多对多传播。此外,要尽可能把握受众心理,顺应受众的个性,创造受众的兴趣点,给予用户阅读与自我满足的实现。

（撰文 / 冯帆）

典型人物报道网上传播

　　先进典型的事迹和精神是激励社会进步的重大力量。习近平总书记曾经多次点赞英雄模范。对典型人物的宣传报道，能够起到很好的示范作用，有利于促进大家向典型学习，从而促进社会共识、引领社会风尚，发挥议程设置和舆论引导功能。近年来，天津网络传播中的很多典型人物，例如张伯礼、张黎明、席世明等，可谓家喻户晓耳熟能详，报道中的他们真实可信而又具有个性，切实达到了可敬、可信、可亲、可学的标准。

微信扫码看详情

32　短视频《无胆英雄张伯礼》

 案例回顾：

2019 年年底，新冠肺炎疫情突袭武汉，恐慌和焦虑的心情占据人们的生活，中央迅速进行决断，以坚定的决心、科学的举措阻断了疫情的传播。在这一过程中，医护工作者们的牺牲和风险是巨大的；

记者许浩（左）与张伯礼合影（照片为津云新媒体提供）

在这一过程中，涌现出无数可歌可泣的英雄人物；在这一过程中，医护人员将中医和西医结合，向世界证明了中国智慧，贡献了中国力量。

中国工程院院士张伯礼就是其中的代表。当时，他也是天津中医药大学校长。在他的组织之下，中医药在抗击新冠肺炎疫情中发挥了巨大的作用，使得他进驻的江夏方舱医院截至"休舱"时，564 名患者零转重症、零复阳，医护人员零感染。他致力于将中医药向世界推广,他是一位医者,更是人民英雄。

为了宣传张伯礼院士的事迹,津云新媒体微视专班报道团队创作了一部采访快剪的短视频——《无胆英雄张伯礼》,于 2020 年 3 月 21 日推出,通过 5 张珍贵的照片以及对他家人、助手、同事等人的采访,真实而深刻地展示了张伯礼甘于奉献、一心为国、将个人生死置之度外的高贵品格,诠释了张伯礼"国有危难时,医生即战士。宁负自己,不负人民"的初心誓言。

这部短视频,深挖细节,内容饱满,情感充沛。开篇通过张伯礼院士的学生、同事、朋友的话语,描绘出了他的形象——一位老英雄、一名优秀的医生。随后通过 5 张照片依次讲述他从上飞机开始的故事——接管方舱医院,为病人近距离看诊,在当地医院做胆囊炎手术,一直到最后抗疫成功关仓大吉。每张图片都是张伯礼参与抗疫工作不同节点的见证。在照片的展示过程中,也穿插着大量被采访者对张伯礼的描述和评价。短视频报道运用不到十分钟的时间,向我们呈现了一个抗疫英雄的形象。

在采访中,张伯礼院士的学生杨丰文表示,自己是在张伯礼院士来武汉之后才知道他的胆囊有毛病,张伯礼的儿子张磊说在接到疫区的电话得知父亲需要做手术时自己吓坏了。身体抱恙却依旧坚持上前线,在张伯礼的自述中,在乎的只有治病救人,他将中医药疗法带到了方舱,也带领着中医药走向世界。

5 张照片以及 10 位采访对象,抽丝剥茧般地诠释张伯礼推动中医药参与防治新冠肺炎疫情的全程,更体现了他作为医者的仁心,树立了一个值得国人敬佩和骄傲的英雄形象。

《无胆英雄张伯礼》播出后,迅速获得社会热烈反响,网友纷纷留言,表达被触动、被激励的真实感受。该作品也获得 2021 年第三十一届中国新闻奖一等奖。这部短视频对媒体做典型人物报道具有借鉴意义。在短视频成为风口的移动互联网时代,媒体要做好典型人物报道,不仅要用生动的文字揭示人物性格风骨、抒发爱国情怀、传播主流价值,还需要通过充满人文关怀的语言和画面来充沛情感,以此激发作者与观众之间的心灵共振,树立人物形象,更要以"工匠精神"不断追求技术手法创新。在坚守内容为王的前提下,积极采用大众喜闻乐见的报道方式,才能真正发挥出树立标杆、弘扬正气、凝聚力量的重要作用。

（撰文／曹灿琼）

● 创作者说:

排除万难完成的一次采访

——访《无胆英雄张伯礼》短视频制作团队

2019 年年底,新冠肺炎疫情来袭,武汉成为受灾最严重的地区,随后的三年,我国抗击疫情的决心从未被动摇,勠力同心、共克疫情也成为了时代特征。在这样的时代背景之下,由津云新媒体微视专班制作的《无胆英雄张伯礼》,以采访串接的方式,讲述了站在疫情前线的张伯礼院士的光辉事迹,既能抚慰人心,又能够树立榜样,体现出典型人物"一心为民、甘于奉献"的高尚品格。笔者对《无胆英雄张伯礼》短视频制作团队进行了采访。

这部作品的创作过程很不容易。张伯礼院士作为中央疫情防控指导组专家,工作非常繁忙,而且行踪不定,就连家人也经常找不到他,并且疫情期间,团队也没有办法跟随张伯礼奔赴武汉。津云新媒体视频中心主任齐竞竹说:"采访对象难以接触,这给采访增加了不小的难度,没有充足的时间采访又需要将他的形象鲜活地展示,面对这些难题,团队成员们并没有退缩。作为新闻人的使命感一直支撑大家克服一切困难,将这个报道呈现出来。"

山重水复疑无路,柳暗花明又一村。在遇到瓶颈之时,一张照片给报道团队带来了启发,也就是视频中的第一张照片——张伯礼院士在飞机上拍的照片,当时他正接到通知,要去武汉参加抗疫工作。这张照片也是记者在采访张伯礼的儿子、天津市第十二批支援湖北医疗队队长张磊时得到的。津云新媒体视频中心副主任闫征说:"有了这张照片,团队决定将报道目标转向展示张伯礼在武汉抗疫过程中的点滴瞬间,从不同角度了解这位医者'甘于奉献'的赤子之心。报道团队选择了张伯礼身边10位亲近的人,有他的家人、同事等。在采访过程中,张伯礼在方舱吃泡面、在病房近距离看诊、在病床上签字以及方舱医院关仓大吉等照片也随之出现,整个报道框架初见雏形。"

津云记者闫征深夜与抗疫一线的医护人员连线(照片为津云新媒体提供)

在采访和整理材料的过程中,报道团队又遇到了困难。闫征回忆说,由于访谈人员多、时间长,而且不能去武汉采访,只能靠视频连线,等到采访对象休息时进行采访,所以很多采访都是在半夜两三点中进行的;不仅如此,整理访谈材料也是一个艰苦的过程,20多万字的音频访谈,需要团队全部转换成文字,再反复推敲、删减,精编成两万字之后再进行剪辑。

齐竞竹说:"典型人物的报道强调共情,在采访上就要通过信任、共鸣、引导等方式,既获取信息,又交流感情,采访到的内容才能增强短视频的可看性、可读性。"因此,报道团队在采访过程中十分注重细节。闫征表示,细节是短视频故事化的重要组成部分。为了能够有效地获得所需要的内容,团队在采访环节投入大量的时间和精力,每天深夜录制访谈就花费 2 到 3 个小时,到最后采访对象越来越放松,就像和好朋友在谈心,有时讲得忘情,团队的记者和采访对象都不由自主地流下眼泪,这样的真情流露,是最真实和自然的,也增强了短视频的亲和力。

(撰文 / 曹灿琼)

● 专家点评:

通过挖掘细节锻造新闻精品

新冠肺炎疫情暴发后,遭受这一重大危机冲击与考验的中国,以巨大的魄力、科学的举措、勇毅的付出,努力阻断疫情的传播,让这片土地成为世界上最安全、最温暖的家园。这场战"疫",不仅涌现出无数可歌可泣的英雄人物,而且将科学的中国方案推向世界为抗疫贡献智慧,张伯礼院士就是其中的代表。

习近平总书记指出,做好正面宣传"要注重提高质量和水平,增强吸引力和感染力"[1]。要报道好典型人物,就要精选典型的情节和细节,人物的特点越鲜明,人物的形象就越生动。津云新媒体微视专班创作的短视频《无胆英雄张伯礼》,总体来说有三个特点:

第一,从细节上挖掘线索,丰满人物形象。新闻老前辈穆青说过,能否高瞻远

---

[1] 中共中央宣传部新闻局编《习近平总书记党的新闻舆论工作座谈会重要讲话精神学习辅助材料》,北京:学习出版社,2016 年版,第 7 页。

瞩地提炼出能够反映时代特征的主题,并且从这个高度来表现典型人物的革命精神和思想风貌,是决定人物通讯成败、优劣的关键。短视频亦是如此。要让典型人物报道富有感染力和吸引力,真正能"立起来",必须努力挖掘人物的特质。从细节中找故事、讲故事,则是这一过程形成的核心要素。

在《无胆英雄张伯礼》这部作品中,奉命出征、承包方舱、病床问诊、摘除胆囊、关仓大吉等5张珍贵的照片不仅串联起张伯礼推动中医药参与防治新冠肺炎疫情的全程,更体现了他作为一名共产党员的初心、一位国之大医的仁心。

第二,从细节上积蓄情感,传递精神力量。在传播学中,讲故事是一种媒介化实践,是用一种生动的、具体的、讲事实、讲感情的方式与受众沟通交流。在认知心理学中,受众的认知行为,或者叫心智结构,就像一个筛子,筛掉不需要的,留下想要的。短视频《无胆英雄张伯礼》的创新之处就在于,摒弃了冗长的旁白叙事结构,采用紧凑的同期串接方式,使传播行为更感性化、情感化,更符合人们的审美需求和接受习惯,也使短视频整体的逻辑性、节奏感更强,降低跳失率,让受众在短短几分钟的时间就能快速了解典型人物的事迹,感受精神传递的力量。

该作品的5张照片只是线索,要讲好故事,还必须强调细节描写。细节是短视频故事化的重要组成部分,有细节的地方往往是最能出故事的,细节使人物有血有肉,增加故事的感染力,使受众产生情感共鸣。该作品以照片开篇,为典型人物的故事做了引述,用情感的层层蓄势继续做铺垫。该作品通过用好情感传播这把"利器",更好地抓住受众的"泪点",让人们感受到满满的正能量。

第三,在细节上精益求精,力求锻造精品。该作品通过运用高效的视频节奏来尝试打破对短视频用户的"低唤醒率",让受众的情绪快速被短视频的节奏所感染。镜头组接方面,打破了常规状态镜头切换时所遵循的时空和动作连续性要求,以较大幅度的跳跃式镜头转场,突出必要内容,省略时空过程。音乐选取方面,既有恢弘磅礴的氛围型配乐,又有弦乐铺陈的叙事型配乐,在不同篇章营造出紧张、温馨、感人、恢弘等几种氛围。由于短视频是以同期访谈组接成的,所以配乐的使用就显得尤为重要,在听感上既符合不同情境,又不会造成听觉疲劳。而且,配乐与人声进行了很好的结合,为内容的表达增色不少。声音的剪辑,也是该作品一个亮点。该作品在对声音进行选择的基础上,通过组接、创作等方式将人物的情感以及气氛呈现出来,使之形成一个艺术化的听觉环境,与短视频画面结合在一起构成一个无法分割的整体。

此外,在包装设计方面,短视频中使用三维特效,制作了书籍效果,整体风格类似于古书籍,使用金黄色调以及粒子效果,营造了稳重、神圣的氛围。书籍的做旧效果,烘托出了人物的英雄气概。在书籍周围设计了听诊器、温度计等医学元素,点出主题的同时又与古书籍形成巧妙的呼应。

(撰文 / 刘雁军)

● 思考与启示:

主题报道要挖掘出事件和人物的价值

选题、视角及方法创新,是有效提升重大主题报道舆论引导力和社会影响力的关键。而关键中的要点,则在于挖掘其中事件和人物的重要价值和精神品质,用事实说话、从细节入手,通过讲述故事、共鸣情感、传递精神,给人以激励、鼓舞、感染和启迪,从而打动受众,弘扬时代精神,彰显榜样力量。

挖掘事件与人物的价值,做新做亮宣传,需要主流媒体不断摸索创新。一是要处理好场景化叙事中的细节。《无胆英雄张伯礼》从"人"的角度组织报道，有力度、有深度、有温度。其中，场景化叙事中的细节，更加注重与事件整体信息、环境背景之间的互动关联。这对于挖掘事件与人物价值很有帮助。二是要处理好情节性细节。情节性细节是对场景中个别人和事物细节的主题性汇集。如果说常规性细节是"点"，那么情节性细节就是"块"。在常规性细节的基础上，挖掘"情节性细节"，具有更大的说服力。5张照片背后的情节性细节被记者挖掘出来，在叙事中推动情感的共鸣。通过被解读的人物和事件，提炼出质朴的精神内涵，在自然流淌的场景叙事中，让故事及其所要揭示的重大主题具有了强大传播力与丰富感染力。

在融媒体传播的当下，短视频的传播，需要基于真实、流畅的"可看性"原则之下，最终达到主题表达的"厚实感"。同时，将时代精神、个体价值与公众认知高度融合，增强人物事迹感染力与可读性，实现人物报道境界提升与价值升华，也为人物主题报道、典型宣传创新做了很好的尝试。

（撰文/刘雁军）

微信扫码看详情

33 短视频《臊子书记》

● **案例回顾：**

2018 年，正值我国打赢脱贫攻坚战三年行动关键时刻，数以百万计的扶贫干部在第一线倾情投入、奉献自我。天津扶贫干部宋鹏的故事一直为媒体所关注，他身上所展现出的奉献精神正是广大扶贫干部的集体写照。

为展现脱贫攻坚之画卷、扶贫工作之面貌，津云新媒体视频团队派出摄制组，历经跋涉来到甘肃陇南大寨村。报道团队与在甘肃扶贫的宋鹏一起挨家走访，实地调查、体味当地民情。最后，基于宋鹏所撰写的扶贫日志，摄制小组最终在此基础上确立了拍摄脚本。

2018 年 10 月 17 日，津云新媒体推出短视频新闻作品《臊子书记》。该视频讲述了天津大

津云记者在大寨村采访（照片为津云新媒体提供）

学选派的扶贫干部宋鹏,在甘肃陇南大寨村三年以来所展开的扶贫工作,以纪实的镜头语言和灵动的后期翔实记录了宋鹏的扶贫经历。尽管大寨村山清水秀、风景秀丽,人均耕地面积却不足半亩,农业不成气候。就是在这样一处贫困村寨,宋鹏努力挖掘出它的特色闪光点——沙湾臊子。此后他展开了积极的实地调研,开发出了产品,并利用"互联网＋扶贫"打造电商产业链,带领村民走上脱贫之路。宋鹏探索的扶贫模式有效发挥了互联网在助推脱贫攻坚中的作用,推进精准扶贫、精准脱贫,让农产品通过互联网走出乡村。

报道将信息字幕和实景融合呈现,介绍了大寨村情况,避免了生硬的数据展现方式,增强了报道的可看性。同时,短视频报道以一种轻松诙谐的风格,将纪实画面、卡通弹幕、丰富配乐融合起来,呈现出动画分镜的效果,大大增强趣味性和代入感,展现了宋鹏这位 80 后青年的想法、担当和智慧,全方位构建了一位不平凡的扶贫干部形象。

《臊子书记》使用了适应当前传播主流的特有技术:动画和 3D 建模。报道是基于三年以来的"扶贫日志"进行的,在这一时间脉络中许多扶贫故事和场景已不能还原,而受访者口述的形式并不适用于短视频模式。报道团队于是巧妙运用动画形式,展现了扶贫干部宋鹏进村、带村民跨省考察等,既节约篇幅,又直观呈现出故事和场景。

津云记者闫征(右)采访臊子书记宋鹏(照片为津云新媒体提供)

臊子,作为整部新闻作品的重要线索,是宋鹏的灵感来源,也是大寨村村民脱贫致富的关键产品。团队参考了《舌尖上的中国》等美食节目的拍摄手法,用画面记录了臊子的制作过程,这一组流畅的细节描写,既点了题,也为后续新闻扶贫活动的产品宣传带来了帮助。

在第二十九届中国新闻奖评选中,《臊子书记》获得短视频新闻一等奖。《臊子书记》通过津云客户端、北方网等平台推出后,30多家中央新闻网站、省级网站和商业网站进行转载,多家媒体在微博进行转发,天津地铁1、2、3号线通过5000多块屏幕滚动播出。综合计算,视频累计曝光量超过1亿。网友纷纷分享出自己身边为基层群众干实事、善作为、有担当、有能力的典型,为坚守在脱贫攻坚以及各战线上的榜样人物点赞。《臊子书记》是成功的正面宣传,宋鹏的扶贫故事激励着更多有志有担当的奋斗青年,以多种方式投身到社会建设的工作中,为社会主义事业做贡献。

《臊子书记》在内容上以小见大,展现了我国脱贫攻坚战的样貌和实际,在报道形式上充分调动视听感官,利用最适合当下传播的互联网短视频模式,为典型人物报道做出新尝试。

(撰文 / 朱钦琢)

● 创作者说:

用心用情才能讲好扶贫故事

——访津云新媒体视频中心副主任闫征

为深入了解《臊子书记》的创作情况,笔者采访了津云新媒体视频中心副主任闫征。她向笔者介绍了新闻作品的创作背景、采制过程,并讲述了创作背后的故事。

关于该作品创作的背景,她介绍说,扶贫工作是党中央、国务院的一项重要战略部署。党政机关定点扶贫是中国扶贫开发战略部署的重要组成部分,是新阶段扶贫开发的一项重大举措,对推动贫困地区经济社会的发展有着积极意义。这是作品创作的大背景。

"这部作品的成功首先得益于发现了一个非常好的扶贫典型",闫征说。这部作品所聚焦的主角臊子书记,是2015年天津大学派驻陇南市宕昌县沙湾镇大寨村的扶贫干部宋鹏。在他的带领下,大寨村开发特色产品12种,整合资金138万元,成功打造了全链条农村电商产业,并在2017年实现了集体销售收入55万元的突破。

她认为,宋鹏探索成功的"农村'三变'+电子商务"正是响应了习近平总书记的号召,即发挥互联网在助推脱贫攻坚中的作用,推进精准扶贫、精准脱贫。

谈到采访和制作过程,闫征介绍说,创作团队非常年轻,视频制作经验并不丰富,平均年龄28岁,来自不同的媒体,在创制过程中也遇到了一些挫折。最后决定选择臊子书记宋鹏的扶贫经历这个视角,牢牢把握脱贫攻坚、精准扶贫的重大主题,在这个前提下将主题故事化,故事人物化,人物细节化,一步步细腻丰富作品。这个过程中,叙事和表达方式是重要的,3D建模、动画制作等技术的优化呈现方式也是为作品添彩的一环。当然,这一切都建立在充分了解受众的需求、熟悉他们的交流方式的基础上,这样才能创作出引发共鸣的作品。

闫征提到,除了对内容的严格要求,传播渠道也需要重视。当下传播环境存在讯息超载的问题,信息传播迅速,如果没有宣传推广,"酒香也怕巷子深"。要做出爆款作品,学习强国平台、央媒及其新媒体、全国各省市自治区主流新闻网站、商业平台、自媒体大V以及海外华文媒体都要有效利用起来。她说:"用户在哪里,新闻人就在哪里,新闻舆论引导就要到哪里,已经成为我们做好短视频推广的工作原则。"

谈到创作背后的细节和故事时,闫征说,摄制团队共六人,坐三小时飞机到达甘肃天水，颠簸六小时后才抵达陇南大寨村。拍摄十多天，他们与村民们同吃同住，还无意间在宋鹏的宿舍发现了他的扶贫日记，里面的故事给了团队灵感，最终形成了《臊子书记》的拍摄脚本。

津云记者背着摄像器材上山（照片为津云新媒体提供）

闫征介绍，为了在短视频中展现"村民银行"，津云记者冒雨上山，将无人机等摄像器材用绳子绑在身上，徒步爬了将近两小时才上了营盘山，用航拍记录下片尾那一组富有希望的画面。下山时，保护记者的村民徐永军还说："让你们这些娃娃受苦了"。下山后，村民们又端出特色的沙湾臊子面招待大家，团队成员们感触颇深，有位女记者落了泪。

闫征说，这次采访和创作经历，让"脚上沾着多少泥土，心中就沉淀多少真情"这句话在记者们心中有了更深的意义，也会激励他们创作出更多好作品。

（撰文／朱钦琢）

● 专家点评：

以独特定位找准视角

《臊子书记》立足电商"小切口"，呼应扶贫"大主题"，通过小人物展现大情怀、小制作释放大能量、小视频拓展大渠道,成为新媒体的"现象级"产品,谱写了新时代的奋斗曲,唱响扶贫干部的正气歌。

《躁子书记》的成功不仅属于津云新媒体的创作团队,更得益于近年来天津市在推进媒体融合上的努力实践。2017开始,天津先是整合全市新媒体资源,依托北方网组建了现在的津云新媒体集团,又大刀阔斧重塑全市媒体格局,成立天津海河传媒中心。来自报纸、广播、电视、网站的媒体人,身上携带着不同的新闻基因,开始在同一个大院里办公,用同一个中央厨房生产,开同一场编播例会。平面媒体有思想深刻长处,广电媒体有视频制作技巧,新媒体有互联网思维创新理念,只有融合发展,在"先天基因"中注入"核心内功",将大屏的传统优势有效转化成小屏的崭新动能,才能释放出巨大的视频生产力。《躁子书记》这部作品,就是媒体融合最直接的成果。

《躁子书记》的成功充分证明,要生产具有传播力、影响力、引导力、公信力的优秀作品,必须牢牢抓住"小人物、大主题,小片子、大情怀"这个创作根本。目前,媒体生产的一些短视频容易陷入"套路":一是成为有画面和同期声素材的堆砌,缺乏有感染力的主题;二是陷入对视觉表现力的过度追求,突出技术运用,而忽略了对优质内容的关注。因此,要想做好大主题的短视频需要以独特定位找准"微视角",才能防止"大而空",从而实现以故事感人,以真情动人。

从津云新媒体创作的《躁子书记》可以总结出,创作优质的短视频需要注意以下三点:

第一,"大主题"的"小视角"处理。要以纪实性的镜头语言,通过数字、语言、表情、动作等细节将容易落入"大而空"窠臼的主题生动鲜活地表现出来,让受众便于理解和接受,避开先入为主的定论和概括性语言,对重大主题进行贴近受众、贴近生活的"小视角"处理,拉近与受众的距离。

第二,加强"网感"的表达与叙事。要挖掘不为普通大众知道的"暖心的事",

并使用网民喜闻乐见、轻松易懂、能够引起共鸣的网言网语，以求引发共鸣。比如宋鹏，他是"80 后"，又利用"互联网＋扶贫"帮助大寨村脱贫，因此短视频在表达风格上就要突出年轻人的"萌"和"燃"。拍摄中，津云摄制团队发现这位普通的"80 后"扶贫干部身上有很多闪光点：有想法，利用"互联网＋"开展扶贫工作；有"套路"，用创新思维激发青年人创业动力；有担当，两年任期结束后主动延期一年……于是，摄制团队将这些细节有机串在一起，折射出宋鹏"心系人民、爱撒乡村、无悔青春、不负韶华"的情怀。

　　第三，借力技术优化呈现方式。要借用新技术手段灵活呈现题材内容，让抽象的主题变得具体可感，实现从"悦目"到"悦心"的飞跃。在重大主题的短视频表达中，可以尝试使用 H5、AR、VR 等技术，用卡通质感、快闪、弹幕等手法实现作品形式优化。

（撰文／刘雁军）

● 思考与启示：

短视频要用好情感力量

　　短视频新闻的时长较短，若要形成一定的影响力和传播力，必须能够让受众在短时间内形成情感共鸣。在 5G 时代，短视频已成为主流价值的主要表达方式，主流媒体的短视频新闻需要突破传统新闻模式，打破传统叙事，在叙述中融入情感，强化故事的情感力量，以形成情感共鸣，从而在众多短视频新闻中脱颖而出。

一、小制作可以释放大能量。《膘子书记》这部短视频没有恢弘的制作,完全是从小处着眼着手。从发现膘子或许可以成为帮助村民脱贫的农产品,到带着村民前往各大城市调研,再到鼓励并教大家利用互联网推广产品,短视频在轻松幽默中将宋鹏的工作经历展现出来。虽然是在单一线性时空下进行的画面组接,但时间与空间的协调配合,让生活以一种基于原生态,但又高于原生态的方式体现得有层次感、新鲜感和新奇感,使人浏览起来丝毫不觉得乏味。短视频的后期到了"燃点",村民对宋鹏的依依不舍将短视频整体推向高潮,扶贫的最终目的是要激起受扶群众的"志"、提高受扶群众的"智",铺出"一条带不走的幸福路",这让短视频的立意升华到最高点,也让网友不禁向扶贫干部点赞致敬。

二、创新作品表现手法。要生产出好的短视频新闻,不仅用力钻研画面素材和语言表达的完美契合,还要尝试用多种新媒体手段表达,让短视频有新时代的新视角。这部短视频巧妙地运用一些 MG 动画的表达方式。在宋鹏决定带村民们外出考察的片段中,MG 动画发挥了巨大的作用,天津、北京、西安、兰州,几帧动画就能"游走四方"。而大寨村成立第一家集体企业、成立沙湾电商扶贫服务中心等,则通过 3D 建模的形式直观呈现,立体感强,搭配有节奏感的音乐更使画面入脑入心。在结尾处,通过 3D 建模让花椒树在营盘山上长出来,一幅希望的景象让短视频更加生动而富有灵气。此外,在短视频左下方设计的日记本,会显示重要的时间节点,根据故事情节需要,会适当地出现 MG 弹幕,增加画面的趣味性,等等,这些都为短视频在情感化叙述、艺术化表达和创新性传播方面增色不少。

(撰文/刘雁军)

34　短视频《沙漠之子》

● 案例回顾：

　　2019 年 10 月 17 日是国家扶贫日,这天津云新媒体推出了精心策划的短视频《沙漠之子》,讲述了天津援疆干部席世明的事迹。他朴实无华、兢兢业业,用无限的热情

津云新媒体记者拍摄制懔（照片为津云新媒体提供）

在祖国的大地上奉献了自己的一生,践行了一位援疆干部光荣而庄重的使命。

　　在塔克拉玛干沙漠的南面,坐落着新疆和田地区的贫困县——于田县。在扶贫的日子里,席世明不放过任何一个招商引资的机会,费尽心血寻找投资人。在席世明的带领下,于田县 4000 多户农民脱贫就业。同时,他还不忘关心当地的困难户,当有人因为贫困交不起住院费时,席世明带头进行捐款。看到许多养殖户饲养的羊一年到头卖不了几个钱时,心急如焚的他又开始寻找出路。当天津在于田县投资建起了澳湖多胎肉羊扩繁养殖合作社时,养殖户们半信半疑,席世明就耐心地挨家挨户解释。通过不懈的努力,于田县的农户们逐渐走出困境,生活也慢慢好转。2019年1月6日,席世明在帮助企业装运了30多吨的农产品后,返回宿舍突感不适,被紧急送往医院。经诊治被确诊为出血性脑卒中,虽经全力抢救,但这位任劳任怨、乐于助人的优秀干部还是停止了呼吸,生命永远停留在了43岁。

为了再现席世明的扶贫心路,2019年7月,津云新媒体视频记者远赴新疆,历时3个多月拍摄制作了短视频《沙漠之子》,创新采用第一人称的视角真实还原席世明生前的奋斗场景,带领大家感悟席世明的内心世界,深情讴歌席世明用生命践行入党誓言,用行动诠释对党忠诚。

在视频开始时,一位抽泣的女性和一个稚嫩的声音把我们带入到事件当中,他们大声地呼喊着病床上的席世明。接着,时空变化,斗转星移,视频以席世明作为故事展开的主体,详细介绍了他近年来在于田县工作的轨迹。招商引资、开办棉花厂、带动当地4000多人就业、帮助贫困户捐款、投资澳湖多胎肉羊扩繁养殖合作社……一桩桩一件件无不讲述着席世明在这片热土上如何挥洒着汗水,帮助当地人民脱贫。可是,他却永远地离开了我们,带着不舍,含着热泪,将自己奉献给了援疆事业。

视频以第一人称视角带我们走过了席世明的短暂而不平凡的一生。镜头里村民们脸上呈现出朴实热情的笑容,他们说着家乡话,即使听不懂,也会明白大家对这位扶贫干部深深的喜爱和满意,因为那一次次有力、舍不得松开的握手表明了一切。大家对着镜头挥手的场景,笑容温暖,眼里有光,仿佛是在欢迎席世明的到来,又仿佛是在道别:"谢谢您,因为您,我们过得很好!"

《沙漠之子》一经播发,吸引了无数网友的关注和点赞,在各大视频网站上收获了好评。各级部门纷纷开展援疆干部席世明先进事迹报告会,深刻学习席世明的优秀品格。在国家乡村振兴局组织的"我所经历的脱贫攻坚故事"征集展示展播活动中,该短视频荣获"视频类一等奖"。

《沙漠之子》的报道方式极具创新意义,为短视频的制作与拍摄做出了探索,报道形式上采用第一人称叙事方式别具一格,有力地发挥了新媒体的"新"字。

(撰文 / 张元培)

● 创作者说:

三个月精心拍摄再现援疆壮举

——访津云新媒体视频中心记者王辰兮

为详细了解《沙漠之子》的创作情况,笔者采访了津云新媒体视频中心记者王辰兮,她全程参与了该视频的策划和拍摄。

在此次拍摄中,为了更好地实践"四力",津云视频团队深入塔克拉玛干沙漠,历时三个多月,创新制作该短视频。在向笔者谈及创作灵感时,王辰兮说道:"席世明是天津市优秀的援疆干部,他为我国的扶贫事业奉献一生,最终倒在了工作岗位上。在对他进行了解的过程中,其中有一个小细节让我记忆犹新。就是在他昏迷不醒之时,枕边始终有一只录音笔,日日夜夜,不分昼夜地呼唤着'席世明,你快醒醒','爸爸,你快醒醒',这一声声泣血的呼唤,打动着在场每一个人的心。我们以这一场景为贯穿全片的主线,并将碎片化的援疆故事进行回忆穿插。"

为了让世人记住这位在祖国的边疆鞠躬尽瘁的干部,摄制团队创新采用第一人称视角,通过镜头的直观表达,回忆、追思和展望。王辰兮表示:"通过这种独特的拍摄方式,既能够帮助受众了解席世明生前所开展的扶贫工作,又能寓意他对这片土地的恋恋不舍,对结对帮扶困难户的万般牵挂。"

对于采访制作过程,王辰兮讲述道:"8月份,在新疆最热的季节,我们踏入于田,来到席世明生前为之奋斗的这片热土。茫茫沙漠中的于田格外干燥,风沙滚滚更是常态。为了拍摄沙漠落日的壮观场面,体现'沙漠之子'的主题,团队携带沉重的摄像器材,徒步走进了塔克拉玛干沙漠,每人身上仅仅携带了两瓶矿泉水,在烈日当头时进入沙漠勘测环境,于夕阳落下后拍摄完成才走出。眼前的沙漠一望无际,常常踩下去一脚便是流沙,团队齐心协力,互相帮助,靠着指南针,翻越了数个沙丘,最终将沙漠落日完整地呈现出来。"

回津后,后期编辑团队根据素材反复打磨脚本,把席世明三个最具代表性的故事有机串联起来,基本做到全景展现席世明两年来的扶贫工作,第一视角的拍摄方式使短视频整体看来有很强的代入感,让受众身临其境。短视频后半部分再现席世明牺牲的情景,以及受帮扶户、援疆干部的真情讲述,达到了升华的高潮,引无数网友在泪目中向扶贫干部致以崇高的敬意。

在提到拍摄的幕后故事时,王辰兮更是动情地说道:"我们的工作人员吃苦耐劳,为了使第一视角更加真实,摄制团队将运动相机固定在摄像师身上,经过头部、胸部、颈部等多个角度的测试,最终发现嘴部是镜头拍摄效果最好的位置,是更符合普通人视线的角度。摄像师将运动相机衔在嘴里,完成整部短视频的拍摄,十多天下来,摄像

津云记者王欣把运动相机衔在嘴里拍摄（照片为津云新媒体提供）

师的嘴里磨出了血泡。"

据王辰兮回忆:"为了体验最真实的生活、了解更详细的内容,记者们就住在村民家里,半夜醒来身上都是跳蚤咬的包,又疼又痒。为了拍摄一个制馕的镜头,摄制团队在高温炉前整整待了 9 个小时……"

摄制团队的辛苦付出,最终换来了广大网友的认可。2019 年 10 月 17 日国家扶贫日当天,该短视频被国内外百余家媒体广泛转载,截至第二天 16 时,该短视频累计浏览量已超过 1.18 亿。王辰兮说,津云视频团队会继续践行"四力",讲好中国故事,让正能量更强劲,主旋律更昂扬!

(撰文 / 张元培)

专家点评:

用新媒体手段探索典型人物报道

中国脱贫攻坚的胜利,是中华民族发展史、社会主义发展史、人类社会发展史上的伟大壮举,对于推动中国减贫事业和世界减贫进程均具有重大的历史意义。但胜利的取得,也有生命的付出。天津援疆干部席世明就是其中之一。

通过已故的典型人物做好脱贫攻坚的短视频报道,而且表达创新、不落窠臼,是该作品的一个亮点。作品使用第一视角的拍摄模式,真实还原席世明生前三个扶贫片段。通过这样的表达方式,让受众不仅了解扶贫干部的真心,更能感受扶贫干部的真情。沉浸式的风格,也让短视频增添了互动的感觉。

　　该短视频采用叙事方式的平行蒙太奇架构,以还原席世明在医院被抢救时的场景为主线,中间通过回忆的方式穿插三个扶贫故事,看似毫无关联,但却层层递进。片尾通过展现当地脱贫后的美好生活,表达扶贫干部要打赢脱贫攻坚战的信心和决心,也充分流露受援群众对席世明的深切缅怀之情。总体来说,该作品有以下三个特点:

　　第一,突破典型人物的传统表达方式,塑造"真实立体"的主体形象。"真实"主要体现在两方面:人物事迹的真实度和观众观看的真实感。真实度是指典型人物事迹必须保证真实,尽量避免虚构情节的呈现,这既是主流价值传播的基本要求,同时也是纪实性作品的品质保证;真实感则体现为观众与典型人物之间的心理距离,是纪实性作品完成精神信仰认同建构的重要基础。在此背景下,该作品根植于"故事化、沉浸式"的实践,通过主观的视角,聚焦"真、善、美",以此丰富典型人物的形象。

　　第二,体现典型人物的鲜明时代特点,达到引导舆论、鼓舞人心、传递正能量的作用。著名记者、新华社原社长穆青曾经说过,典型人物的报道,要反映他们的精神境界和思想风貌,作品要深入提示这些人物的精神世界,挖掘和表现人物身上所包含的时代精神,奏响时代最强音。该作品创新采用第一人称视角,通过镜头的直观表达,回忆、追思和展望。通过独特的拍摄方式,既能够帮助受众了解席世明生前所开展的扶贫工作,又能寓意他对这片土地的恋恋不舍,对结对帮扶困难户的万般牵挂。短视频情节铺陈有序,情感起伏跌宕,情绪张力十足,整体逻辑清晰、真情细腻。短视频后半部分再现席世明牺牲的情景,以及受帮扶户、援疆干部的真情讲述,达到了升华的高潮,引无数网友在泪目中向扶贫干部致以崇高的敬意。

　　第三,刻画典型人物的生动感人细节,引发受众情感共鸣,使报道的内涵在情感中得到升华。短视频中的人物细节刻画,是指能够集中反映人物本质特征、揭示报道内涵、激发受众兴趣的"特写"。正是那些与人物性格、事件发展、生活情境等产生有机联系的局部或细部的组合叠加，才形成了一个完整的短视频。作品以席世明生前的最后影像开篇，通过弥留之际的挂念为全篇埋下伏笔。带着投资企业负责人去棉花地考察、帮助企业在当地进行招工、引入技术为当地的羊提高品质、帮助待产的孕妇募集救治款……超强的代入感让观众真实体会到扶贫干部的工作艰辛，感人的超细节让观众切身感受到脱贫成果的来之不易。

通过短视频的传播，席世明的事迹感动广大网友。网友"小小鱼"说："援疆干部把自己的青春和宝贵的生命都献给了那片热土，感人至深"。网友"云之舞"表示："他的精神值得我们每个人学习"。网友普遍认为，席世明是一位值得让人钦佩的好干部，表示通过这部短视频更加了解了援疆事业。

（撰文／刘雁军）

● 思考与启示：

典型人物真实才能可信可学

新闻媒体宣传报道典型人物，主要目的是要引导新闻舆论，教育广大干部群众，但引导、示范的效果是在受众主动选择媒体新闻报道的过程中实现的。新闻报道只有感动受众才能发挥媒体的舆论导向作用。短视频《沙漠之子》带来的思考和启示有以下三点：

一是要在真实生活中发掘典型人物的时代精神。典型人物不是"神"，要以生活化视角还人物以真实，受众才会从内心真正地接受典型人物，学习典型人物。记者要报道好典型人物就要真正深入生活,使先进典型的形象更加丰满,从而拉近典型人物和受众的距离,让受众感到平实、亲切。从某种意义上说,典型人物的价值就是真实生活的价值,典型人物的形象就是真实生活的缩影。先进事迹只有真实感人、朴实无华,才能够体现典型人物的时代特征。

二是要在真实人性中彰显典型人物的思想内涵。典型人物的事迹必须让受众感觉真实、可信。典型人物有常人的喜怒哀乐,他们的情感和行为并非不可理解,而是符合惯常的伦理与逻辑,因此才可信、可亲、可学。如果违背客观真实,将正面典型"非人性化",使其脱离正常人的思想特点和行为特征,被拔高成远离大众和人间烟火、遥不可及的"神",就会引起受众的怀疑和反感,减弱其舆论宣传作用。

三是要在真情报道中增强典型人物的传播感染力。要让受众从了解典型人物到爱上典型人物,就要把典型人物刻画得有血有肉。报道中要有真情实意,这样才能缩短人与人之间的心理距离,使新闻报道更加贴近实际、贴近生活、贴近群众。短视频《沙漠之子》中,从短短20分钟就凑齐2100元,帮助孕妇顺利渡过难关,到用581天引进79个项目,给贫困地区带来脱贫希望,短视频用生动的事例、直白的表达让人物形象更加丰满,这些语言和细节也容易引起受众的共鸣。记者深入挖掘、精心提炼,才能体现新闻事件本身的价值。有真情实意才能拍出好作品,引起受众共鸣,真正打动受众。

（撰文／刘雁军）

微信扫码看详情

35 短视频《扶贫干部罗思维的下乡"路"》

● **案例回顾：**

2019 年 12 月 20 日，新华网播发了短视频《扶贫干部罗思维的下乡"路"》，引起强烈反响。随着脱贫攻坚战的打响，对口帮扶政策的实施，贫困地区的生活悄然改变，物质生活和精神面貌都焕然一新。

天津市河东区对口支援甘肃省甘南州迭部县取得了明显成效。自 2017 年天津市河东区与迭部县建立对口支援以来，河东区在产业帮扶、人才支援、资金支持、社会动员、结对帮扶等方面升级加力，建起了光伏发电站、蕨麻猪养殖基地，助推迭部县打赢脱贫攻坚战。而这一桩桩大工程是由一个个小人物完成。短视频《扶贫干部罗思维的下乡"路"》反映的正是这一题材。

在新华网的报道中，报道团队主要走访了甘肃省甘南州迭部县的光伏电站，以天津市对口支援扶贫干部罗思维为例，以视频为主叙述方式，讲述了西部乡村的振兴图景。

视频的开端介绍了甘肃省甘南州迭部县的基本情况，这里地处秦岭西延岷山、迭山山系之间的高山峡谷之中，青藏高原东部边缘甘川交界处，海拔 1600 米至 4920 米之间，总面积 5100 多平方千米。境内重峦叠嶂，群山连绵，可供开发利用的旅游、水能、矿产、森林、山野珍品等资源十分丰富，但也正是因为崇山峻岭阻隔了迭部的快速发展之路，导致该县当时仍有两个村没有脱贫。报道团队深入村庄、光伏发电站、村民家中等进行采访，听村民讲述两年多来生活的改变，真诚淳朴的语言一点点地勾勒出乡村振兴之后的美好图景。

在报道中，我们看到了扶贫干部为乡村发展做出的贡献。罗思维曾是天津市河东区春华街道办事处副主任，他被选派到迭部县挂职，任迭部县委常委、副县长，分管扶贫和招商引资工作。从他踏上迭部这片土地起，他的一切都跟迭部扶贫有了密不可分的联系。罗思维刚到迭部时，这里的交通非常落后，70% 是国家级的自然保护区，很少有适合发展的产业。在两年的时间里，他进村入户调查研究，认真倾听老百姓的声音，逐渐建起了光伏发电站、蕨麻猪养殖基地。视频中的罗思维有一股韧劲，充满着对扶贫工作的用心和热爱，他带领着乡亲们努力奋斗，他相信乡村终会振兴。中国脱贫攻坚、乡村振兴的伟大工程正是由这样一个个平凡而伟大的个体共同实现的。

《扶贫干部罗思维的下乡"路"》多次被媒体转载，其中当地媒体"微观迭部""拉不楞网"进行转发，得到许多网友点赞。在报道中，记者对扶贫干部罗思维进行实地采访，以视频方式向受众真实展现了甘南地区在天津市对口帮扶下的新面貌，这种将脱贫报道

图为罗思维在帮扶的迭部县益哇镇知子村建档立卡贫困户拉姆大叔家接受新华网记者采访（摄影：张博）

落到实处之举,让受众更真切地感受到脱贫攻坚的意义和成效。

（撰文/李欣宜）

创作者说：

深入基层表现质朴扶贫干部的形象

——访新华网天津频道记者张博

短视频《扶贫干部罗思维的下乡"路"》讲述了甘南迭部县在扶贫干部罗思维的带领下实现振兴的美好图景。为了深入了解《扶贫干部罗思维的下乡"路"》的创作过程,笔者采访了新华网天津频道的记者张博。他向笔者介绍了选题的背景、创作构想以及在创作过程中的经历和体会,将选题的过程和意义更丰富地展现出来。

2019年是决胜全面建成小康社会的关键之年,脱贫攻坚战进入决胜的关键阶段。天津按照中央统一部署,多举措帮扶甘肃贫困地区,很多帮扶政策都取得了良好效果。在谈到创作背景时,张博说："在天津援甘人的帮助下,甘肃很多贫困县实现了脱贫摘帽。自2017年天津市河东区与迭部县建立对口支援以来,河东区在产业帮扶、人才支援、资金支持、社会动员、结对帮扶等方面为迭部县提供了大量帮助,建起了光伏发电站、蕨麻猪养殖基地,开发旅游资源,打造精准扶贫旅游营地项目,组织'万名津门市民游甘南''九色甘南,多彩迭部'等文化旅游宣传推介活动。"

创作初期,张博团队的想法是跟踪报道一位天津援甘干部的日常,从工作到生活,从踏上迭部的种种困难到后来的全心全意帮扶。在创作过程中,张博和同事们跟着罗思维走进了当地牧民的小院,走上了山顶的光伏发电站,走入了群山环抱的蕨麻猪养殖基地。短短的几天,他们在海拔 1600 米到 4000 米之间穿梭,既领略了迭部县的美景也感受到了当地牧民的热情。

图为新华网记者与天津市河东区宣传部工作人员在拉姆大叔家现场采访（照片为"微观迭部"提供）

通过几天的走访,张博深刻体会到:"迭部这颗大山深处的明珠,缺的不是资源而是发展的道路。如果说当地路网建设的滞后制约了迭部脱贫的脚步,那么这也同时保护了当地得天独厚的自然资源。迭部县域面积 5100 多平方公里,多为国家级自然保护区和水源涵养地,显然大搞开发是不现实的,只能从旅游资源和清洁能源利用上下功夫。天津市河东区因地制宜的帮扶项目,真正让当地百姓告别了'捧着金饭碗要饭'的日子。"

在采访过程中,令张博印象深刻的还是罗思维,他说:"印象最深的应该是罗思维的'黑'。初见他时,一顶渔夫帽,一件冲锋衣,黝黑的皮肤跟当地牧民没什么两样,唯一能彰显他曾经是个文弱书生的只有鼻梁上的那副眼镜。"对口扶贫两年来,下乡驻村成了他的必修课,他常常吃住在农牧民家中。不少贫困山村都在海拔 3000 米左右的高山上,汽车开不进去,走路是唯一的选择,刚到迭部的时候,他白天进村入户调查,晚上因为高原反应失眠,就爬起来写调研笔记。两年来,罗思维下乡就如同"家常便饭"一样频繁,平均一个月至少两三次,他已经跑遍了迭部县 11 个乡镇,52 个行政村。高原强烈的阳光让罗思维蜕变成一个地道的迭部牧民,他跟张博说:"我的目标是在挂职结束前走遍迭部的

233 个自然村！"

　　张博说："下乡干部罗思维是众多扶贫干部中的一个，他是连接天津河东与甘南州迭部县的纽带之一，他将天津人民的热情带到了甘南这片土地，用真情帮助这里的村民。"

（撰文／李欣宜）

● 专家点评：

两条线索讲好扶贫故事

　　2019 年 12 月 20 日，新华网推出《扶贫干部罗思维的下乡"路"》短视频，这则短视频以天津市河东区春华街道办事处副主任的罗思维为主人公，用双线索的叙事结构来讲故事：一条是罗思维在迭部县扶贫工作的故事，另一条是迭部县在天津市的帮扶下打赢脱贫攻坚的故事，这一大一小的两条故事线，生动鲜活地发挥了短视频的优势，取得了很好的传播效果。

　　第一，使用短视频，增加可读性。人类对视觉具有本能的偏爱，可以说图片的吸引力大于文字，视频的吸引力大于图片。而随着移动互联网和数字技术的发展，图片、视频等视觉媒体有了更宽广的舞台，我们已步入视觉时代。传统媒体应根据时代特征进行相应的调整，充分调动受众的各种感觉，以获得更大的传播力。

　　《扶贫干部罗思维的下乡"路"》，采用短视频的形式来讲这个扶贫故事，充分发挥了影像的优势，增强了内容的可读性。在视频开头，用 8 个镜头展示了迭部县的优美风景和丰富资源,用 5 个镜头展示了迭部县的交通不便,用 4 个镜头刻画了天津市河东区对迭部县的帮扶效果。这些镜头真实再现了迭部县,相较于文字更具直观性和形象性,能够在浩瀚的信息海洋中快速吸引受众的阅读兴趣。

第二,践行"四力",凸显真实性。习近平总书记在全国宣传思想工作会议上指出:"宣传思想干部要不断掌握新知识、熟悉新领域、开拓新视野,增强本领能力,加强调查研究,不断增强脚力、眼力、脑力、笔力,努力打造一支政治过硬、本领高强、求实创新、能打胜仗的宣传思想工作队伍。"①

《扶贫干部罗思维的下乡"路"》这部短视频的成功,离不开记者的深入采访。好的视频画面,需要记者使用"脚力"到基层去找,基层是百姓真实生活的最前沿,是最能折射出故事光彩的地方。而基层很大,这就需要记者拥有独特的眼力,去广阔的基层找到最具有代表性的画面。就像是《扶贫干部罗思维的下乡"路"》中对迭部县贫困户拉姆大叔的女儿"冷牧草(音译)"的采访一样,通过冷牧草正在上大学的故事和她在镜头前自然的笑容,真实地展示了天津市河东区在迭部县的扶贫贡献,增强了对受众的说服力。

第三,抓住"两头",讲述精彩故事。"先立乎其大者,则其小者不能夺也。"这个"大"对党的新闻舆论工作来说,就是马克思主义新闻观,这是党的新闻舆论工作的"定盘星"。马克思主义新闻观要求做到党性和人民性的高度统一。当代中国的每一个新闻从业者,都肩负着"以科学的理论武装人,以正确的舆论引导人,以高尚的精神塑造人,以优秀的作品鼓舞人"的重大使命。不管是进行文字报道,还是进行视频报道,都需要坚持"以人民为中心",引导好社会舆论。

党中央把精准脱贫攻坚战作为全面建成小康社会的三大攻坚战之一,在这个大主题下,《扶贫干部罗思维的下乡"路"》吃透了"上头"党中央的精神,并抓住

---

① 习近平:《习近平谈治国理政》第三卷,北京:外文出版社,2020 年版,第 315 页。

了"下头"基层百姓需求,以"罗思维"作为小切口,讲述了一个鼓舞人心的扶贫故事。这种以小见大的视频,没有陷入到套路化的内容中,而是通过罗思维对"光伏电站"的讲述,挖掘出了迭部县的好经验,展示了"风景这边独好"的内容。

视频故事新闻,具备很强的传播价值和公共属性,发挥了积极的导向作用。《扶贫干部罗思维的下乡"路"》充分利用短视频,深入基层,以小人物来展示脱贫攻坚的大主题,不仅能够提升受众的阅读兴趣,更能调动各方面的积极性,共同为中华民族伟大复兴的中国梦而奋斗。

（撰文 / 余俐芳　林靖）

● 思考与启示：

选好角度讲出精彩故事

主流媒体做宣传报道,题材很重要。什么样的题材是好题材？一般来说就是"题材重大,主题鲜明,新闻性、思想性强,能够反映时代精神、引领社会舆论"。《扶贫干部罗思维的下乡"路"》,就是抓好了脱贫攻坚这一题材。这种重要的题材,就需要抓住"两头"都关心的话题,向上能够深刻领会党中央的政策、理论、方针、路线,向下能够深入基层,倾听百姓声音,回应群众诉求。

一、小切口反映大主题。选好题材之后,需要选好切入角度、定好报道基调,才能避免人云亦云。《扶贫干部罗思维的下乡"路"》选择了罗思维根据迭部县的实际情况而发展的光伏电站作为切入点,不仅发掘出了一个尽职尽责的扶贫干部罗思维的形象,还通过报道先进做法与新鲜经验,为其他贫困地区干部和群众提供借鉴、增强信心、创新工作。这也启示我们,选取重大主题并不是面面俱到,而是需要"一叶知秋",以小切口反映大主题。

二、进行个人化叙事。对于主题报道,宏大叙事和个人叙事各有所长。进行个人化叙事更容易拉近与读者的距离。这不仅需要完整的情节和细节,而且记者本身要带有温度和情怀。记者要感其所感,乐其所乐,痛其所痛,怀着一颗真诚的心走到新闻事件的背后,聚焦故事里的人与情,将新闻事件本身具有的温度与温情展示给读者。

三、重视技术的使用。在视觉文化横行的时代,主流媒体需要借助技术,创新自己的报道手段,讲好时代故事。作品可以是图文,可以是视频,可以是H5,可以是互动游戏,但形式是为内容服务的,不能主次不分。就拿视频来说,记者不仅仅需要像传统的文字采访一般做好案头准备,更需要根据主题和资料写好分镜头脚本。只有做好了这些前期准备,才能够在没有彩排的现场从容应对各种突发状况,拍摄出想要的镜头画面。视频后期的剪辑也在考验着记者的能力,不管是画面的谋篇布局,还是文字的解释说明,甚至是配乐的画龙点睛,都不能马虎应对。

总之,主流媒体的宣传报道,需要在大背景之下,找好自己的角度,创新报道形式。这不仅仅需要记者拥有扎根基层的"脚力",在复杂现实中捕捉线索的"眼力",对时代命脉主动思考的"脑力",还需要拥有善于用镜头讲故事的"笔力"。

(撰文/余俐芳)

微信扫码看详情

36　音乐故事短视频《为了人民》

● **案例回顾：**

在 2021 年全国两会召开之际，津
云新媒体推出音乐故事短视频《为了
人民》。在六分钟的视频里通过采访
的形式讲述多个英雄楷模的故事。在
人物的一句句讲述中体现出中国共产
党人的信念与担当。故事娓娓道来，

记者许浩（右）与曹红雯沟通拍摄细节（照片为
津云新媒体提供）

观众们在故事中感受楷模事迹带来的精神力量。

在中国共产党的百年历史中，涌现出无数的英雄。他们中有的家喻户晓，有的
默默无闻奋斗在自己的岗位上。虽然人生经历不同，但他们始终牢记着中国共产
党人的信念，用实际行动体现着中国共产党人的担当与使命。《为了人民》选取多
个英雄楷模典型事迹，在这些事迹中展现出党与人民心连心的情感。短视频的第
一位被采访者是曹红雯，她是歌曲《没有共产党就没有新中国》创作者曹火星的女

儿。这首家喻户晓、动人心魄的歌曲创作背景成为整个短视频的切入点。"渡江第一船"连长李治,时代楷模、全国脱贫攻坚楷模毛相林,全国抗击新冠肺炎疫情先进个人、全国三八红旗手林则银,时代楷模、全国脱贫攻坚楷模张桂梅等典型事迹展现在观众眼前,这些英雄用实际行动诠释着全心全意为人民服务的根本宗旨。

音乐故事短视频《为了人民》的六分钟里充满深情。在情感的表达上细腻且注重细节,在内容上唯美而富有诗意。采访画面与动画的结合,加上历史资料的展现,将党员身上的历史故事完美呈现出来。党员模范在采访中说出了自己的肺腑之言,话语中肯,语气亲切,观众沉浸在模范们的讲述中。"没有党和人民的教育培养,就没有我的一切!"这是曹火星曾经发出的感慨。"船是老百姓的船,全靠老百姓。"李治在接受采访时说出了这样的话。平凡的话语体现着人民群众对党的拥护,体现着党与人民群众的感情。"山凿一尺宽一尺,路修一丈长一丈。"毛相林短短一句话将中国共产党员坚韧不拔的精神体现得淋漓尽致。"没有黑天没有白天。"这是群众对林则银的评价。充满生活气息的一句评价却高度概括了林则银的工作状态,在她身上体现着共产党员吃苦耐劳的优良品质。"我的初衷,就是要解救我们的山里孩子们。"这是张桂梅的肺腑之言。在张桂梅的帮助下,许多山里孩子走出大山,改变命运。结尾,在歌声中描绘出了我国"十四五"经济社会发展的蓝图。

《为了人民》推出后,该短视频得到了网友们的点赞和转发。通过天津电视台等渠道播出该视频,也取得了良好的传播效果。"央视新闻""环球网""中工网""好看视频"等众多媒体对该短视频进行转发,热度不断上升。在 2021 年全国两会召开之际,《为了人民》通过生动的故事展现出中国共产党的百年征程,体现出了中国共产党员一心为人民,将老百姓的冷暖时刻挂在心头的形象。

中国共产党经受了一个又一个考验,干成了一件又一件大事。《为了人民》采用"讲故事"的形式展现出中国共产党员艰苦奋斗、一心为人民的责任感和使命感。"真情实感"最为珍贵,采访过程中没有华丽的辞藻,只有共产党员们的一片诚心。采访的每一位模范都做出了重大的贡献,他们是如此不平凡,但经过他们的讲述,他们又仿佛是在我们身边的普普通通的人。他们是"不平凡的平凡人",每一位中国共产党员只要站好自己的岗位,承担好自己的责任与使命,他们就是不平凡的。《为了人民》是一次成功的"讲好中国故事"的尝试。

(撰文 / 宋锦昊)

● 创作者说:

用心用情讲好英雄楷模故事
——访津云新媒体视频中心记者许浩

《为了人民》以情动人,通过英雄楷模的故事打开观众的心扉。为了深入了解《为了人民》的创作历程,笔者采访了津云新媒体视频中心记者许浩。他亲身经历着《为了人民》从构思到制作完成和广泛传播的过程,他向笔者介绍了关于《为了人民》的创作背景、创作历程以及短视频中巧妙的构思和特点等。

2021年是中国共产党成立100周年,同时也是"十四五"规划开局之年。2021年全国两会召开之际,津云新媒体推出了音乐故事短视频《为了人民》。当谈到《为了人民》的创作背景时,许浩说:"《为了人民》就是在喜迎中国共产党成立100周年与全国脱贫攻坚战取得了全面胜利的宏大背景下创作的。无数中国共产党员为了心中的理想前赴后继才有了今天的成就,这是一个时代伟大的精神力量。《为了人民》想通过英雄楷模的故事将中国共产党员的信念与担当展现出来。"

作品整体的创作思路着重情感的表达，把观众带入到真实的情境中。而"让观众动情"的创作思路与《为了人民》的创作历程息息相关。

千里之行，始于足下。《为了人民》的创作历程是一步一个脚印走过来的。谈及创作历程，许浩说："津云新媒体微视专班在这部作品的创作之初组建了团队。团队成员对待这部短视频的态度非常严谨。大家学习党史，翻阅大量的资料并走访权威的专家。做足功课的基础上团队成员开车百里进入北京周边的大山里，在大山的深处实地调研歌曲《没有共产党就没有新中国》的创作地。在曹火星女儿的家里，专班成员阅读大量珍贵历史材料，这些历史材料让成员们大为震撼。微视专班翻阅了曹火星的作品手稿，采访了曹火星女儿曹红雯。在这些手稿与采访中，专班成员找到了作品的创作核心：全心全意为人民服务。有了这个创作的核心，微视专班又深入采访了李治、林则银等英雄楷模，并与重庆、云南等地的媒体合作采访了毛相林、张桂梅等典型。"

《为了人民》在制作上精益求精，用心在讲好中国故事。在创作背后，《为了人民》也有着有趣的背后故事。许浩说："大家可能看到手绘动画时，会有眼前一亮的感觉，其实这是我们调研曹火星创作歌曲《没有共产党就没有新中国》所住木屋时受到的启发。屋子里有破旧的土炕和小木桌，我们就想将当时的创作场景展现给观众，经过构思，我们采用了实景拍摄与手绘动画结合的方式，最终的画面效果非常好。"

主创成员刘通（左）、许浩（中）、苗超在拍摄地合影（照片为津云新媒体提供）

以小见大，用心用情。除了在画面效果上的用心思考与创新，《为了人民》十分注重视频细节，希望给观众沉浸感，唤起观众的情感共鸣。许浩说在短视频的配乐方面,津云微视专班是耗费了大量心血的。他说:"微视专班大胆提出来用影视配乐的方式增强沉浸感。我们原创了六首背景音乐,大提琴、小提琴和钢琴等乐器元素在视频中得到大量使用,我们为每个故事量身打造了自己的背景音乐,希望能够通过音乐的力量加强视频的情感表达。"

《为了人民》播出后取得了优秀成绩,许浩看到《为了人民》的传播效果后感到非常开心。他说:"3月5日在北方网和津云客户端发布后,全国有700多家媒体对该作品进行了转发推荐。我们希望通过这件作品,让更多的人了解中国共产党员的光辉形象,更加地爱党爱国,为建设更加绚丽多彩的祖国而奋斗。"

(撰文/宋锦昊)

● **专家点评:**

创新手法表现"为了人民"的宗旨

习近平总书记强调:"人民就是江山,共产党打江山、守江山,守的是人民的心,为的是让人民过上好日子。我们党的百年奋斗史就是为人民谋幸福的历史。"[①] 新中国从成立到现在,我们一代又一代的共产党员始终秉着"为了人民"的发展理念,为了让人民群众过上美好幸福的日子,毅然决然奋斗在一线,带领着广大人民群众脱贫致富、实现人生理想,为后代留下了宝贵的财富。

2021年全国两会召开之际,津云新媒体策划推出了短视频《为了人民》,以情

---

① 习近平:《在庆祝中国共产党成立100周年大会上的讲话》,《人民日报》,2021年7月2日第2版。

景重现以及人物访谈的形式讲述了杰出的中国共产党员扎根基层,为人民群众服务的真实故事,报道充分发挥了媒体融合优势,浸润感和传播力很强。

主创团队准备拍摄设备(照片为津云新媒体提供)

第一,视频开头极具创新性。以大众熟悉的《没有共产党就没有新中国》音乐起始,既贴合主题,又可以非常有效地吸引广大观众的兴趣。随着音乐的响起,传来了《没有共产党就没有新中国》创作者曹火星的女儿——共产党员曹红雯口述父亲的创作故事,

阐述曹火星曾经讲过的话:"我写这首歌,是动了感情的,人民的抗战积极性,对党的深情,我有亲身体会,没有党和人民的教育培养,就没有我的一切",逐渐引出主题"全心全意为人民服务已经深深融入中国共产党人的血脉"。

第二,故事的选择极具代表性。视频中选取的内容着眼于人民群众所熟知且认可的共产党员的真实故事,极具代表性,他们扎根于基层,看似平凡普通却并不简单。为了改变穷困面貌,让下一辈人过上好日子,党员毛相林带领当地老百姓,夜以继日地修通道路。除此之外,社区服务质量也是人民幸福生活的重要体现,党员林则银不分昼夜,把自己的一切基本都交托在社区里,切实保障社区人民的幸福生活。选取的党员代表的身影非常全面且生动地展示了中国共产党员始终坚持全心全意为人民服务的根本宗旨。

第三,情景再现与访谈形式相结合。历史是最好的教科书,无论我们走得多远,都不能忘记来时的路,也不能忘记一代代中国共产党人为了红色政权的建立、新中国的成立曾浴血奋战、兢兢业业的奋斗故事。如何把故事一针见血地讲好、讲清楚、讲到位也是我们媒体人需要深思的地方。视频通过情景再现(黑白图片或

视频）与主人公或者第三者访谈相结合的形式进行陈述，非常写实、全面，快速拉近跟观众的距离，生动形象地向我们娓娓道来中国共产党员为了人民群众所做出的贡献与坚守。其中讲述的内容清晰且关键，让人一目了然，视频呈现出高质量特点，让观众体会到了策划组的用心用情以及专业素养。

第四，首尾呼应升华主题。视频伊始主要是用了《没有共产党就没有新中国》作为开头，然后逐渐引出了与主题"为人民服务"相契合的各个故事内容，结尾处更是特意与开头内容相呼应，奏起了歌曲的核心歌词内容，同时播放着新中国成立后，我们通过一代又一代人的努力所拥有的幸福生活的内容，这既体现了我们奋斗后收获的成果，更是向每一位为了人民群众幸福生活而做出贡献的人的崇高敬意，也表达了我们对祖国未来发展的无限期盼。

（撰文/于佳鑫　林靖）

● 思考与启示：

做好主题报道要发现和讲好故事

主题报道是我国主流媒体进行正面宣传的重要方式，对于凝心聚力、建构共识发挥着不可替代的作用。在中国特色社会主义新时代，不缺少好的主题和精彩故事，缺少的是发现生动故事的判断力和讲述故事的技巧。津云新媒体策划推出的《为了人民》大型融媒体报道，对主流媒体做好主题报道具有一定启示。

一、产品要充分调动用户各种感官。如何才能更好地掌握流量密码是媒体人要着重思考之处。美国密苏里新闻学院的《新闻写作教程》曾经指出："人有五种感官——视觉、听觉、嗅觉、味觉和触觉,好作品至少要对其中一种或几种产生感染力。"[1]《为了人民》充分调动了用户的视觉、听觉器官,这是其获得良好传播效果的原因之一。

二、**产品制作要有创新性**。记者要学会观察行业动态,分析观众的需求点,不断寻求让人耳目一新的创意点。有时候不需要大改,仅一个细节的改变也能让人印象深刻。比如当前的一些媒体报道常常按部就班,刻板单一,千篇一律,没能很好抓住观众眼球,《为了人民》作品则不走寻常路,独树一帜,单单以音乐作为新的创作思路,就能瞬间吸引观众的好奇心。

三、**视频布局要全面,内容要考究**。《为了人民》为音乐故事短视频,但是视频的制作过程中必须分清哪是真正的重点,音乐只是一个细节上的创新点,真正的主旨还是"为了人民",因此在布局上,尤其在视频的黄金时间分配方面还是要把共产党员故事作为重点内容,避免出现头轻脚重的问题。除此之外,在新闻产品制作中,注意选取的故事内容一定要简洁且精准,让人一目了然,不讲废话,保证报道的质量。

（撰文 / 于佳鑫）

---

① [美] 密苏里新闻学院写作组:《新闻写作教程》,褚高德译,新华出版社,1986 年版,第 245 页。

37 短视频《如斯青春》

● **案例回顾：**

　　2017 年 9 月 23 日，习近平总书记给南开大学 8 名新入伍大学生回信，肯定了他们携笔从戎、报效祖国的行为，勉励他们在实现强军梦的伟大实践中挥洒热血，绽放青春。2018 年 8 月，在总书记回信一周年即将到来之际，津云新媒体视频团队奔赴 5 省 6 市，深入军营，实地拍摄这 8 名南开大学入伍大学生的军队生活，推出了以《如斯青春》为首的 9 部短视频，综合展现 8 名新入伍大学生的热血故事和蜕变历程。

　　《如斯青春》短视频从大学生即将进入军营前的割舍离别开场，到对家国情怀的深入认识与军人神圣职责的逐渐理解进行感情升华，配以深情的旁白叙述来展现真实细腻的情感，充分展现了军人的信念与风骨，表达了"如斯青春，迷彩戎装，精忠报国，坚定无悔"的宏大主题。

　　短视频中对人物坚定的眼神、磅礴的气势、干练的身姿等细节的镜头呈现，充分展现了 8 名学生不忘习近平总书记的教诲与报国使命，入伍一年来不断从小我到家国大我，不忘"把自己的知识、智慧、青春热血献给国防和军队建设，献给维护祖国长治久安"的初心和决心。

阿斯哈尔·努尔太在进行射击训练（照片为津云新媒体提供）

8名入伍的南开学子有陆军第82集团军某旅战士王晗，空军航空兵某部战士李业广，陆军第79集团军某合成旅战士蔚晨阳，北部战区陆军某旅战士贾岚珺，武警安徽省总队蚌埠支队战士阿斯哈

尔·努尔太、董旭东，武警安徽省总队合肥支队战士胡一帆、戴蕊。虽然他们八人风格迥异，来自五湖四海，但他们都为了同一个青春梦走向了军营，成为了三尺机台的守护者、蓝天战鹰的护卫者、国家安全的捍卫者；虽然职责不同、任务不同，但他们同样践行着保家卫国、报效祖国的理想信念，为同一个初心努力着，都在刻苦训练，磨炼意志，坚定信念。他们是甘于奉献矢志报国的年轻人的榜样，更是新一代青年人的缩影。

为了结合八人的同一性和特殊性，让分散的镜头在屏幕前更有整体性，在后期剪辑方面，团队运用了一些蒙太奇剪辑技巧，实现了同一场景下不同人物叙事的手法。青春热血，源源不断，报国情怀，薪火相传。在总书记回信的极大鼓舞下，2018年又有23名南开大学生携笔从戎，视频团队也将这一时新素材融入短视频的片尾，并运用了静态照片三维化的制作技术，将照片进行动态分层并三维化处理，用短短十几秒让镜头更充满了时间感和纵深感，使主题进一步升华。

该短视频作品于2018年9月23日播发，系列短视频通过津云客户端、北方网、津云双微、天津发布政务微博等平台呈现，今日头条客户端、凤凰新闻客户端、东方网等 20 多家网站都有转载,西瓜视频、搜狐视频、腾讯视频等视频软件都可在线观看。此外,该视频不仅在天津地铁上进行了推广,还被天津广播电视台等传统媒体采用。在实现了小成本制作、大范围传播的基础上,充分实现资源共享、助力媒体融合,达到了"一次采集、多种生成、多元传播"的效果。综合计算,该短视频在各平台的播放量总和超过 1 亿次,传播效果显著。《如斯青春》短视频作品荣获 2018 年天津市新闻奖一等奖。

（撰文／汤佳琦）

● 创作者说：

扎实采访讲好军营青春故事

——访津云新媒体视频中心记者许浩

在习近平总书记给南开大学入伍大学生回信一周年之际,津云新媒体推出了短视频《如斯青春》,记录 8 名新入伍大学生携笔从戎的成长历程和生动故事。为深入了解《如斯青春》的创作过

津云记者许浩（中）与八学子合影（照片为津云新媒体提供）

程,笔者采访到了津云新媒体视频中心记者许浩,他作为《如斯青春》作品的主创人员之一亲历了该作品从脚本构思到成功播发的全过程,他向笔者介绍了有关该作品的创作背景、创作历程、创作心得等。

谈及创作背景,许浩说:"大学生在求学期间有报名参军的意愿,本身就是值得被肯定和宣传的事情。作为天津大学生的代表,南开大学八学子的爱国报国之行一直是我们关注的焦点。制作《如斯青春》这个作品,就是想以视频的方式,真实记录他们的军营生活。"

为了打造出一部生动、有意义的作品,在这部视频作品的背后,拍摄计划、脚本确定、镜头细节、后期制作等,每一个步骤都经过了反复推敲和打磨。视频团队历时一个月,跨越行程超过 7000 千米,分赴 8 名新入伍大学生所在的石家庄、丹东、湛江、蚌埠、合肥、济南等 6 个城市的部队,采集了近 500 个小时的素材。由于军队的特殊性,拍摄前要在第一时间与部队沟通拍摄细节,视频团队的工作状态也都调整成了军队模式,随着部队的实际情况适时调整拍摄计划,可以说无论是烈日当头的中午,还是蚊虫超多的夜晚,都可见视频团队的身影。

记录南开大学八学子的成长与蜕变,讲述他们军营故事,呈现出当代青年的青春风采,让更多青年学子认识军营、了解军营、热爱军营,正是许浩及其同事此次的创作目的。整个视频用真实细腻的情感描绘了学生对军人神圣职责逐渐加深理解的过程,诠释了"如斯青春,迷彩戎装,精忠报国,坚定无悔"的青春主题。谈及为什么要这样来展现"如斯青春",许浩说道:"青春的风采有很多种,但我们展现的这种青春风采更为独特。之所以取名《如斯青春》,也是想体现一种青年人的态度和成长。以小我到大我的蜕变,来更好地诠释'如斯青春'这个主题。"

值得一提的是,除了展现南开大学八学子的爱国报国之情,许浩说团队在这部作品的创作中,还想体现出更多内涵。"在视频创作中,我们了解到南开大学在八学子参军后的新一年入伍招生中,报名和录取的人数,与上一年相比呈现出了较大的增幅。据此在视频的结尾处,我们通过特效的方式,制作了两届入伍学生接力出镜的效果,以此来展现青年学子携笔从戎的薪火相传"。

短视频播发后,在天津市高校和全社会青年群体中引起了强烈反响。这也印证了许浩所说的创作初衷:"每一位热血的适龄青年都有一颗爱国心,制作该作品就是希望能起到'催化剂'的作用,让更多青年的爱国心燃烧,以此来号召更多有志青年踏上保家卫国的征程。"

（撰文 / 汤佳琦）

● 专家点评：

燃情故事背后是每一环节的精心

在习近平总书记给南开大学 8 名入伍新生回信一周年之际,津云新媒体精心制作了短视频《如斯青春》,推出后引起很大反响,成为传播社会主义主旋律、宣传社会正能量的优秀作品。这一短视频虽然不长,只有 4 分 17 秒,但却能让人看后热血沸腾,迸发出对军人的崇敬、对祖国的热爱。

第一,作品选题精准,实现了"上下结合"。主流媒体要想做好新媒体传播,选题是至关重要的,只有将党和国家的政策、精神与群众的生活实践相结合,才能够实现大流量和正能量的结合。《如斯青春》正是这样的一部作品。

2018 年 8 月,在习近平总书记回信一周年之际,津云新媒体视频团队前往 8 名新入伍大学生所在的部队拍摄,共制作 9 部短视频,对 8 名新入伍大学生携笔从戎的生动故事和成长历程进行全景展现。《如斯青春》是其中一部,也是 9 部短视频的"统领"。这部作品通过展现8名新入伍大学生在军营中的生活，反映了他们牢记习近平总书记的殷切嘱托和谆谆教诲，不忘初心、奋力拼搏的精神。这一选题既紧扣了习近平总书记的回信精神，又再现了大学生参军的真实生活，在选题上实现了"上下结合"。

蔚晨阳（左二）与战友执勤（照片为津云新媒体提供）

第二，画面震撼，富有感染力。该短视频的一个大的特点就是，画面具有冲击力，让人看后受到强烈震撼。在新媒体时代，视频的影响力越来越强，成为用户喜欢的形式。

但要想让拍摄的视频在众多作品中脱颖而出却并非易事，这需要付出大量劳动精心制作。《如斯青春》中的很多画面，都是从大量拍摄素材中精选出的。

战士们训练中一个个超"燃"的镜头，不仅让人看到了军队中一个个钢铁之躯，还感受到他们坚忍不拔的精神。据了解，为了圆满完成拍摄任务，视频团队的工作状态都调整成了军队模式，早晨6点会跟着部队一起出早操，拍摄清晨训练、日出升旗的画面。正因为如此用心，短视频制作完成后才体现出"催化剂"的作用，让"爱国心"燃烧，展现出强烈的感召力和感染力。

第三，剪辑精心，运用蒙太奇手法。在后期剪辑方面，运用了一些蒙太奇剪辑手法，实现了同一场景下不同人物的叙事风格，不仅结合了每一个人的兵种特点，还让分散的镜头在屏幕前有了整体性。蒙太奇手法的运用，能够起到一个浓缩时间和空间的作用。南开大学的8名学子，在不同地域服役，参军后有太多故事，只有通过蒙太奇的手法，才能在一个短短几分钟的视频中，呈现如此丰富的内容。

第四,旁白语言优美,声音具有磁性。一部段视频能否成功传播,每一个细节都很重要。文字质量如何,解说是否到位,都发挥着一定作用。《如斯青春》的旁白语言和解说者的声音都表现出较高水平。

这部作品旁白的语言非常精练,语句简短,铿锵有力,既方便向群众表达,又不会显得冗长。这样富有情感和诗意的语言,与这部作品正好相配。旁白解说者的声音雄厚而富有感情,具有很强的代入感,让观众在观看视频时,会不自觉跟随着声音,进入作品的情境之中。

（撰文 / 张洪伟　宋守山）

● 思考与启示:

传播主旋律要讲究技巧

厦门大学邹振东教授曾经指出,主旋律最不容易传播,所以主流媒体对主旋律的传播必须讲究方式方法。《如斯青春》的精心制作和良好的传播效果,对于进行主旋律的网上传播具有一定借鉴和参考价值。

一、润物无声传播主旋律。在进行主流价值观传播时,浓墨重彩、响鼓重槌式宣传,具有独特优势,这种方式能够形成较大气势,引发传播对象注意。但这只是传播方式的一种,有时和风细雨、润物无声传播效果更好。传播主流价值观,要根据具体情况决定是响鼓重槌还是和风细雨。《如斯青春》通过书写 8 名参军大学生的人生选择,反映的是中国梦、强军梦,在点点滴滴的镜头中,实现了主旋律的传播。

二、传播主旋律要举重若轻。进行主旋律的宣传，一味地进行思想灌输已经不适合新媒体环境，通过图像、故事、感情打动人，才能取得良好的效果。《如斯青春》用超"燃"的画面表现8名入伍大学生的军营生活，看起来非常自然，但背后却是经过精心策划、反复打磨，拍摄的视频素材有近500小时，作品却只有4分多钟，但这一切又不露痕迹。在新媒体时代，对主旋律进行网络传播时，正是需要这种举重若轻的做法，主创人员下功夫创作，最后呈现出的作品，让观众感觉不到过多的痕迹，这样的作品更容易吸引人。

三、利用融媒体优势提升传播效果。当前，要想取得好的传播效果，靠任何一家媒体单打独斗都很难实现，调动多家媒体进行立体化传播，才能事半功倍。该短视频不仅通过津云等新媒体传播，还被天津广播电视台等传统媒体采用，实现了"一次采集、多种生成、多元传播"，使得媒体融合的优势得到发挥，实现了大范围传播的效果。

（撰文／张洪伟 宋守山）

38 漫画互动故事《黎明,出发!》

 案例回顾:

2018 年 5 月 28 日,中宣部授予国网天津滨海供电公司配电抢修班班长张黎明"时代楷模"称号;同年 12 月 18 日,党中央、国务院授予他"改革先锋"称号。为呈现张黎明新时代劳动者的先进事迹和奋斗精神,津云新媒体推出漫画互动故事《黎明,出发!》,将"时代楷模"张黎明的故事用新闻漫画的形式表现出来。将人物事迹制作成漫画互动故事,突破了传统的新闻表现维度,无论在视觉设计还是叙事上,都给人更加直观简洁的感受。

张黎明扎根电力抢修一线 30 多年,巡线 8 万多千米,绘制抢修线路图 1500 多张,完成故

漫画互动故事《黎明,出发!》作品截图

大流量澎湃正能量
——天津网络传播实践的创新与启示

障抢修作业近 2 万次，人送外号"抢修活地图"。《黎明，出发！》从暴雨导致电力失修切入，一幅幅漫画描绘张黎明带领团队守护滨海新区电力正常供应的故事。他们在暴雨中奔波，接到群众电话即刻赶赴一线，他们是城市电力的守卫，也是百姓生活的守卫。漫画中还加入了互动，比如读者通过点击图片便可打开电闸，身临其境地感受到电力恢复瞬间的喜悦和成就感。漫画中的张黎明不仅是奔赴一线的"光明使者"，还是同行眼里的蓝领"发明家"。截至 2018 年，张黎明创新工作室实现技术革新 400 余项，获国家专利 158 项，其中有 20 多项填补了电力行业的空白。作品中列举出他的几项重要发明，并且通过点击屏幕便可得到该项发明的详细解读。张黎明用自己的劳动，点亮了天津市滨海新区的万家灯火。习近平总书记曾指出，"劳动最光荣、劳动最崇高、劳动最伟大、劳动最美丽"。正是有了以张黎明为代表的先进工作者，才让新时代劳动者的工匠精神得以传承和发扬。

漫画互动故事《黎明，出发！》作品截图

《黎明，出发！》用漫画绘出蓝领一线工人的日常工作，让我们看到每一个普通工人不平凡的坚守。万家灯火依旧在，春风总能暖人间。时代孕育出一批又一批艰苦奋斗的优秀共产党员，他们书写着一段又一段动人的故事。这些故事拥有一个共同的名字——奋斗。他们以新时代的"红色工匠"精神为指导旗帜，展现出工人阶级的时代风貌，承担起民族复兴的重任。幸福安逸的生活背后，总有人在为我们保驾护航。张黎明是改革行进中的一员，还有很多人在自己的岗位上为这个国家的发展贡献着自己的一份力量。

《黎明，出发！》荣获 2018 年天津市新闻奖三等奖。新华网、央广网、《人民日报》《光明日报》《经济日报》和《天津日报》等多家网站报刊均对张黎明的先进事迹进行了报道。张黎明说："最欣慰的事莫过于看到万家灯火！这是一代代电力工人的初心，也是我的初心。"风雨兼程，披星戴月，百姓需要，刻不容缓，这是对张黎明团队工作的真实写照。

《黎明，出发！》把典型人物的形象真实、朴素地呈现给读者，是一次新闻与新媒体技术相结合的成功尝试，并获得广泛关注。电子媒体迅猛发展，声音、图像的传播速度远高于文字。随着人们工作、生活节奏加快，不少读者对文字阅读失去耐心。读图时代的到来，要求平台在有限的时间内能够提供更多的新闻信息，方便读者阅读。《黎明，出发！》正好适应了这一趋势。

漫画互动故事提高了读者的参与感，将娱乐性和艺术性有效结合，更好地宣传了人物事迹，是新媒体技术创新下的一次成功尝试，也是津云新媒体平台的一次自我突破。津云新媒体平台对张黎明的创新报道，让默默付出的城市工人得到关注，也让更多的群众感受到津城的温暖。

（撰文／梁晓萱）

● 创作者说：

用新媒体传播方式触达更多人
——访津云新媒体编辑部产品中心主任张倩

《黎明，出发！》用漫画互动故事的形式，讲述了时代楷模张黎明的事迹，让大家看到了电力抢修人员为百姓保驾护航背后的辛苦付出，彰显了当代中国人民良好的时代风貌。为了解《黎明，出发！》的创作历程，笔者采访了津云新媒体编辑部产品中心主任张倩，她参与了作品创作的全过程。

《黎明，出发》将时代楷模张黎明的事迹用声画结合的方式呈现了出来。提到创作初衷，张倩说："《黎明，出发！》是在张黎明同志荣获时代楷模之际创作的。起初我们想了很多种表现形式，但最主要的是想让用户有身临其境的体验感，能够对一线工作者的日常有参与感。我们也希望能够让这种新媒体传播方式触达到更多年轻人，让他们学习有榜样力量的内容。所以最终选定了交互式的漫画，这样可以从声音和画面两方面给予用户更直接的感官体验，也能够让时代楷模身上的工匠精神更具感染力。"

习近平总书记指出，劳动最光荣、劳动最崇高、劳动最伟大、劳动最美丽。改革开放以来涌现出无数奋斗在一线的光荣劳动者，张黎明就是其中之一。对此，张倩说，在《黎明，出发！》的创作过程中，大家致力于突出张黎明积极向上的精神力量，塑造出一个从平凡中生出伟大的新时代劳动者形象。

张倩表示，创作中团队遇到的最大困难，便是对真实性的把控。当笔者问到主人公的漫画形象设计时，她说："我们首先明确，要设计一个踏踏实实的基层工作者形象。我们在看他的资料时发现，他的个人形象，具体的工作环境，还有他的创新发明什么样，我们都需去深入了解细节。张黎明从北京领完时代楷模的证书返津当天，我们争取到了与他面对面交流的机会。他讲述了他的工作日常，并亲自演示他的创新发明如何使用。比如我们一开始只知道他下班后会习惯性地去自己负责的社区巡检，但与他聊天的过程中，他告诉我们巡检的时候他要么徒步，要么骑着自行车。所以我们专门在漫画的最后设计了一个他骑着自行车的形象，让人物更加饱满立体。"

除了要塑造亲切的人物形象，故事情节的选取也很重要。万事开头难，在漫画中迅速锁住读者的目光是关键所在。张倩表示："漫画开头的天津暴雨事件是真实发生的。一开始我们想先介绍他的发明,又考虑到绝大多数用户对电力工具的陌生,很难产生共鸣,而暴雨的视觉冲击力更强。在设计中再配上音效,能够迅速把用户带到我们的故事节奏中来。我们在技术编排上对滑动过程中的出画方位反复演练,漫画中的每幅画面也是经过推敲的,力求细节的完美。"张倩说:"张黎明身上最难能可贵的,是从平凡中生出伟大。我们选取了他部分创新发明,并对他自发成立的善小微积金进行介绍,为大家呈现出普通工人身上的创新精神和奉献精神。"

《黎明,出发!》的创作共用了一个月的时间,在播发后引起热议。张倩说:"作品发表后,网友纷纷来评论区进行留言讨论,我们很开心,也希望工匠精神能够传承发展,孕育出更多踏实肯干、勇于创新、积极向善的时代榜样。"

（撰文／梁晓萱）

● 专家点评:

以在场感强的典型人物传播正能量

选准典型人物是决定典型报道成败的关键因素。典型人物不仅具有先进的思想、感人的事迹,还应让人民群众产生此人就在我们身边的在场感,否则无论典型人物的形象塑造得多么高大,都会由于缺乏与人民群众生活实践的经验交集,让人感觉典型人物的思想境界很高,但又距离自己很遥远,难以在实践中产生模仿趋同行为。如何选择在场感强的典型人物?《黎明,出发!》为广大主流媒体提供了良好示范。该报道用新闻漫画的新媒体报道手段,聚焦"时代楷模"张黎明为人民保障用电的爱岗敬业故事,在丰富人民精神世界的同时有效地传播社会主义核心价值观。

第一,以生活图景体现在场感。在场感是人民群众在日常生活中对常见、常听、常接触的事物的熟悉感觉。如果媒体选择的典型人物符合这样的生活图景,人民群众基于真实的生活经验进行新闻信息解码,很容易产生共鸣,对典型人物的奉献精神和先进事迹发生共情效应。艺术源于生活,这一文学原理同样适合新闻报道,尤其在新媒体时代,网民拥有对海量信息的自由选择权,对于远离生活的新闻报道会产生选择性忽略行为,对于接近生活图景的在场感强的新闻报道才会产生选择性注意、选择性理解和选择性记忆等信息接收行为。津云深谙这一典型人物报道原理,在《黎明,出发!》中了选择一位为人民服务的电力工人作为典型人物。用电、停电等现象在生活中普通得不能再普通,是人民群众非常熟悉的生活图景,在此生活经验基础上选择电力工人张黎明进行新闻报道,就具备了产生共鸣的社会心理逻辑。此外,新闻标题巧妙地借用张黎明的名字"黎明",制作成一语双关的"黎明,出发!",既突出人民群众在黎明时分出发做事的生活场面,又意指张黎明出发奔赴工作岗位,开始为人民服务的征程。这是一个运用典型的生活图景歌颂劳动者实践社会主义核心价值观的精致标题。

第二,以幕后故事丰富在场感。在新媒体时代,程式化、没有好料的新闻无法满足网民的信息需求,会在网络空间激烈的议程设置竞争中失去市场,唯有精彩的故事能够有效地抓住网民眼球。在讲好故事的同时传播人物的光辉思想,这是新媒体时代加强议程设置的有效方法。故而,媒体在选择出在场感强的典型人物后,还需要用精彩的故事让典型人物的思想、行动变得立体丰满,从而塑造鲜明的人物形象。津云在《黎明,出发!》报道中,突出突然出现线路故障导致停电等常见的问题,给典型人物的出场设置人生价值展示的场景,然后是新闻主角张黎明出场,用过人的技能、甚至是创造性的工艺快速解决问题,让人民群众用上电,给人民送去光明。这些平常生活中用电、停电、恢复用电等现象背后的故事得以精彩讲述,让人民群众明白正是因为张黎明等电力工人的爱岗敬业、辛勤付出,才有城市灯火璀璨,从而潜移默化地感悟只有人人敬业、社会才会更美好的大道理。

第三,以可视化手段增强在场感。媒体运用新媒体技术让新闻事实可视化,能够让网民更为直观地了解新闻现场和人物的细节,从而增强新闻报道的沉浸感,让网民更为轻松地领悟新闻事实表达的社会意义。津云选择使用新闻漫画的形式来展现典型人物张黎明的优秀事迹,给报道增添了趣味性和娱乐化元素,让新闻事实因为有了生动活泼的表达形式而大大增强了传播力,张黎明的人物形象更为鲜明。网民在轻松快乐的新闻漫画阅读中欣赏张黎明的故事,感受张黎明的蓝领工匠之心,敬佩张黎明的敬业奉献精神,从而在感动之余,增强爱岗敬业、为人民服务的精神力量。

（撰文 / 刘祥平）

● 思考与启示:

从解码特点着手进行作品“编码”

津云的新媒体作品《黎明,出发!》给主流媒体做好典型报道提供了经验启示,就是记者必须深入一线,充分把握人民群众基于生活经验的信息解码特点,全面挖掘典型人物的精彩故事,在人民群众信息解码特点和典型人物故事之间找到共鸣点，在此基础上进行"编码"，让典型报道取得讲好社会主义核心价值观的新闻舆论效果。

一是运用接近性原理拉近距离。传播学原理指出，若想实现有效的传播，传播者和受众必须基于共同的生活经验进行信息互动，才能让信息的意义得以传递。主流媒体进行典型报道，务必让典型人物的先进思想和光辉事迹基于人民群众的生活经验，在平凡的生活事实中挖掘不平凡的坚守与成就。这要求记者深入一线，在与人民群众生活息息相关、人民群众耳熟能详的服务者中选择典型人物，发现其敬业、友善等实践社会主义核心价值观的事迹亮点，然后精选事实进行新闻报道，才能让典型人物在网民的接受心理中产生强烈的在场感，从而增强典型人物的亲和力和感染力。

二是故事的讲述要有互动的节奏。传播是人类以信息为中介的互动行为，互动节奏良好，能够有效消除隔阂，快速达成共识。新闻宣传若想取得理想的舆论引导效果，就要在新闻主角与人民群众的互动事实中建构层次清晰的节奏，从人民群众生活的热点、痛点、难点入手，陈述其给人民群众带来的种种不便，在此基础上讲述新闻主角凭借精湛的专业技能、服务人民的情怀等为人民群众排忧解难，这样的互动有利于达成社会共识。

三是为人物和故事配上时髦的表达形式。新媒体时代，内容与形式都很重要。主流媒体在准备好主题和素材后，需要充分考虑新媒体时代受众的接受习惯，从增进受众信息接受便捷性、快乐性等角度设计时髦的表达形式，刺激受众的兴奋点，提高信息解码的愉悦性，在多方位满足受众信息需求中提高其社会主义核心价值观素养。

（撰文／刘祥平）

39　原创MV《向梦想出发》

● **案例回顾：**

原创MV《向梦想出发》由津云新媒体重磅推出，该MV历经4个月制作完成。整首歌曲有说有唱，韵律和动感触动心弦。2019年8月1日，作品在CCTV-1综合频道播出，后又多次重播。

该视频历时4分15秒，一经播出就被多平台转载，其中在哔哩哔哩上有近7万次的播放量，展示了楷模们激动人心的事迹。

视频的第一句话就让人充满力量、让人心潮澎湃——"我们国家的安全需要我们到哪里，我们就到哪里"。搏击蓝天的优秀指挥员郝井文，入伍24年来，把责任扛在肩上，带出过硬团队，始终牢记职责使命，带领部队出色完成钓鱼岛空中维权、东海防空识别区常态化管控等重大任务。陆军某扫雷排爆大队战士杜富国面对危险，勇敢向前，为人民扫除雷患，为战友血染雷场。战斗英雄张富清一辈子坚守初心、无私奉献，谈起故去战友，哽咽到不能自已。在脱贫攻坚第一线倾情投入、奉献自我的优秀青年共产党员黄文秀，用美好青春诠释了共产党人的初心使命，谱写了新时代的青春赞歌。忠诚战士王锐坚持把强军报国作为人生追求，立起了践行强军目标的时代标杆，书写了新一代革命军人的铁血荣光。锐不可当、志在报国的海军海口舰，成为忠诚捍卫万里海疆的深海利剑。无怨无悔的"守岛英雄"王继才、王仕花夫妇，二人32年如一日守护开山岛，他守着岛，她守着他，淋漓尽致地呈现了"守岛就是守国"的家国情怀。爱国守边的卓嘎、央宗姐妹，守护着玉麦这片神圣国土，姐妹俩的坚守，也换来玉麦的"蝶变"，扬起了爱国守边的时代旗帜。雪线邮路的幸福使者其美多吉，在有"川藏第一险"之称的雀儿山路段奔波了30年，受伤后向单位提出的唯一要求就是重返邮路，把乡亲们的期盼和希望送达。以国为重的大国工匠许立平，冒着生命危险"雕刻火药"，30余年一直从事固体火箭发动机药面整形工作，经他整形的产品型面均一次合格，尺寸从无超差，次次不辱使命。播种未来的追梦人钟扬，长期致力于生物多样性保护和研究，艰苦援藏16年，为祖国的科研教育事业忘我奉献。扎根深山的"四有"好老师张玉滚，自师范院校毕业后，全身心投入山村教育17年，用自己的全心付出，照亮了山区农村孩子们的求学之路。当代愚公黄大发，拿生命换水，他带领村民，历时30余年，在悬崖绝壁上开凿出一条"生命渠"，为实现脱贫致富做出突出贡献。荒漠变绿洲的接续奋斗者"六老汉"三代人治沙造林先进群体，发扬护卫家园的担当精神、不畏艰难的拼搏精神、勇于探索的进取精神、矢志不渝的愚公精神，为生态建设做出了突出贡献。不忘初心的好民警陈清洲，用生命报答党的恩情，把全心全意为人民服务的宗旨牢记心上，在平凡的岗位上做出了不平凡的业绩。传递"雷锋"正能量的河南邓州"编外雷锋团"，艰苦创业推进乡村振兴，造福家乡父老，为群众排忧解难。点亮万家的蓝领工匠张黎明，追求尽善尽美，默默在一线坚守32年，从未发生一起安全事故。乡村振兴的领头雁王传喜，任职20多年来，坚守农村广阔舞台，把一个贫困落后村，打造成乡村振兴样板村。结尾部分映入眼帘的是孩子们和大人们充满希望的笑容、时代楷模触动人心的敬礼画面。最后的定格画面以所有时代楷模为背景,强调突出"致敬时代楷模,为梦想奔跑"的时代主题。

《向梦想出发》通过展现 18 组时代楷模的事迹,号召广大网民以时代楷模为标杆,向时代楷模学习,始终把党和人民放在第一位,不忘初心、牢记使命,把个人的奋斗与国家富强和民族振兴联系起来,为实现中国梦贡献智慧和力量。

（撰文 / 吴晓霞）

● 创作者说：

好作品要做好每一个细节

——访津云新媒体视频中心主任齐竞竹

为深入了解《向梦想出发》的创作,笔者采访了津云新媒体视频中心主任齐竞竹,他向笔者介绍了关于该作品的创作及传播情况。

对于该作品制作的背景,他介绍说,从相加迈向相融,是媒体融合发展的方向,也是提升创新能力、做大做强主流媒体的关键。《向梦想出发》正是津云新媒体与央视《时代楷模发布厅》栏目组深度融合

津云创作团队合影（照片为津云新媒体提供）

的产品,也是地方新媒体与央级传统媒体在媒体融合方面的创新探索和成功尝试。

　　"时代楷模"是由中宣部集中组织宣传的全国重大先进典型。为报道好他们的事迹,津云新媒体成立创作专班,与央视《时代楷模发布厅》栏目组共同策划研究,反复打磨脚本,力求创作出能够反映时代精神、引发大众共鸣的精品佳作。

　　在谈到作品创作历程时,齐竞竹说:"策划初期,津云新媒体创作专班反复研读 18 组时代楷模的故事。研读的过程,也是学习的过程,更是境界提高的过程。在策划时,创作专班就准备启用 RAP 的形式,因为说唱音乐节奏感强,给人一种始终向前向上的感觉,符合时代楷模这一宏大厚重的主题。说唱音乐段落分布也比较均匀,歌词密度高,信息量大,便于进行较具象的叙事,正好可以把 18 组时代楷模的事迹和故事通过歌词和画面的衔接完美地表达出来。同时也是想更好地接近受众,接近年轻的群体。"

　　齐竞竹认为:"创作难度是极大的,创作专班历经数十次的头脑风暴,最终确定音乐开篇由管弦乐铺垫起恢宏气势,随后一组节拍感极强的音符跳出,开启序幕,深入人心。整首歌曲有说也有唱,张弛有度,有着触动心弦的韵律和动感。"

　　在演唱方面,齐竞竹介绍说:"创作专班反复斟酌,最终邀请的都是一线的普通劳动者。徐探是一名国企的中层干部,孙涛是火车司机,两人都是说唱爱好者。虽然没有经过音乐方面的专业培训,但他们的演唱却格外用心用情。在录音前,二人就多次与我们进行沟通,深入了解了 18 组楷模的事迹,他们也被这些楷模的事迹深深打动。"

　　关于录音和编曲创作的过程,齐竞竹说:"说唱不同于传统按照谱子演唱的创作模式,它的节奏编排可以千变万化,一句歌词可以呈现出多种演唱方法和不同的表达效果。在录音过程中,我们与歌手一字一句地抠细节,哪里要快,哪里要重,去尝试不同的编排,主音之后是和声,都没有一丝的含糊和将就。嗓子哑了喝几口水继续,情绪掉了就先录后面。"

　　进入到后期剪辑阶段,难度依然很大。齐竞竹说:"因为素材都是之前作为人物专题片而拍摄的,并不适于快节奏的 MV 展现,我们很好地利用了加速减速这些处理方法,比如表现六位楷模的金句时,多选用慢速的人物肖像特写,进入说唱节奏时,又将原本的素材切片化,适当运用加速处理,并且多使用场景宏大、有明显运动物体和轨迹的镜头。"

就这样,一部震撼催泪的 MV 诞生了。开篇一组同期声配以白描感极强的画面,展现出时代楷模的英雄气质。随后通过高山、日出、云海、流水等自然符号,表达时代楷模的胸襟气度。18 组时代楷模的奋斗画面交替浮现眼前,他们用奋斗书写壮美人生,用奋斗谱写时代新篇,令人无比激动。结尾,一组向五星红旗敬礼的快切画面闪过,18 组时代楷模再次亮相,顺着红毯,镜头直摇而上,最终落板"致敬时代楷模,为梦想奔跑"。

谈到《向梦想出发》取得的良好传播效果时,齐竞竹感慨地说道:"从融合创新到爆款传播,该作品很好地诠释了媒体融合的内涵,也突显了主流媒体在传播主旋律、弘扬正能量方面的价值引领作用。"

（撰文／吴晓霞）

● 专家点评:

借助音乐形式传播向上的声音

由津云新媒体原创的 MV 作品《向梦想出发》自 2019 年 8 月 1 日起在央视综合频道播出。MV 播出以来反响强烈,不仅在央视得到了多次重播,MV 视频还被多个融媒体平台转载播出，好评不断。值得一提的是，在以年轻网民为主要受众群体的哔哩哔哩网站及 App 上，《向梦想出发》一经播出就获得了近 7 万次的播放量，表明这部 MV 作品得到了青年群体的认可和喜爱。

音乐录制现场（照片为津云新媒体提供）

第一，创新传播模式，以歌声传递价值。不同于一般形式上的新闻报道或主题纪录片，《向梦想出发》选取了一条与众不同的传播路径——音乐 MV。这种新鲜且极具优势的传播方法使得该作品一经推出便得到了关注。整首歌曲采用说唱的形式，迎合了当前青年人的喜好。细听下来，歌曲节奏铿锵，朗朗上口，却又暗含道理。其中几句歌词诸如："我是我心中的答案，英雄生来也平凡。""我是我信仰的彼岸，不问前路有多难。""新的时代，新的模样，梦想将彼此照亮。乘风破浪，闪亮新时代。"不仅容易记忆，而且发人深省，以脍炙人口的形式把理想信念注入受众心中。明快的节奏加上意义深远的歌词，音乐和文字的强强联合使得《向梦想出发》在众多主旋律作品中别具一格。

第二，多重镜头语言，塑造入脑入心形象。作为主旋律音乐 MV，《向梦想出发》的成功不仅因为其朗朗上口的歌词，多重变化的镜头语言和交替涌现的典型人物都为这部 MV 的成功奠定了基础。《向梦想出发》以白描感极强的画面，通过对高山、日出、云海、流水等自然符号的运用，与交替展现的 18 组时代楷模光辉形象相结合、相呼应，用广阔的云海和喷薄的红日表征着时代楷模们的胸襟气度和爱国情怀。不仅如此，MV 中还综合运用了大量航拍场景画面和俯视＋特效转场的方式，每每观看便会令人心潮澎湃。而当作品逐步走向结尾，也迎来了整部 MV 的最高潮：在一组向五星红旗敬礼的快切画面之后，18 组时代楷模再次亮相。紧接着，跟随着直摇而上的镜头,"致敬时代楷模,为梦想奔跑"的 MV 主题最终呈现,整部作品也迎来了最为激动人心的时刻。

第三,历时 4 个月完成,一次深刻的思想洗礼。为了完成《向梦想出发》MV 的制作,津云新媒体集结精兵强将,打破媒介形式的区隔,以媒体融合的受众思维配合传统媒体的政治高度和思想深度,叠加新媒体技术,让宣传时代楷模感人事迹的典型报道有了崭新的翅膀。在 MV 拍摄的过程中,津云新媒体组建了高质量的创作专班,投入了精锐的全媒体采访力量和新媒体技术团队,整个作品历时 4 个月才制作完成。在这 4 个月的制作过程中,团队成员在技术上反复打磨,在呈现形式上多次创新。更为重要的是,制作团队秉承着内容为王的根本宗旨,反复研读 18 组时代楷模人物的故事,以强烈的使命感和责任感完成着 MV 的拍摄制作。

主题音乐 MV《向梦想出发》推出时正值新中国成立 70 周年之际。作为津云平台的一部重大融媒体作品,《向梦想出发》以新颖的形式和深刻的思想传播了时代楷模们的精神,为新时代的奋斗者和追梦人呈现了鲜活的榜样。

（撰文／冯帆）

思考与启示:

典型人物报道创新才能吸引受众

《向梦想出发》以"致敬时代楷模,为梦想奔跑"为主题,通过生动鲜活的画面、动感十足的旋律和热血澎湃的歌词展现了包括杜富国、张富清、黄文秀、张黎明等在内的 18 组不同历史时期的优秀共产党员和他们感人至深的故事,是一次典型人物宣传报道的成功创新。

《向梦想出发》是天津海河传媒中心媒体融合的一次成功实践。对于时代楷模等典型人物的宣传,以往主要是采用新闻报道等形式,但在媒介融合的时代中,单纯以摆事实讲道理的说教形式已经不足以实现良好的传播效果。2019 年 1 月 25 日,在十九届中共中央政治局第十二次集体学习时,习近平总书记再次强调党报党刊要加强传播手段建设和创新,积极发展各种互动式、服务式、体验式新闻信息服务,实现新闻传播的全方位覆盖、全天候延伸、多领域拓展,推动党的声音直接进入各类用户终端。从《向梦想出发》MV 的成功也可以看出,以传统媒体的政治高度和思想深度搭配新媒体的技术,是可以呈现出与时俱进且让受众欢迎的典型宣传作品的。

典型宣传并非只有一个面孔,要运用多元形式、发挥融合优势,相信新时代的典型宣传必将借着新媒体创新技术的渲染与表达,得到更加完整的诠释和更加深远的传播。

除了典型宣传的创新外,表现出思想高度非常重要。津云创作团队的成员们对自 2004 年以来发布的近百位时代楷模的视频资料进行了反复观看和对比,反复思量如何将家国情怀、民族观念融入作品中,以便用深厚的情怀打动受众。从张富清近两个小时的拍摄素材中反复筛选,只为那 18 秒的镜头;两次走进张黎明创新工作室、采用跟随记录的方式追寻张黎明精神的点滴呈现,虽然最后通过技术合成出的画面只有短短 5 秒,但却把 "黎明时出发,带着坚毅的目光" 这种精神体现得淋漓尽致。这种表现方法对以后的典型人物报道也有一定启示。

(撰文 / 冯帆)